房地产市场
营销实务

第5版

栾淑梅 李瑶 ◎ 编著

机械工业出版社
CHINA MACHINE PRESS

本书作者结合房地产市场发展现状和自身的教学经验对全书内容进行了修订，更加符合当前房地产市场营销教学的需要。本书共 12 章，可以分为三大部分，即房地产市场营销基础理论、房地产市场营销策略和房地产销售实务。本书的具体修订力求同房地产市场的政策和环境一样与时俱进，删改了一部分不再适用的法律法规，使教材内容更具时效性和严谨性；更新了一部分案例内容，注重案例的启发性和代表性，从而调动学生自主学习和拓展学习的主观能动性；针对目前房地产类专业学生的就业情况和面临的问题，在原有市场营销学科内容体系的基础上，专门增设了房地产销售实务一章，增加了与销售相关的工作流程图和技巧；增设了与章节内容相关的思维导图，使老师和学生能够对相应章节有系统的了解，将零散的知识构建成体系，让扁平的章节内容在头脑中形成立体脉络，从而融会贯通。

本书既可作为房地产类专业应用型本科生、高职本科生、高职高专学生的教材，也可作为房地产业的从业者参加岗位培训、函授教育、资格考试和具体营销实践的参考书。

图书在版编目（CIP）数据

房地产市场营销实务 / 栾淑梅，李瑶编著 . — 5 版 . —北京：机械工业出版社，2024.5
ISBN 978-7-111-75583-8

Ⅰ.①房…　Ⅱ.①栾…②李…　Ⅲ.①房地产市场 – 市场营销学 – 高等学校 – 教材
Ⅳ.① F293.352

中国国家版本馆 CIP 数据核字（2024）第 072712 号

机械工业出版社（北京市百万庄大街 22 号　邮政编码 100037）
策划编辑：施琳琳　　　　　　责任编辑：施琳琳
责任校对：孙明慧　牟丽英　　责任印制：任维东
河北鹏盛贤印刷有限公司印刷
2024 年 7 月第 5 版第 1 次印刷
185mm×260mm · 17 印张 · 376 千字
标准书号：ISBN 978-7-111-75583-8
定价：55.00 元

电话服务　　　　　　　　　　网络服务
客服电话：010-88361066　　　机　工　官　网：www.cmpbook.com
　　　　　010-88379833　　　机　工　官　博：weibo.com/cmp1952
　　　　　010-68326294　　　金　书　网：www.golden-book.com
封底无防伪标均为盗版　　　　机工教育服务网：www.cmpedu.com

编 委 会

编委会主任 温妮妮

编委会副主任 栾淑梅 苏德利 陈林杰

编委会成员（以姓氏笔画为序）

万　娟　王雪梅　王照雯　左　静

孙久艳　刘　涛　佟世炜　肖时瑞

寿金宝　张国栋　郑秀春　范　婷

徐春波　樊　群

前　言

距离《房地产市场营销实务》首次出版，已逾 20 年，本书已被许多高校采用作为主教材，深受广大读者的喜爱，读者也反馈了许多宝贵意见。在深感欣慰之余，我们深知本教材仍有待提高和完善。第 5 版教材秉承前四版特色，突出基本框架，结合房地产市场发展现状和作者的教学经验对教材内容进行了修订，更加符合当前房地产市场营销教学的需要。

对第 5 版教材的具体修订力求同房地产市场的政策和环境一样与时俱进，删改了一部分不再适用的法律法规，使教材内容更具时效性和严谨性。更新了一部分案例内容，注重案例的启发性和代表性，从而调动学生自主学习和拓展学习的主观能动性。增设了与章节内容相关的思维导图（本章概览），使老师和学生能够对相应章节有系统的了解，将零散的知识构建成知识体系，让扁平的章节内容在头脑中形成脉络，从而融会贯通。

作者结合多年的教学经验，提出如下教学建议，仅供各位读者参考。

1. 学时建议

章	内容	理论学时	实践学时	备注
第 1 章	市场与房地产市场	2		
第 2 章	市场营销与房地产市场营销	2	2	
第 3 章	房地产市场营销环境	2	2	
第 4 章	房地产市场调查与市场预测	4	4	重点、难点
第 5 章	房地产市场细分与目标市场选择	2	2	
第 6 章*	房地产市场营销战略	2		
第 7 章	房地产产品策略	2	2	

（续）

章	内容	理论学时	实践学时	备注
第8章	房地产定价策略	2	2	
第9章	房地产分销渠道策略	2	2	
第10章	房地产促销策略	4	4	重点
第11章	房地产市场营销管理	2	2	
第12章	房地产销售实务	2	4	重点
合计		28	26	54学时

注：带*的章节为选修内容。

2. 学生实训建议

本课程采用项目教学法。教学时可将学生分为若干个学习小组，每一个学习小组选择当地的一个在建或在售楼盘，结合教学进度和学习内容跟踪分析该楼盘的营销活动。注意：由于是循序渐进的跟踪研究，所以中途尽可能不要更换楼盘项目，以免小组研究内容脱节，影响学习效果。具体实训操作可分为三步进行：第一步是赏析，学习和赏析小组研究的楼盘项目自身的营销策略；第二步是操练，由学生结合所学知识，根据实际情况为该楼盘制定营销策略；第三步是交流，小组汇报交流，既是相互学习的过程，又是让学生了解当地更多楼盘的过程，加深学生对行业的了解。

本书第5版由李瑶老师负责统稿。栾淑梅老师负责最后的定稿。栾淑梅老师和李瑶老师共同负责全书的编写。本书为校企合作教材，作者在编写过程中借鉴由沈阳中原物业代理有限公司提供的相关典型案例，同时参考和吸收了国内外许多学者的研究成果，在此一并致谢。由于作者的水平有限，修订版中存在缺点和错误在所难免，敬请专家、师生等广大读者批评指正。

编著者
2024年4月

目 录

前言

第1章 市场与房地产市场 ··· 1
 学习目标 ·· 1
 技能要求 ·· 1
 本章概览 ·· 1
 1.1 市场 ·· 1
 1.2 房地产市场 ·· 4
 1.3 中国房地产市场发展历程 ·· 12
 案例 讲求邻里生活的"高层四合院" ································· 15
 思考题 ·· 16
 实训 ·· 16

第2章 市场营销与房地产市场营销 ··· 17
 学习目标 ·· 17
 技能要求 ·· 17
 本章概览 ·· 17
 2.1 市场营销 ·· 18
 2.2 市场营销学 ··· 23

2.3 房地产市场营销 ··· 27

案例 市场决定营销方式 ·· 29

思考题 ··· 30

实训 ·· 30

第3章 房地产市场营销环境ᴗᴗᴗᴗᴗᴗᴗᴗᴗᴗᴗᴗᴗᴗᴗᴗᴗᴗᴗᴗᴗᴗᴗᴗᴗᴗᴗᴗᴗᴗᴗᴗᴗ 31

学习目标 ·· 31

技能要求 ·· 31

本章概览 ·· 31

3.1 房地产市场营销环境概述 ·· 32

3.2 房地产市场营销宏观环境分析 ··· 33

3.3 房地产市场营销微观环境分析 ··· 37

3.4 房地产市场营销环境分析 ·· 40

案例 房地产市场营销的"新奇招" ·· 45

延伸阅读 中国城市化发展趋势 ·· 45

思考题 ··· 46

实训 ·· 46

第4章 房地产市场调查与市场预测 ··· 47

学习目标 ·· 47

技能要求 ·· 47

本章概览 ·· 47

4.1 房地产市场调查概述 ·· 48

4.2 房地产市场调查的方法 ··· 52

4.3 房地产市场预测概述 ·· 58

4.4 房地产市场预测的方法 ··· 59

案例 沈阳市商品住宅市场调查问卷 ·· 63

延伸阅读 如何调查竞争楼盘 ··· 65

思考题 ··· 70

计算题 ··· 70

实训 ·· 70

附录 ·· 70

第 5 章 房地产市场细分与目标市场选择 ... 72

学习目标 ... 72
技能要求 ... 72
本章概览 ... 72
5.1 房地产市场细分 ... 73
5.2 房地产目标市场的选择 ... 80
5.3 房地产市场定位 ... 86
案例 ××××项目产品定位之由来 ... 88
思考题 ... 90
实训 ... 90

第 6 章 房地产市场营销战略 ... 91

学习目标 ... 91
技能要求 ... 91
本章概览 ... 91
6.1 房地产市场营销战略概述 ... 92
6.2 房地产市场发展战略 ... 95
6.3 房地产市场竞争战略 ... 97
案例 A 房地产企业的营销战略 ... 105
思考题 ... 106

第 7 章 房地产产品策略 ... 107

学习目标 ... 107
技能要求 ... 107
本章概览 ... 107
7.1 房地产产品概述 ... 108
7.2 房地产产品生命周期策略 ... 109
7.3 房地产品牌策略 ... 112
案例 房企品牌建设 ... 118
思考题 ... 119
实训 ... 119
附录 ... 119

第 8 章　房地产定价策略 121

学习目标 121
技能要求 121
本章概览 121
8.1　房地产价格 122
8.2　房地产定价目标和定价方法 127
8.3　房地产定价策略分析 132
案例　市场需求是确定楼盘开盘价格的试金石 137
思考题 137
实训 138

第 9 章　房地产分销渠道策略 139

学习目标 139
技能要求 139
本章概览 139
9.1　房地产分销渠道概述 140
9.2　房地产中间商 144
9.3　房地产分销渠道的选择 146
9.4　房地产分销渠道的管理 150
案例　与时俱进，改变策略 154
思考题 154
实训 154

第 10 章　房地产促销策略 155

学习目标 155
技能要求 155
本章概览 155
10.1　房地产促销组合概述 156
10.2　房地产广告策略 160
10.3　房地产人员推销策略 166
10.4　房地产营业推广策略 168
10.5　房地产公共关系促销策略 171

案例　中街北苑报纸广告文案 ·········· 175
　　思考题 ·········· 175
　　实训 ·········· 175
　　附录 ·········· 176

第 11 章　房地产市场营销管理 ·········· 177

　　学习目标 ·········· 177
　　技能要求 ·········· 177
　　本章概览 ·········· 177
　　11.1　房地产市场营销计划 ·········· 178
　　11.2　房地产市场营销组织 ·········· 182
　　11.3　房地产市场营销控制 ·········· 185
　　案例　××××项目全程计划书 ·········· 191
　　思考题 ·········· 192
　　实训 ·········· 192

第 12 章　房地产销售实务 ·········· 193

　　学习目标 ·········· 193
　　技能要求 ·········· 193
　　本章概览 ·········· 194
　　12.1　房地产销售准备 ·········· 194
　　12.2　房地产销售实施与管理 ·········· 201
　　12.3　房地产销售业务流程 ·········· 204
　　12.4　房地产销售技巧 ·········· 216
　　案例　××××楼盘销售前准备工作计划 ·········· 227
　　思考题 ·········· 228
　　实训 ·········· 228
　　附录 ·········· 229

参考文献 ·········· 260

第 1 章

市场与房地产市场

学习目标

1. 了解市场的概念。
2. 了解房地产及房地产市场的概念。
3. 掌握房地产的特征及房地产市场的特征。

技能要求

1. 能够举例说明房地产的各种特征。
2. 收集有关房地产市场的信息。

本章概览

- 市场与房地产市场
  - 1.1 市场
    - 1.1.1 市场的概念
    - 1.1.2 市场的类型
  - 1.2 房地产市场
    - 1.2.1 房地产概述
    - 1.2.2 房地产市场概述
  - 1.3 中国房地产市场发展历程

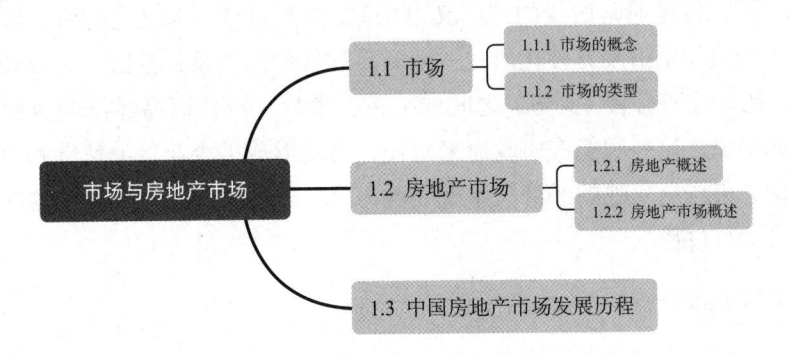

1.1 市场

1.1.1 市场的概念

市场的形成必须具备下列基本条件：存在可供交换的商品（包括有形的货物和无形的

服务）；存在提供商品的卖方和具有购买欲望与购买能力的买方；具备买卖双方都能接受的交易价格、行为规范及其他条件（如场所、信息、储运、保管、信用、保险、资金渠道等）。只有具备这些条件，才能实现商品价值的让渡，形成有意义的现实市场。而这样一些形成市场的现实条件，就成为企业市场营销活动最基本的制约因素。

就市场的空间形式和经济关系等方面而言，我们可以从经济学和营销学两个角度对其进行分析。

1. 从经济学角度分析

（1）市场是商品交换的场所。商品交换的场所是买主和卖主发生作用的地点或地区，从空间形式来考察市场，市场就是一个地理的概念，如沈阳市场、国内市场、国际市场等。正如《易经》所言："日中为市，致天下之民，聚天下之货，交易而退，各得其所。"

（2）市场是指某种或某类商品需求的总和。商品需求是通过买主体现出来的，因而也可以说，市场是由某一产品所有现实买主和潜在买主所组成的群体。当人们说"北京的房地产市场很大"时，显然不是指房地产交易场所，而是指北京对房地产的市场需求量很大，现实的、潜在的买主很多。

（3）市场是买主、卖主力量的集合，是商品供求双方的力量相互作用的总和。这一含义是从商品供求关系的角度提出来的，反映的是"作为供求机制"的市场。"买方市场""卖方市场"这些名词反映了供求力量的相对强度，反映了交易力量的不同状况。在买方市场条件下，商品的供给量大大超过商品的需求量，整个市场对买方有利，价格下降，对服务质量的要求高，顾客支配着销售关系；而在卖方市场条件下，商品需求量大于供给量，市场商品匮乏，品种不全，价格看涨，缺乏改善服务态度的动力，由卖方支配着市场销售关系，整个市场对卖方有利。

（4）在商品流通领域，市场所反映的是商品流通全局，是交换关系的总和。这是一个"社会整体市场"，也是通常所说的"广义市场"。按照对这一含义的理解，首先，它反映的是商品使用价值和价值及其外化形式——商品和货币的关系；其次，它反映的是商品所有者（卖方）和货币所有者（买方）之间的关系；最后，现代商品经济的重要特征就是客观经济职能的形成，这一职能应由政府来行使，这就形成了企业、消费者和政府三要素的市场主体结构，市场所反映的经济关系就表现为这三类主体的相互关系。这些关系及其性质支配着经济运行过程。

2. 从营销学角度分析

市场的上述四种含义对企业的市场营销活动均具有重要意义。任何企业都必须考虑其产品的市场需求、市场的供求状况，以及与企业产品有关的当事人，必须兼顾各方的经济利益，协调彼此间的各种关系。但作为营销市场，它又具有特定的含义，从营销学角度分析，市场是指具有购买欲望和购买能力的消费者。它包含三个主要因素，即有某种需要的人口、有满足这种需要的购买能力和购买欲望，用公式来表示就是：

市场＝人口＋购买力＋购买欲望

（1）人口。人口是构成市场的最基本条件，也是首要条件。凡是有人居住的地方，就有各种各样的物质和精神方面的需求，进而才可能有市场；反之，没有人就不存在市场。

（2）购买力。购买力是消费者支付货币，购买商品或劳务的能力。消费者购买力是由消费者的收入决定的。有支付能力的需求才是有意义的市场。所以，购买力是构成营销市场的又一个重要因素，是实现购买的物质基础。

（3）购买欲望。购买欲望是指消费者购买商品的动机、愿望或要求，是消费者把潜在购买力变成现实购买力的重要条件，因而也是构成市场的基本因素。人口再多，购买力水平再高，如果对某种商品没有需求的动机，没有购买商品的欲望，也形成不了购买行为，这个商品市场实际上也就不存在。从这个意义上讲，购买欲望是决定市场容量最权威的因素。

总之，市场容量的大小，完全受上述三个因素的制约，只有这三个因素一个不少地有机结合起来，才能使观念上的市场变为现实市场，才能决定市场的规模和容量。例如，一个国家或地区人口众多，但收入很低，购买能力有限，则不能构成容量很大的市场；又如，购买力虽然很强，但人口很少，也不能形成很大的市场。只有人口多，购买力又高，才能成为一个有潜力的大市场。但是，如果产品不适合需要，不能引起人们的购买欲望，对销售者来说，仍然不能成为现实的市场。所以，市场是上述三个因素的统一，三者既相互联系，又相互制约，缺一不可。

1.1.2 市场的类型

根据不同的分类方法，可以将市场分为不同的类型，并根据不同类型市场的消费者需求特点，制定不同的营销策略。

1. 根据市场范围划分

根据市场范围的不同可以将市场划分为区域市场、国内市场和国际市场。商品在地区范围内流通形成区域市场，区域市场一般是在经济区域的基础上形成的。区域市场又可分为本地市场和外地市场、城市市场和农村市场、沿海市场和内陆及民族地区市场等。国内市场是在主权国家的范围内建立起来的。国际市场是在国际分工的基础上形成的商品在世界范围内流通的市场。

2. 根据市场客体划分

市场客体，即进入市场流通的物质。随着商品经济的发展，按市场客体确认市场类型是一个历史过程。在商品经济发展的第一阶段，产品的商品化使得物质产品首先进入市场，从而形成商品市场。商品市场是由生产资料市场和生活资料市场构成的。在商品经济发展的第二阶段，实现了要素商品化，从而形成了劳动力市场、房地产市场、金融市场、资本市场等。在商品经济发展的第三阶段，实现了财产的社会化，生产力得到了较快的发展，财产社会化大大丰富了资本市场的内容，其范围和机制都发生了显著的变化。生产力的极大发展使得技术和信息成为市场的重要内容，技术市场和信息市场也应运而生。

3. 根据市场状况划分

根据市场状况的不同可以将市场划分为卖方市场和买方市场。市场状况是由市场供求关系决定的，在商品供不应求的条件下，卖方拥有市场主动权，由此形成卖方市场；在商品供求大体平衡或供大于求的条件下，买方拥有市场主动权，由此形成买方市场。

4. 根据竞争程度划分

根据竞争程度的不同可以将市场划分为完全竞争市场、完全垄断市场、寡头垄断市场和不完全垄断市场。完全竞争市场是指一个行业中有非常多的独立生产者，它们都以相同的方式向市场提供同类的、标准化的产品。完全竞争市场的例子并不多见，最接近的例子是粮食、棉花、西瓜、大白菜等农副产品市场。完全垄断市场是指一个行业只有一家企业，或者一种产品只有一个销售者或生产者，没有或基本没有其他替代者，如电力公司、自来水公司等。寡头垄断市场是指一种产品在拥有大量消费者或用户的情况下，由少数几家大企业控制了绝大部分生产量和销售量，剩下的一小部分则由众多小企业去经营，如手表、电视机、电冰箱等行业。不完全垄断市场是指一个行业中有许多企业生产和销售同一种商品，每一家企业的生产量或销售量只占总需求量的一小部分，如食品、服装、百货、化妆品等行业。

1.2 房地产市场

1.2.1 房地产概述

1. 房地产的概念

在我国，房地产是指土地、建筑物和固着在土地、建筑物上不可分离的部分，以及附着于其上的各种权益（权利）的总和。这些固着在土地、建筑物上不可分离的部分，主要包括为提升房地产的使用价值而种植在土地上的花草、树木或人工建造的花园、假山；为提升建筑物的使用功能而安装在建筑物上的水、暖、电、卫生、通风、通信、电梯、消防等设备。它们往往可以被看作土地或建筑物的组成部分。因此，房地产本质上包括土地和建筑物及附着于其上的权益两大部分。房地产由于其位置固定、不可移动，通常又被称为不动产。

房地产主要有三种存在形态。

（1）单纯的土地。对于房地产产业来说，土地主要是指地球外壳的陆地表面及其地上空间和地下空间，其范围可以从纵、横两个方面考察。

《中华人民共和国宪法》规定，"中华人民共和国的社会主义经济制度的基础是生产资料的社会主义公有制，即全民所有制和劳动群众集体所有制"。"城市的土地属于国家所有，农村和城市郊区的土地，除由法律规定属于国家所有的以外，属于集体所有"。

（2）单纯的建筑物。建筑物虽然必须建造在土地之上，但在某些特定情况下需要单独看待。建筑物是指人工建筑而成的物体，包括房屋和构筑物两大类。房屋是指能够遮风避雨并供人居住、工作、娱乐、储藏物品、纪念或进行其他活动的工程建筑物，一般由基础、墙、门窗、柱和屋顶等重要构件组成。构筑物则是指除房屋以外的工程建筑物，人们一般不直接在其上或其内进行生产和生活活动，如桥梁、水井、隧道、水坝、烟囱、水塔、道路等。住宅、房屋及建筑物是不同的概念。住宅是指人们的居住用房，是房屋中的一种。房屋不仅包括居住用房，而且包括厂房、仓库和商业、服务、文化、教育、办公、医疗、体育等用房。建筑物的范围更广，不仅包括房屋还包括房屋以外的其他建筑，如码头、船坞、油库、水塔、烟囱、围墙等。

（3）房地合一。土地与建筑物合为一体时，是房地产的完整实物形态，即把建筑物和其所坐落的土地作为一个整体来考虑。房地产在物质形态上总是表现为房依地建、地为房载、房地不可分离，因此，在理论上可以对土地和建筑物分开讨论，在实践中也可以对土地进行单独营销。但是，房地产营销通常是指房地合一时的营销，此时必须综合考虑上述提到的各种因素。

综上所述，我国房地产的整体概念如图1-1所示。

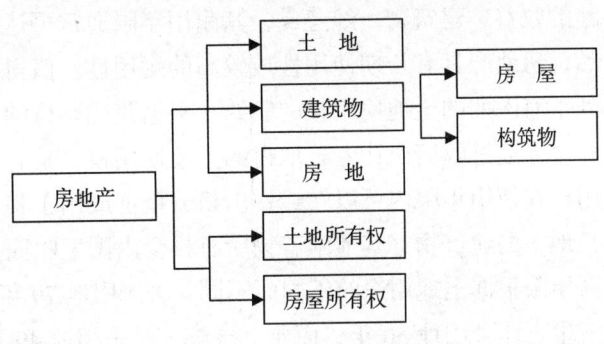

图1-1 房地产的整体概念

2. 房地产的特征

与其他一般商品相比，房地产具有以下主要特征。

（1）不可移动性。房地产最重要的一个特性是其位置的固定性或不可移动性。每一宗土地都有其固定的位置，不可移动，这一特性使土地的利用形态受到位置的严格限制。建筑物由于固着于土地上，所以也是不可移动的。因此，位置对房地产投资具有重要意义，所谓"房地产的价值就在于其位置"就说明了这一点。投资者在进行一项房地产投资时，必须重视对房地产的宏观区位和具体位置的调查研究，房地产所处的区位必须对开发商、物业投资者和使用者都具有吸引力。

（2）差异性。市场上不可能有两宗完全相同的房地产。一宗土地由于受区位和周围环境的影响不可能与另一宗土地完全相同，即使两处的建筑物一模一样，但由于其坐落的位置不同，周围环境也不相同，这两宗房地产实质上也是不相同的。因此，出现同一房地产的大量供给是不可能的。同时也应注意到，业主和使用者也不希望自己所拥有或承租的房地产与附近的某一房地产雷同。因为具有特色的房地产，特别是某一城市的标志性建筑，对扩大业主和租客的知名度，增强其在公众中的信誉，有着重要作用。固定位置上的房地产不可能像一般商品那样通过重复生产来满足消费者对同一产品的需求。房地产商品一旦交易成功，就意味着别的需求者只能另寻他途。差异性说明房地产市场交易的空间和时间都受到限制。

（3）升值性。由于土地资源的不可再生性和土地投资的积累性，房地产商品呈现出一般商品所没有的特征，即随着使用时间的延续，房地产特别是土地的价格非但不会降低，反而很可能会保值、增值。这是房地产商品的根本特征，也是人们对房地产投资情有独钟的基本原因。从较长的时间序列来看，房地产的保值、增值说明了一定量的房地产商品所代表的社会实际购买力长期递增的客观趋势。

房地产商品的升值性特征，使房地产既可以作为消费品，又可以作为投资品。房地产商品作为消费品和投资品的目标市场不同，所要求的营销策略也会有所差异。

（4）长期使用性。这是房地产与一般商品的另一个根本区别。房地产商品长期性的特征，主要表现在开发建设的长期性和使用消费的长期性两个方面。土地的利用价值永不会消失，这种特征称为不可毁灭性或恒久性。土地的这种特征，可为其占有者带来连续不断的收益。建筑物一经建成，其耐用年限通常可达数十年甚至上百年。因此，作为一种商品，房地产具有长期使用性或较高的耐用性。值得注意的是，我国房地产的长期使用性受到了有限期的土地使用权的制约。根据我国现行的土地使用制度，公司、企业、其他组织和个人通过政府出让方式取得的土地使用权，是有一定使用期限的土地使用权，其土地使用权在使用年限内可以转让、出租、抵押或用于其他经济活动。但土地使用期满，土地及其地上的建筑物、其他附着物所有权会由国家收回。国家规定的土地使用权一次出让的最高年限根据土地用途的不同而不同：居住用地 70 年；工业用地 50 年；教育、科技、文化、卫生、体育用地 50 年；商业、旅游、娱乐用地 40 年；综合用地或其他用地 50 年。

（5）昂贵性。房地产商品的价值量，无论从单位价值看，还是从总体价值看，都远远高于一般商品，每平方米房屋或土地的价格少则数千元，多则数万元；而一套住宅的价格可以从数十万元到数百万元不等，一座开发小区的价值量则可以是数千万元或数亿元。房地产价值量之所以大，主要是由房地产资源的有限性和资金投入的巨额性决定的。从房地产资源的有限性看，土地的不可再生性决定了土地资源自然供给的刚性和房地产供给在一定条件下的相对有限性。同时，房地产的开发建设往往受到用途、容积率、建筑密度等规划指标的限制，这些限制也在一定程度上决定了房地产供给的相对有限性。从房地产开发建设所需要投入的资金量看，其数额之大，并不是一般商品的生产所能比拟的。

（6）双重性。房地产双重性的特征体现在房地产商品消费与投资的双重性和价值构成的双重性两个方面。一方面，土地资源的稀缺性决定了房地产商品的供给弹性较小；另一方面，人口的不断增长和社会经济的发展使人们对房地产商品的要求日益提高，从而对房地产商品的需求不断上涨。因此，从长期来看，房地产商品所代表的社会购买力是不断提升的，房地产商品具有消费和投资的双重特征。同时，对于房地产商品的所有者来说，既可用于自己消费，又可用于出租，这本身也具有双重性的特征。

（7）敏感性。房地产的敏感性体现在对周围其他房地产和社区环境的敏感性上。房地产的价格不仅与其本身的用途等有直接的关系，而且往往还取决于其周围其他房地产的状况。例如，在一幢住宅楼旁边兴建一座工厂，可导致该住宅楼的价格下降；反之，如在其旁边兴建一座绿化公园，则可使其价格上升。房地产深受周围社区环境影响，不能脱离周围的社区环境而单独存在。政府在道路、公园、学校、博物馆等公共设施方面的投资，能显著地提高附近房地产的价值。从过去的经验来看，能准确预测到政府大型公共设施的投资建设并在其附近预先投资的房地产开发商，都获得了巨大的经济效益。反之，周围社区环境的衰退，必然使房地产的价格下降。例如，在上海，因浦东的定位，浦西的商务地位下降，写字楼市场受到冲击；在沈阳，地铁的开发建设，提升了线路两侧的商品房价格。

3. 房地产的类型

在房地产营销过程中，可以按用途、实物形态和开发程度对房地产进行分类。

（1）按房地产用途分类。房地产按其用途分类，主要可分为居住用房地产、工商用房地产和其他用途房地产。

居住用房地产是指各种直接为居住使用的房地产，如普通住宅、高档住宅、廉租房和集体宿舍等。

工商用房地产按其具体用途，又可进一步划分为办公用房地产、贸易用房地产和工业用房地产。其中，办公用房地产包括商务写字楼、政府办公楼等；贸易用房地产包括商业用房地产、旅店用房地产、餐饮用房地产、金融用房地产和娱乐用房地产；工业用房地产则包括各类工厂、车间、手工作坊、发电厂、仓库和油库等。

除上述两种用途外，其余房地产都归入其他用途房地产一类。但是其他用途房地产仍可进一步划分为农业用房地产、公共设施用房地产和军用房地产等。

（2）按房地产实物形态分类。按实物形态对房地产进行分类，主要是根据房地产的地理位置、建筑结构、建筑层数和新旧程度等标准进行划分。

房地产按其所处的地理位置分类，可以划分为城市中心、城市边缘、城市郊区和农村等房地产；按建筑结构分类，可以分为钢结构、钢筋混凝土结构、混合结构、砖结构、木结构和其他结构房地产（房屋建筑）；按建筑层数分类，房地产可以分为低层、多层和高层建筑；按新旧程度分类，房地产可以分为增量房和存量房两类。此外，居住用房地产的实物形态还可进一步按其房型和外在形态划分，按房型可以分为一室户、二室户、三室户和四室户等；按外在形态可以分为公寓住宅和别墅等。

（3）按房地产开发程度分类。房地产按开发程度分类，可以分为生地、毛地、熟地、在建房地产和竣工房地产等。其中，生地是指不具有城市基础设施的土地（如荒地、农地）；毛地是指虽然具有一定的城市基础设施，但地上有待拆迁及安置旧建筑物的土地；熟地是指已经经过"七通一平"具有完善的城市基础设施，能够直接在其上面进行房屋建造的土地；在建房地产是指地上建筑物尚未完全建成，还没有达到交付使用条件的房地产；

竣工房地产则是指地上建筑物已经建成，可以直接使用的房地产，它可能是新的，也可能是旧的或经过装修改造的。

1.2.2 房地产市场概述

1. 房地产市场的概念

同其他商品一样，房地产作为商品也只有通过市场进行出售或出租，才能最终转移到消费者手中，实现其价值和使用价值，房地产市场也因此成为社会主义市场经济体系中的一个重要组成部分。

房地产市场又称不动产市场，与市场的含义相对应，房地产市场也可以从经济学和营销学两个角度进行定义。从经济学角度看，狭义的房地产市场是指房地产交换的场所；广义的房地产市场是指房地产交换关系的总和，是房地产开发、建设、经营、管理、服务和消费的内在运行机制。它将房地产的开发、建设、流通与消费等各个环节联系在一起，从而实现房地产的价值。

从基本构成要素看，房地产市场是由主体、客体和中介构成的。房地产市场的主体是指房地产市场上的行为人，即房地产商品的供求双方。其中，供应方通过对市场提供房地产商品而获取货币，即供应方开发、建设或经营房地产的目的是通过出售或出租而获得收益或利润；需求方则通过向供应方提供货币而从供应方手中取得房地产商品。房地产市场的客体是指房地产市场交易的对象，主要包括房产商品和地产商品。在我国，地产商品主要是指土地使用权。此外，货币资金虽然不是房地产实体商品，但也是房地产市场的客体。房地产市场中介是指从事房地产交易活动或促成房地产交易发生的中介机构，主要包括交易中介和融资中介。交易中介是指房地产经销商、代理商、经纪人、房地产信托公司、信托投资公司和房地产交易所等；融资中介是指为房地产的供应和需求提供资金的金融机构，如住宅储蓄银行、住房合作社和各类商业银行等。

从房地产经济运行的角度看，市场主体、客体和中介缺一不可。但是，从营销学角度看，市场主体中的需求方是交易形成的关键。从这个意义上说，房地产市场是由那些对房地产具有特定需要或欲望，而且愿意并能够通过交换来满足这种特定需要或欲望的全部潜在顾客群组成的集合。

2. 房地产市场的特征

房地产市场的特征是由房地产商品的特殊性所决定的。一般的同类、同质商品可以相互替代，但房地产商品是不可以替代的。一般商品的生产有统一的标准和规格，市场信息充分，各品牌可以相互比较，信息传播畅通，但房地产市场信息复杂、隐蔽，房地产权益被各种政策、法规所约束，一般消费者难以区别。因此，房地产市场是一个特殊的市场。

房地产市场具有以下特征。

（1）房地产市场是房地产权益交易的市场。与一般商品不同，在房地产市场上交易的是相关房地产的权益，而不是房地产实物本身。这些权益包括房屋所有权、土地使用权或与其相关的其他项权益（包括占有权、收益权和处分权等）。这些权益具有明确的界定，有一定的排他性，单项权益或多项权益组合形成了不同性质的、复杂的交易行为，从而形成各种不同内容的房地产市场，如转让市场或买卖市场、租赁市场等。

房地产市场交易形式也与一般商品有所不同，呈现出交易形式的多样性。多样化的交易方式则使房地产的变现能力大大增强，拓展了融资渠道，降低了投资风险。除了普通的租售方式外，拍卖、抵押、典当、股份化、证券化、互换等房地产交易方式的出现，既使权利人有多种选择机会，又能形成多样化的房地产价格序列，便于房地产价格评估与价格监控。

（2）房地产市场是典型的区域性市场。首先，房地产商品是不可移动的，具有典型的区域性。其次，其区域性不仅表现在建筑风格、文化环境、生活习惯上，而且还表现在区域经济水平、土地资源特点、城市基础设施、生活环境等方面上。因此，房地产权益交换的价格绝不仅仅针对建筑物本身，更多的是对上述各方面在房地产市场中的综合评价。同品质的、同一用途的建筑物即使在同一城市甚至在同一条街道上都是不可替代的。

（3）房地产市场具有统一性。房地产市场的统一性表现在以下三个方面。

第一，房地产市场是房产市场与地产市场的统一体。房地产市场是房产市场与地产市场的有机结合体，两者各具独立的内容，但又有密不可分的联系。首先，在实物形态上，房依地建，地为房载，两者不可分离；其次，在权属关系上，土地使用权往往依附于地上建筑物的所有权之中，土地使用权伴随着房屋所有权的转移而转移；最后，在价格构成上，土地使用权转让的价格往往包含在房屋建筑物价格之中。

第二，房地产市场是有形市场与无形市场的统一体。房地产市场是有形的房地产商品和无形的房地产商品的有机结合体。有形的房地产商品是指房地产商品实体，如住宅、办公楼、商场和工业用房等；无形的房地产商品是指房地产服务，包括房地产开发项目的规划设计、房地产市场研究、房地产价格评估、房地产营销、房地产咨询和房地产信息的收集与提供等。因此，房地产市场不仅包括有形房地产商品的出售或出租，还包括无形房地产商品，即劳务的交换。

第三，房地产市场是投资品市场和消费品市场的统一体。房地产不仅是人们赖以生存的基本生活资料，还具有保值、增值性，可以作为投资的手段。这种特性决定了房地产市场具有投资品市场和消费品市场的双重性。

（4）房地产市场的供给具有稀缺性。由于土地是不可再生的稀缺性资源，房产也必然是相对稀缺的（如上所述房产与地产的统一性）。因此，从根本上来说，房地产市场是一个供给稀缺的市场。随着社会经济的发展，经济增长和城市化使城市人口激增，不论从生产角度来说，还是从生活角度来说，对土地的需求量都在日益增加。但是，土地的供给数量基本上是个恒定的常量，这就产生了供给有限和需求增加之间的矛盾，在中国这一矛盾更加尖锐，亟待妥善解决。

（5）房地产市场是不完全竞争市场。一个完全竞争市场必须具备三个条件：①商品同质，可以互相替代；②商品的卖主和买主人数众多，并且可以随时自由进出市场；③信息充分,传播畅通。但房地产市场不具备上述三个条件。

房地产商品是绝对异质的,互相不可替代。两幢房子建筑材料、设计都可以一样,但所处的地理位置绝对不可能一样。即使是两套朝向、楼层、结构等都完全一样的居室单位,在买主看来也是完全不同、不可替代的两项商品。由于房地产商品是异质的,或者说是唯一的,所以某一房地产的卖主和买主都不可能是众多的。一项房地产只有一个卖主,其他任何人都不可能提供同样的房地产。买主欲购这项房地产就只有面对这个卖主,没有其他选择。同样,房地产卖主的选择也是十分有限的。某一项房地产往往只适应少数几个买主的要求,在房地产市场上买主和卖主的机会都不是均等的,两者都没有充分的选择权,因而在房地产市场上个别卖主或买主对房地产交易价格往往会起很大的作用。

房地产市场是一个专业化的复杂市场,人们进行房地产交易时必须求助于各种各样的专业人员和专业机构。这些专业人员通常是律师、房地产估价师、房地产营销人员及掌握建筑工程和房地产税收知识的专业人员。聘请专业人员需要支付费用,专业人员须花费一定时间来完成接受的任务。这些都降低了房地产市场转手交易的频率。

房地产是高价商品,房地产的权属转移必须按法定的程序履行各项手续,除房地产产权人的变更外,还有相关的权利、义务、责任和利益等经济关系的转移行为。为了保护有关当事人的利益,各国政府都立法管理房地产买卖及租赁活动的行为。另外,为保护市场的有效供给,抑制不合理的市场需求,国家需要采取强有力的干预措施,通过规划、价格、税收等宏观管理手段,引导和调控市场。因此,房地产交易活动在某些环节是受到政府严格限制的,房地产市场是受国家严格控制的不完全开放的市场。

缺乏信息是房地产市场的又一特征。许多房地产交易和定价是私下进行的,很大程度上取决于交易当事人的相互关系。因此,这种成交价往往不能反映所成交的房地产的真实价值。由于房地产交易信息不易获得,房地产市场因而不易形成竞争性的市场结构。

综上所述,房地产市场是一个不完全竞争市场,有其特殊的市场规律。表 1-1 将完全竞争市场与房地产市场做了比较。

表 1-1 完全竞争市场与房地产市场的比较

比较项目	完全竞争市场	房地产市场
买卖双方数量	众多	极少
市场主体产品知识化程度	知识化程度高	知识化程度参差不齐
交易难易度	交易简单容易	交易难
产品间的可替代性	可替代	不可替代
产品的移动性	可移动	不可移动
购买规模和频率	小而高	大而低
政府干预	少	多
价格变动	明朗	不清晰

(6)房地产市场的变化具有周期性。房地产业和国民经济一样也具有周期性,其变化的基本规律涉及繁荣、衰退、萧条、复苏四个阶段。房地产市场繁荣时空置率低,租金和价格上升,开工面积、销售面积、土地出让面积增加,市场供应不断加大,市场需求增

加，房地产企业利润提高。但由于房地产开发周期较长，随着市场需求的降低，市场供应不断增加，供过于求的状况必将产生，空置率上升从而导致租金和价格下调，开发面积减少，市场进入调整期。随着开发量的减少，价格的下调，需求将被刺激起来，许多投资者（包括投机者）及大众消费者被吸引入市，消化市场供应，房地产市场调整结束，开始进入复苏期和繁荣期。

3. 房地产市场的类型

从识别和把握房地产宏观市场环境的角度出发，可以按照房地产的地域范围、用途和等级、交易形式、购买者的目的，以及房地产开发、销售与消费过程的特点等标准，对房地产市场进行分类。

（1）按地域范围划分。房地产的不可移动性，决定了房地产市场是区域性市场。人们认识和把握房地产市场的状况，也多从地域的概念开始。因此，按地域范围对房地产市场进行划分，是划分房地产市场的主要方式之一。地域范围可大可小，最常见的是按城市划分，如北京、上海、深圳等大城市的房地产市场，其城市内部各区域间的房地产市场往往存在较大差异。因此，常常还要按照城市内的某一个具体区域划分，但一般来说，市场所包括的地域范围越大，其研究的深度就越浅，研究成果对房地产投资者的实际意义也就越小。

（2）按用途和等级划分。由于不同房地产类型之间从投资决策到规划设计、工程建设和面向客户的类型等方面均存在较大差异，因此，按照房地产用途分类，可将其分解为若干子市场，如居住房地产市场（含普通住宅市场、别墅市场、公寓市场等）、商业房地产市场（写字楼市场、商场或店铺市场、酒店市场等）、工业房地产市场（标准工业厂房市场、高新技术产业用房市场、研究与发展用房市场等）、特殊房地产市场、土地市场（各种类型用地市场）等。根据市场研究的需要，有时还可以进一步按房地产的档次或等级细分，如甲级写字楼市场、乙级写字楼市场等。

（3）按交易形式划分。《中华人民共和国城市房地产管理法》规定，房地产交易包括房地产转让、房地产抵押和房屋租赁。由于同一时期、同一地域范围内，某种特定类型房地产的不同交易形式具有明显的特殊性，因此，根据不同的房地产交易方式，将新建成的增量房划分为销售（含预售）、租赁（含预租）和抵押等子市场，将针对存量房的交易划分为租赁、转让、抵押、保险等子市场。

（4）按购买者的目的划分。买家购买房地产的目的主要有自用和投资两类。自用型购买者将房地产作为一种耐用消费品，目的在于满足自身生活或生产活动对入住空间的需要，其购买行为主要受购买者自身特点、偏好等方面的影响。投资型购买者将房地产作为一种投资工具，目的在于将所购的房地产出租经营或转售，并从中获得收益和收回投资，其购买行为主要受房地产投资收益水平、其他类型投资工具的收益水平和市场内使用者的需求特点、趋势与偏好等因素的影响。根据购买者目的的不同，可以将房地产市场分为自用市场和投资市场。

（5）按房地产开发、销售与消费过程的特点划分。房地产市场分为土地市场（一级市场）、房地产增量市场（二级市场）和房地产存量市场（三级市场）。在我国，一级土地市场的交易发生在投资者与政府之间，是一种典型的资源垄断市场和国家垄断市场，房地产经纪人除了给投资者或政府提供投资咨询外，难以参与市场运作。二级市场是新建商品房销售及土地使用权转让市场。三级市场则是存量房交易的市场，是消费者之间交易活动发生的场所，表 1-2 按房地产开发销售与消费过程的特点，对房地产市场进行了划分。

表 1-2 房地产市场层次结构划分

市场层次	一级市场	二级市场	三级市场
市场主体	国家或地方政府	各房地产公司	消费者
市场特点	垄断竞争型	竞争型	竞争型
经营内容	总体规划设计用途、征地、拆迁、招投标地价	综合开发	房地产转让
经营方式	有期限拍卖、招标或逐年收取土地使用费	出卖或出租已开发的土地或连同其建筑物	转让或出租其建筑物
价格决定	垄断价格	价值价格	剩余年限的价格

此外，房地产市场还有其他一些划分方式。例如，按照房地产商品化程度，将房地产市场划分为商品房交易市场、经济适用房交易市场和公有房屋租赁市场等。经济适用房正在逐渐退出房地产市场，部分地区已经开始停建经济适用房，现在有廉租房、公租房、自建房等。当然，还可以从不同角度对房地产市场进行划分。表 1-3 是综合各种划分标准对房地产市场的分类。

表 1-3 房地产市场的分类

划分依据	市场类型
用途	住宅、写字楼、商业用房、工业厂房仓储、特殊用途等房地产市场
表现形式	房产市场、地产市场、劳动力市场、资金市场、信息市场
供需行情	卖方市场、买方市场
供货方式	现房市场、期房市场
权益转让方式	买卖市场、租赁市场、抵押市场、典当市场
区域范围	全国、区域、大城市、中小城市等房地产市场
交易场所	有形市场、无形市场
交易关系	交易主体、交易客体和交易行为
市场层次	一级市场、二级市场、三级市场
市场主体	消费房地产市场、投资房地产市场

1.3 中国房地产市场发展历程

中国房地产市场经济发展的目标模式是建立以市场机制运行为主，以政府宏观调控与法制监督为辅的成熟的房地产市场经济。房地产市场是否发育成熟及其成熟度对房地产价格的形式与监控、市场主体的经济行为有很大的制约作用。因此，客观地分析房地产市场的发展现状对未来房地产投资、交易与房地产业政策的制定具有重要的参考意义。

中国房地产市场形成于 19 世纪末 20 世纪初，随着社会变革和商品经济的萌芽而成长起来。大体来说，中国房地产市场的发展经历了以下五个阶段。

1.3.1 萌芽阶段（1845 年—1949 年）

1840 年以前，土地和房屋作为生活和生产的基本条件是财富的主要代表，能够出租、典当、抵押和买卖，土地租佃和买卖有中介人、契约、地保等完整的约定俗成的参与者、手续和方法。但是这些活动都被约束在封建经济结构框架内，不能形成独立的行业。中英不平等的屈辱条约《南京条约》签订后，列强在广州、上海、厦门、福州、宁波等口岸获得了通商权，并各自划分了租界。它们在租界内进行土地和房屋的建设和经营活动，出现了专业性的外商房地产公司，逐步形成了较为独立的房地产业，房地产市场开始萌芽。20 世纪 20 年代后，外国资本加大对房地产的投资，房地产业开始走向垄断并与金融业相结合，在社会经济中占据了一定的地位。此时，专业性的华资房地产公司也相继成立，到 20 世纪 30 年代，专业性的华资房地产公司已有 20 多家。但华资房地产公司规模小、起步晚，外资公司占主导地位，在这一阶段房地产市场从租界开始萌芽，房地产业主要集中在沿海的大城市，内陆城市的房地产业则较为沉寂。

1.3.2 休眠阶段（1949 年—1978 年）

中华人民共和国成立以后，我国推行了国有土地无偿划拨使用和房屋非商品化政策。房地产不能作为商品自由流通，房地产市场逐步萎缩。需要土地和房屋的单位或部门，不是在市场进行交易购买，而是向政府提出申请，由此形成了政府无偿、无期限划拨土地的体制。政府也通过无偿拨款，由单位自己建设工作用房和职工住宅，并以行政办法分配给职工，形成了政府投资、福利分配的体制。这 30 年的时间内，房地产开发活动一直没有停止，存量房地产积累量巨大。这一阶段，房地产市场处于休眠状态，对社会经济造成了负面影响。①土地资源浪费严重。土地由国家无偿无期限划拨给单位后，土地实际上为部门和单位所有，形成了谁占地谁所有、谁用地多谁就获利多的局面，因此土地浪费问题严重。由于缺乏有效的市场机制，土地资源不能流向高效率的地方，其配置效率极为低下。②房地产投资渠道单一，来源不足。政府包揽了房地产的建设和分配，集体和个人无权也没有动力去进行房地产的投资与开发。单一的国家无偿拨款形式，远远满足不了房地产市场发展的需要，阻碍了人们生活水平的改善。

1.3.3 复苏阶段（1978 年—1992 年）

1978 年，我国确立了改革开放和以经济建设为中心的基本方针，各个方面都围绕经济体制改革探索着改革的途径。以此为契机，我国房地产市场开始复苏和发展。1980 年，全国城市规划工作会议把对城镇土地征收使用费列入议事日程，并在深圳、广州等城市开始收取城市土地使用费，规定土地使用年限。1984 年 5 月，《政府工作报告》指出，城市住宅建设，要进一步推行商品化试点，开展房地产经营业务。确立了土地的收益性和有偿性观点，为土地进入市场奠定了政策基础，促进了房地产市场的复苏和发展。1988年4月，七届人大一次会议修订的《宪法》规定"土地的使用权可以依照法律的规定转让"。《土地管理法》也做了相应修改，为房地产市场的发展提供了法律依据。深圳、广州、上海、厦门、福州等城市先后开始实行土地使用权有偿出让、转让给房地产开发公司和其他土地所有者，有的甚至向外商转让，房地产市场得到了较快恢复。1984年12月，国家统计局、国家计委、国家标准局等有关部门颁发《国民经济行业分类与代码》，将房地产业列为独立行业。1989年，由于治理整顿和其他各种因素的影响，房地产市场受到较大影响，大幅回落。1990年，《城镇国有土地使用权出让和转让暂行条例》和《外商投资开发经营成片土地暂行管理办法》的发布，增强了外商在中国投资的信心，有利于改善投资环境。1991年，房地产市场逐渐开始回暖，并接近1988年的水平。国民经济宏观调整政策取得了显著成效，带动了房地产市场的发展。

1.3.4　快速发展阶段（1992年—2016年）

1992年邓小平南方谈话，成为我国房地产发展的一个历史转折点。我国加强了对外开放的力度，加快了对外开放的步伐，房地产业作为第三产业成为国家培育的重点，房地产市场在有利的政治、经济条件下迅速发展，主要表现为：①房地产投资快速增长。1992年全国实现房地产投资总量732亿元，比上年增长117%。其中，海南省增长211%，福建、山东等省增长率超过或接近100%。②房地产开发公司和各类开发区纷纷成立。1992年年底，全国各种形式的房地产开发公司达1 200多家，各种类型的开发区近2 000个。房地产交易额大幅度增长，1992年仅商品房销售面积就达4 288万平方米，销售额达440亿元，分别比1991年增长40%和80%。1992年全年出让土地2.2万公顷，实际开发2.3万公顷，分别是上年的11倍和1.8倍。房地产开发也呈现出多元化趋势，住宅、办公楼、商住楼、厂房、酒店、购物中心等得到快速发展。1993年，我国房地产市场继续保持快速发展，房地产开发企业增加近2万家，市场重心也由珠江三角洲向北移动，形成沿海、沿江、沿边到内陆开放城市的多元化区域的市场态势。以上海为龙头的苏、浙、皖等长江中下游地区，以京、津、辽、鲁为主的环渤海湾地区，苏州、大连、青岛、烟台等城市房地产市场迅速发展，成为新的房地产投资热点。

这一阶段的快速发展，对房地产市场的发展起到了极大的推动作用。但也带来了许多亟待解决的问题，如房地产投资结构不合理、土地供应总量失控、开发规模失控、市场行为不规范、收益分配失衡等。1994年7月以后，随着《城市房地产管理法》等法规的制定和宏观调控政策的出台，房地产市场进入理性发展时期，主要表现为：①房地产法规体系逐步完善。《中华人民共和国城市房地产管理法》及一系列配套法规的相继颁布，有效地规范了房地产市场行为。②投资结构趋于合理。新开工和竣工的项目中，普通住宅的比例明显上升，达到80%以上，而高档宾馆、高级公寓、花园别墅、度假村等项目规模明显压缩。③房地产投资速度有所减缓，市场交易量有所下降，市场价格合理回落，房地产炒家减少，房地产市场的泡沫成分得到一定程度消除。④收回了 2 000 多万亩[⊖]不能按期开发的土地，内陆省份撤回了投入沿海地区房地产市场的大部分巨额资金。⑤经过合理调控，全国房地产开发公司、开发区产业布局得到优化。

1.3.5　平稳发展阶段（2016 年至今）

2016 年年底的中央经济工作会议提出，要坚持"房子是用来住的，不是用来炒的"的定位。此后，与房地产相关的部门陆续出台了与之相配套的政策，涉及房企融资、购房者信贷等方面。

房地产的第一功能是使用功能，对 GDP 和税金的作用要建立在使用基础上。加强房地产市场分类调控，房价上涨压力大的城市要合理增加住宅用地，规范开发、销售、中介等行为；因城施策去库存。目前，三四线城市房地产库存仍然较多，要支持居民自住和进城人员购房需求。2019 年 7 月，银保监会约谈了部分房地产信托业务一段时期以来增速过快、增量过大的信托公司，要求这些单位增强大局意识，严格落实"房住不炒"要求，严格执行房地产市场调控政策和现行房地产信托监管要求。2019 年 7 月 30 日召开的中共中央政治局会议提出"不将房地产作为短期刺激经济的手段"，释放出我国坚持房地产调控不动摇的明确信号。2019 年 12 月 10 日至 12 日在北京举行的中央经济工作会议再次明确，要坚持"房子是用来住的，不是用来炒的"的定位。2020 年 12 月 28 日，中国人民银行、中国银保监会发布《关于建立银行业金融机构房地产贷款集中度管理制度的通知》，决定建立银行业金融机构房地产贷款集中度管理制度。2022 年，《政府工作报告》提出："继续保障好群众住房需求。坚持房子是用来住的、不是用来炒的定位，探索新的发展模式，坚持租购并举，加快发展长租房市场，推进保障性住房建设，支持商品房市场更好满足购房者的合理住房需求，稳地价、稳房价、稳预期，因城施策促进房地产业良性循环和健康发展。"

| 案例 |

讲求邻里生活的"高层四合院"

满堂红家苑开发商邀请了规划、施工、监理、测量等部门人员，还特别邀请了满堂红家苑的业主对房屋实施"预验收"。据介绍，这家将提前向业主交房的楼盘最独到之处是其改变了一般商品房业主不相往来的建筑格局，推动了极富创意的"高层四合院"，每一层的走廊两端各设置了一个 35 平方米的空中花园平台。邻居们可在花园平台的绿荫花草中小坐品茗或聊天、娱乐等，这为人们恢复传统的邻里生活、创造良好的睦邻关系提供了条件。此外，在每户的窗外还设有一个 3.9 米长、0.5 米高的花池，公共花园平台与花池均由开发商免费提供。

现代人的生活水平越来越高，可是邻里关系却是越来越淡薄。一些楼盘的住户，虽说

⊖　1 亩≈0.066 7 公顷。

大家"熟口熟面",但彼此间没有任何交往,形同陌路。

传统的邻里关系被瓦解,其中原因很多,如现代人的生活节奏快、电视节目丰富、互联网让人流连忘返等。但更重要的是我们的居住条件改变了,大多数的多层或高层住宅,根本就没有邻里之间交流的地方。随意串门有不尊重别人隐私之嫌,不串门又哪里有地方说话呢?大家总不能站在昏暗狭窄、充满回音的过道上侃一通吧?满堂红家苑的高明之处,就是发现了人们心底的需要,知道很多人特别是中老年人怀念那种"有事情大家聊一聊,有空闲大家乐一乐,有困难互相帮一帮"的亲切邻里关系,并将之在住宅设计上充分体现出来。

请你用本章所学的知识分析案例,并说明本案例给你的启示。

| 思考题 |

1. 如何从营销学的角度认识市场?
2. 简述房地产的特征。
3. 简述房地产市场的特征。
4. 为什么说房地产市场是不完全竞争市场?
5. 试述当前中国房地产市场存在的主要问题及解决方案。

| 实训 |

1. 收集反映当地房地产市场发展状况的有关资料(供给、需求状况)。
2. 分组实训:划分学习小组。每组选择当地某一在建或在售楼盘作为以后跟踪学习研究的样板楼盘。

第 2 章

市场营销与房地产市场营销

学习目标
1. 了解市场营销、房地产市场营销的基本概念。
2. 掌握各种市场营销观念之间的区别与联系。
3. 了解市场营销学的发展历程与研究的主要内容。
4. 重点掌握房地产市场营销的特点。

技能要求
1. 能够区分不同的市场营销观念。
2. 具有运用房地产市场营销的特点分析营销活动的能力。

本章概览

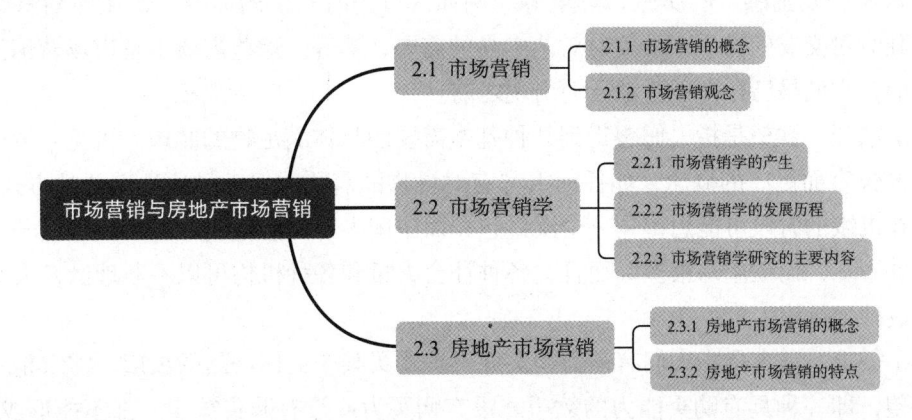

市场营销与房地产市场营销
- 2.1 市场营销
  - 2.1.1 市场营销的概念
  - 2.1.2 市场营销观念
- 2.2 市场营销学
  - 2.2.1 市场营销学的产生
  - 2.2.2 市场营销学的发展历程
  - 2.2.3 市场营销学研究的主要内容
- 2.3 房地产市场营销
  - 2.3.1 房地产市场营销的概念
  - 2.3.2 房地产市场营销的特点

2.1 市场营销

2.1.1 市场营销的概念

市场营销是由英文"marketing"一词翻译而来的。对于市场营销的概念，国内外的论述较多。

美国市场营销学会（American Marketing Association，AMA）在 1985 年给出的定义为：市场营销是指通过对货物、劳务与计谋的构思、定价、分销、促销等方面的计划和实施，实现个人和组织的预期目标的交换过程。目的是创造能实现个人和组织目标的交换。

菲利普·科特勒对市场营销的定义为：市场营销是个人和组织通过创造并同别人交换产品和价值以获得其所需所欲之物的一种社会过程。这里的产品是指能用以满足人类某种需要或欲望的任何东西；这里的价值是指消费者对于一个产品能够满足其各种需要的评估，也称为效用。

对企业而言，市场营销是指企业通过创造和引导需求，并与其他个人或组织交换产品或服务，以实现企业目标的一切活动。这一理解包括三个基本含义：一是市场营销是一种交换活动，交换作为一种活动，既具有社会性，又具有管理性；二是市场营销活动以满足人类各种需要和欲望为核心；三是市场营销活动形式上是在销售产品或其他可提供物，但它是为了满足各种需要和欲望进行的创造性活动，即需要不断地创造和引导需求。

还有学者把市场营销概括为：企业在适当的时机、适当的地点以适当的价格、适当的信息沟通和促销手段，向适当的消费者提供适当的产品和服务，泛指与市场有关的一切人类活动。

为了准确把握市场营销的含义，还必须理解如下几个基本概念。

（1）需要。就社会整体而言，需要是指人类为了自身的生存和繁衍对物质和精神的基本要求；就个人而言，需要则是指没有得到某些基本满足的感受状态，主要是针对食物、衣服、房屋、安全感、归属感、尊重等。例如，口渴时对水的需要，饥饿时对食物的需要，孤独时对交友的需要，求美时对艺术品的需要，等等。这些需要不是市场营销活动所能创造的，它们早已存在于营销活动出现之前。

（2）欲望。欲望是指人们想得到某种基本需要的具体满足物的愿望。可见，欲望是一个比需要包容面更广的概念，如任何人都有对食物的需要，但满足这种需要的方式不同，美国人在饥饿的时候可能想得到一个汉堡包；而中国人可能想饱食一顿米饭或饺子。人类的需要并不多，而欲望却很多。而且，各种社会力量和各种机构可以不断地激发人类形成和再形成种种欲望。

（3）需求。需求是指人们有能力购买并愿意购买某个具体产品的欲望。需求是一种特定的欲望，即一种具有购买能力的欲望。没有购买力或没有购买欲望，都不能形成需求。例如，一个人可能因为没有支付能力，而对小汽车没有需求；也可能因为缺乏使用计算机的技能和知识，而缺乏购买计算机的欲望，从而对计算机没有需求。企业可以创造需求，也只有具有了市场需求，企业才能将产品销售出去。所以，从这个意义上看，企业的市场营销活动就是需求的创造活动。

需求的变化一般表现为以下几个方面。

1）需求的多样性。因为每个消费者的收入水平、文化程度、职业、性别、年龄、民族、习惯、兴趣爱好不同，其对房地产商品和服务的需求也就不同。

2）需求的发展性。马斯洛的需求层次理论认为，人的需求总体上是无止境的，一种需求被满足了，会产生另一种新的需求。例如，一种房地产商品畅销一定时间后可能会滞销。

3）需求的弹性。消费者购买住房时，在面积、楼型、功能、交通等方面会随购买力的变化而变化，随价格的高低而转移。

4）需求的诱导性。消费需求是可以引导、调节的，通过营销人员的引导，消费者的需求能够发生变化和转移。

正是由于市场需求的这些变动性和复杂性，才要求企业的营销部门对市场进行不断的调查研究，做出准确判断。

（4）交换。具有需求和欲望时并不一定产生营销，只有当用交换这种特定方式来满足需要和欲望时，营销才会产生，而且必然产生。因此，交换是市场营销的核心概念。所谓交换，是指个人或组织通过提供某种东西作为回报，从其他个人或组织那里取得所需之物的行为。达成交换需要具备五个条件：一是至少要有交换双方；二是各方都要有对方所需要的、有价值的东西；三是各方都要有沟通信息和传送交换物的能力；四是各方都有对自己产品的自主支配权；五是交易的成功会为双方带来利益。交换的第五个条件在现代市场营销中非常重要，因为它体现出一种新的境界，即通过创造性的市场营销，使交换双方实现"双赢"。

2.1.2 市场营销观念

企业的市场营销活动是在特定的市场营销观念指导下进行的。所谓市场营销观念，又称市场营销哲学或企业经营思想，是指企业在市场营销管理过程中，在处理企业、顾客和社会三者利益关系方面所持的基本观念或指导思想。近百年来，市场营销观念随着经济增长和市场供求关系的变化，先后经历了生产观念、产品观念、推销观念、市场营销观念、生态营销观念和社会营销观念等发展阶段。

1. 生产观念

生产观念是一种最古老的经营观念。这种观念认为，消费者喜欢那些可以随处买得到而且价格低廉的产品。因此，企业应致力于提高劳动生产率和分销效率，扩大生产、降低成本、扩展市场。显然，这是一种重生产而轻市场营销的观念。生产观念是在"卖方市场"条件下产生的，即在资本主义工业化初期，由于经济和技术比较落后，生产效率低、物资短缺，市场上商品供不应求，企业普遍采用以生产为中心的管理办法。实行以产定销，以生产为中心，技术为生产服务，企业能生产什么产品就销售什么产品。企业管理任务是降低成本，增加产量。例如，20 世纪 20 年代，美国福特汽车公司总裁亨利·福特宣称"不管顾客需要什么汽车，我们只生产黑色的 T 型轿车"，日本企业在第二次世界大战后的数年内曾一度流行这种观念。

2. 产品观念

产品观念是比生产观念稍晚出现的经营观念。这种观念认为，消费者喜欢那些高质量、多功能和具有某种特色的产品。因此，企业应致力于生产高质量和高价值的产品，并不断加以改进。同生产观念相比，产品观念更为重视产品本身。因而最容易迷恋这种观念的情形，莫过于当企业研究开发出一种新产品的时候。从本质上讲，产品观念和生产观念都属于生产或卖方导向的经营思想，仍然是以生产者为核心。

3. 推销观念

推销观念也称为销售观念，它出现于产品观念之后，曾经为许多企业所奉行，至今仍有不少企业采用。这种观念认为，消费者通常表现出一种购买惰性或抗衡心理，如果顺其自然，消费者一般不会足量购买某一企业的产品。因此，企业必须积极推销和大力促销，以刺激消费者大量购买本企业的产品。

推销观念产生于资本主义国家由"卖方市场"向"买方市场"过渡的阶段。1920 年—1945 年，由于技术进步、科学管理和大规模生产的推广，产品产量迅速增加，开始出现供过于求的现象，卖主之间的竞争开始变得激烈。在这种条件下，企业开始重视销售工作。因此，当制造商生产力过剩，批发商、零售商库存过多时，往往奉行这种"推销观念"，实行强行推销。此外，企业在未寻求货物的市场营销中也奉行"推销观念"。所谓未寻求货物，指顾客不了解或了解但没有兴趣购买的货物。推销观念认为，在未寻求货物的市场营销中，企业应加强广告和推销工作，使消费者了解产品或劳务并对其产生兴趣，使潜在需求变成现实的购买。

4. 市场营销观念

第二次世界大战后，西方市场经济国家由于科学技术水平不断提高，生产飞速发展，人们消费水平大大提高。20 世纪 50 年代中期，买方市场已经形成，在此情况下出现了对上述各种观念提出挑战的企业经营哲学——市场营销观念。这种观念认为，实现企业营销目标的关键，在于正确地确定目标市场的需要和欲望，并且比竞争对手更有效地传送目标市场所期望的产品或服务，从而比竞争对手更有效地满足目标市场的需求。从本质上说，市场营销观念是一种以顾客需求和欲望为导向的经营哲学，是消费者主权论在企业市场营销管理中的体现。

市场营销观念是企业经营思想史上的一次根本性变革，它与推销观念之间存在着根本性区别。主要体现在：第一，推销观念注重的是卖方的需求和利益；而市场营销观念强调的是买方的需求和利益。第二，推销观念以卖方需求为出发点，主要考虑如何将既有的和能生产的产品推销出去，得到收入；市场营销观念则以市场需求为出发点，通过整体营销手段来满足顾客的需求和欲望，从而获得企业的利益。第三，推销观念以生产者为主导，认为"生产什么，顾客才能得到什么"，因此，顾客应服从生产者；相反，市场营销观念以顾客为主导，认为生产者应服从顾客，"顾客就是上帝"。

5. 生态营销观念

进入 20 世纪 70 年代以后，市场营销观念已被西方发达国家普遍接受。但是，在实践中，有的企业片面强调满足消费者的需求和欲望，往往去追求企业并不擅长生产的产品，结果并不能达到在满足消费者需求的同时获取尽可能多的利润的目的。因此，美国的一些市场营销学者在发展上述市场营销观念的基础上，进一步提出了生态营销观念，作为补充。生态学讲的是任何生物都必须保持与其生存环境协调平衡的关系，才能得到生存和发展。生态营销观念是指任何一个企业如同生物有机体一样，要同它们的生存环境相协调。根据这一观点，随着科学技术的发展，专业化更强，分工更细，社会政治和经济发展加速，企业与外部环境的相互依存关系日益密切，企业在决定其生产的产品、数量、质量，采用的技术装备，使用的原材料，确定的价格水平，交货时间及方式等一系列问题时，不仅应首先考虑市场需求，还应同时考虑企业自身的人力、物力、财力等各方面的条件和优势。企业要以有限的资源去满足消费者无限的需求，必须发挥自己的优势，去生产既是消费者需要又是自己擅长的产品，只有这样企业才能在激烈的市场竞争中占有一席之地。

在图 2-1 中，两个圆圈重叠部分就是企业的经营目标，也是企业与环境最相协调的状态。由于消费者需求和企业擅长都处于变动之中，因而企业就要在两个变数中不断发现和抓住新的机会。

生态营销观念的产生使市场营销观念得到了进一步完善，体现了产需结合和讲求经济效益的指导思想。

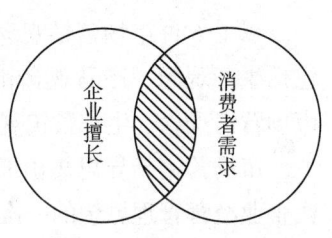

图 2-1　生态营销观念

6. 社会营销观念

社会营销观念出现于 20 世纪 70 年代。在西方，它的提出一方面基于"在一个环境恶化、人口爆炸性增长、全球性通货膨胀和忽视社会服务的时代，单纯的市场营销观念是否合适"这样的认识；另一方面也基于对广泛兴起的、以保护消费者权益为宗旨的消费者主义运动的反思。有人认为，单纯的市场营销观念提高了人们对需求满足的期望和敏感，加剧了满足眼前利益和长远利益的矛盾，导致产品过早陈旧，环境污染更加严重，也损害和浪费了一部分物质资源。另一些人则指出，"消费者主义""顾客至上"之类的口号，对许多企业来说不过是骗人的漂亮话，它们在"为消费者谋利益"的堂皇旗号下，干着种种欺骗消费者的勾当，诸如以次充好、以假充真、广告欺骗等。正是在这样的背景下，人们提出了社会营销观念，作为对生态营销观念的进一步补充和完善。

社会营销观念的基本要求是：企业在生产或提供任何产品和服务时，不仅要满足消费者的需求和欲望，符合本企业的利益，还要符合消费者和社会发展的长期利益。对有害于社会或有害于消费者的需求，不仅不应该满足，还应该进行抵制性的反营销。近年来，不少西方发达国家的企业家提出了"现代企业的合理行为应该是努力做到满足社会、消费者、企业和职工各方利益"的新理论，即社会营销观念，如图 2-2 所示。

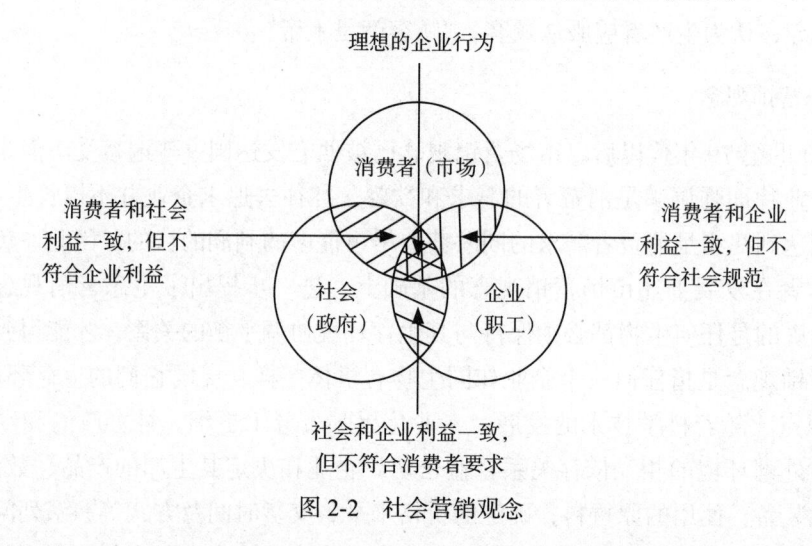

图 2-2　社会营销观念

图 2-2 较为直观地表达了社会营销观念的内容。图中阴影部分表现为理想的企业行为，即社会利益、消费者利益和企业利益三者相互协调。企业通过协调社会利益、企业利益和消费者利益，使市场营销观念达到一个完善的水平。

以上 6 种市场营销观念归纳起来可分为两大类型：一类是以生产者为中心的旧观念，包括生产观念、产品观念和推销观念；另一类是以市场（消费者）为中心的新观念，包括市场营销观念、生态营销观念和社会营销观念。

市场营销指导思想由旧的生产者导向转变为新的市场（消费者）导向，是发达国家现代企业经营管理思想的一次重要变革。西方市场学者对于这种转变给予了很高的评价，称之为商业哲学的一次革命。他们认为，在新旧两种观念的指导下，企业全部工作方针、行为内容、重点、手段和效果都是截然不同的。这种区别如图 2-3 所示。

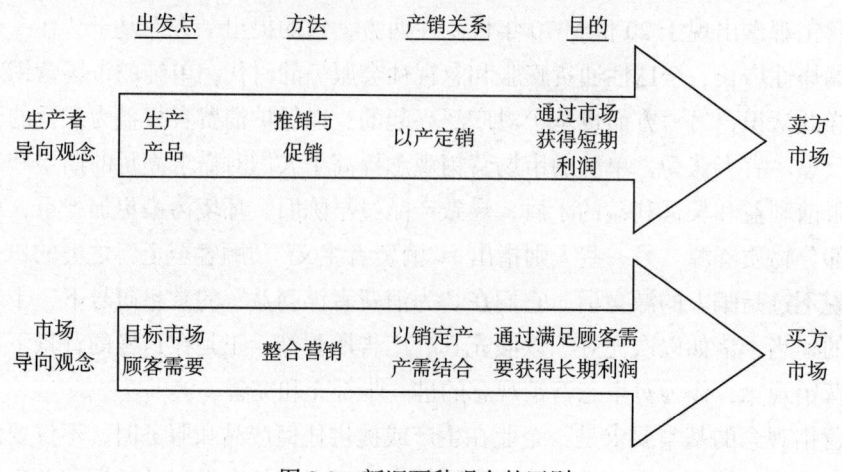

图 2-3　新旧两种观念的区别

2.2 市场营销学

2.2.1 市场营销学的产生

市场营销理论作为一门学科产生于 19 世纪末 20 世纪初的美国。它是美国社会制度由自由资本主义向垄断资本主义过渡时期的产物。19 世纪资本主义工业由机器生产代替了手工生产，出现了生产无限扩大的趋势，生产规模扩大与有支付能力的需求之间的矛盾更加尖锐化，产品销售的国内外市场相对缩小。工商企业在激烈的竞争中为求生存、图发展，取得利润最大化，就必须千方百计地寻求商品的销售市场。为此，美国一些经济学家开始注意研究市场上商品的销路问题，并首先从商品的销售术和广告开始研究；到 20 世纪初，才开始将销售中的各种问题结合起来研究，出现了"市场营销"（marketing）这个词，并正式建立市场营销学这门学科。从 1902 年起，美国的密歇根大学、加利福尼亚大学和伊利诺伊大学设立了这方面的课程；1905 年，在宾夕法尼亚州，克罗西讲授了"产品市场营销"；1912 年，赫杰特齐编著出版了第一本《市场营销学》；1910 年，拉尔夫·巴特勒出版了《市场营销方法》，还成立了市场营销研究中心。所有这些都标志着市场营销学作为一门学科已经建立起来。

2.2.2 市场营销学的发展历程

市场营销学近一个世纪的发展历程可概括为三个阶段。

1. 注重应用的初级发展阶段

从 20 世纪 20 年代到第二次世界大战结束，是市场营销学的初级发展阶段。尽管在 19 世纪末 20 世纪初，市场营销学已经成为一门独立的学科，但当时多局限于某些大学的教学研究，而未真正应用于指导企业的营销实践，因此，也未能引起社会的广泛重视。在 1929 年—1933 年的西方资本主义经济危机中，产品大量积压，企业纷纷倒闭，产品销售成了严重的社会问题，迫切需要借助市场营销学原理解决企业的现实问题。理论与实践紧密结合，当时提出了企业应如何创造新的需求，建议企业重视市场调研与预测等一系列问题。市场营销原理在流通领域的运用，使不少企业短期的经营状况得到好转，因而获得了社会的广泛认同。在不少企业或基金组织的资助下，市场营销理论研究者与企业界人士共同参与，先后成立了一系列与市场营销相关的研究机构和组织。1915 年美国全国广告协会成立，1926 年改为全美市场营销学和广告学教师学会；1937 年正式成立了美国市场营销学会（AMA），全国有几十个分会；随后有 80 多所大学成立了市场营销学研究俱乐部，它们出版杂志，交流研究成果。

2. 市场营销学的深化阶段

从第二次世界大战结束至 20 世纪 70 年代，市场营销学的研究无论是深度还是广度都有很大的发展。首先是市场营销理念不断革新，经历了生产导向→销售导向→市场导向→

社会导向的演变，由此导致了市场营销的第一次革命。

第二次世界大战结束后，市场竞争范围更加广泛，那种侧重于产品推销的营销理念，已不能适应新形势发展的要求。过去市场营销学认为，市场是生产过程的终点，市场营销的职能只是把已经生产出来的产品或劳务推销出去；而现在市场营销强调买方的需求、潜在的需求，市场则成为生产过程的起点，市场营销的职能首先必须调查、分析与判断消费者的需求和欲望，将信息传递到生产部门并据此提供适宜的产品和服务，使潜在交换得以实现。因而从理论上突破了只研究流通，不注重企业生产经营管理的倾向。其实质是实现从"以生产为中心"到"以消费者为中心"的观念转变。这一变革被西方学者誉为"营销革命"，并由此拉开了现代市场营销学研究的帷幕。

杰罗姆·麦卡锡（Jerome McCarthy）是一位对现代市场营销学研究做出过重大贡献的学者，他在《基础营销学》一书中，首次提出了营销组合的 4P（product、price、place、promotion）理论，并论述了通过市场营销组合的实施，可以使企业适应外部环境，满足目标市场需要的基本原理。

3. 市场营销学的创新发展阶段

20 世纪 80 年代以来，世界经济社会活动发生了较大的变化，市场营销理论的创新也日益频繁，市场营销的新概念、新原理、新方法层出不穷。这里主要介绍如下几种新的营销理论。

（1）大市场营销。20 世纪 80 年代以来，国际贸易保护主义愈演愈烈。国与国之间把关设卡，即使是一流的跨国公司也常常为使自己的产品进入某一国家或地区市场费尽心机。针对这种现象，1984 年菲利普·科特勒提出了大市场营销理论。

所谓大市场营销，是指为了成功地进入特定市场，并在那里从事业务经营，在策略上协调地使用经济的、心理的、政治的和公共关系的手段，以获得外国或地方各有关方面的合作与支持的一种战略思想和营销策略。这里的特定市场主要是指贸易壁垒很高的封闭型或保护型的市场。科特勒指出，针对这样的市场，除了实施 4P 营销组合策略外，必须加上政治权力（political power）和公共关系（public relation），形成 6P 营销组合策略。1986 年，科特勒又提出了 10P 营销组合创新观念，即在原有的 6P 基础上，增加探查（probing）、分割（partitioning）、选优（prioritizing）、定位（positioning），成为 10P 营销战略与策略组合。这一理论的出现，标志着市场营销理论从战术营销转向战略营销，被称为市场营销的第二次革命。

（2）国际市场营销与全球营销。20 世纪 80 年代以来，随着美国企业把越来越多的精力和财力投入到国际市场，市场营销学者对国际市场营销的关注也就越来越多。所谓国际市场营销，就是指企业跨越国界的市场营销活动。科特勒认为，"国际市场营销是指在一个以上的国家进行的、把企业的产品和服务引导到消费者或用户中去的商业活动"。国际营销面临更加错综复杂的营销环境，给市场营销人员提出了许多新课题，如国际营销的组织、分销渠道和营销组合等如何适应多国营销。最难的问题是进行跨国营销时如何调整营销组合，其核心问题是关于标准化和地方化的决策，即实行产品、广告、分销和促销等全球标准化，还是根据特定国家、地区甚至特定民族群体制定特定的营销组合，实行地方化。1983年，西奥多·莱维特针对企业过于强调对当地市场的适应性，将导致生产、分销和广告方面规模经济的损失，从而导致了营销成本的增加，提出跨国公司应向全球提供一种统一的产品，并采用统一的沟通手段，即实施"全球营销"战略。显然，"全球营销"是相对于"当地营销"提出来的。

（3）绿色营销。20世纪70年代以来，西方国家环境保护运动此起彼伏，消费者主权运动再度兴起，绿色消费需求旺盛。20世纪80年代末期，可持续发展观成为人类社会的共识，绿色营销就是在这样的经济社会背景之下产生的。它是指企业以环境保护战略作为其经营理念，以绿色文化作为价值观，以满足消费者的绿色消费需求为中心和出发点的一种市场营销战略。实施绿色营销是公认的21世纪企业发展的方向，是企业实施国际营销战略的大趋势。

（4）服务营销。随着人类社会进入知识经济时代，低成本、差异性、技术领先等传统的竞争优势逐渐消失，模仿性竞争日益增多。随着消费者的购买力不断增强和需求趋势不断变化，在几乎所有形式的商务活动中，服务已经成为满足顾客需要的重要方面，是企业寻求竞争优势的重要领域。正如A.佩恩在《服务营销》一书中所述："传统制造领域内的需求已被拉平，国际竞争更加激烈，技术和产品的特征优势是短命的，服务代表了一个重大的潜在利润区域。"20世纪末期，国内外营销学者和企业界人士已开始十分重视对服务营销的探讨，并预言世界经济开始进入了"服务营销"的时代。

（5）直复营销。随着经济的发展和科学技术的进步，生产者与分销商在利润分配方面的矛盾加剧，店铺租金、雇员工资、广告支出使成本增加，而人们的休闲方式由购物向保健娱乐方面转移，直复营销就是适应这些新的营销环境和形势而形成的一种无店铺零售方式。它既是一种分销方法，也是一种新型的市场营销系统。美国直复营销协会（ADMA）认为，直复营销是一个相互作用的市场营销系统，它使用一个或多个广告媒体以获得在任何地方可衡量的反应和交易。

（6）关系营销。关系营销是20世纪90年代初在西方企业界兴起的一种新的营销战略思想和营销策略。它是指识别、建立、维护和巩固企业与顾客及其他利益相关人的关系活动，并通过企业努力，以成熟的交换及履行承诺的方式，使活动涉及各方面的目标在关系营销中实现。直销、顾客俱乐部都是典型的关系营销。关系营销的关键在于：企业不仅要争取顾客和创造交易，而且更重要的是和顾客、中间商、供应商建立长期的、彼此信任的、互利的、牢固的合作伙伴关系。因而，市场营销的核心从交换转变为关系。

关系营销扩大了营销组合，在4P的基础上增加了顾客服务、人员、进程等要素。关系营销还可以减少交易费用和节约时间。

（7）共生营销。20世纪90年代以来，经济全球化趋势日益明显，企业兼并浪潮风起云涌，国际商界兴起了共生营销战略。美国营销学家阿德勒将其定义为：通过两个或更多相互独立的商业组织间的资源或项目上的合作，达到增强市场竞争能力的目的。例如，美国运通公司和 MCI 公司达成协议，运通卡的用户在使用 MCI 公司的长途电话时，可以享受一定的折扣；而 MCI 公司则凭借运通公司所掌握的 1 000 万名用户的信息资料，大大增强了自己的竞争力。

共生营销的实施方式包括：共享设施等资源；特许经营；共同提高产品的质量；共同开发和生产，以节省研究开发费用，分散高风险和共同攻克技术难题；共同销售；共同服务客户；合作创办新企业。

（8）整合营销。20 世纪 90 年代以后，西方国家的生产力和科学技术飞速发展，产品差异性越来越小，消费需求多样化和传播媒体细分化，使顾客在产品选择方面莫衷一是，几乎无忠诚度可言。企业的技术领先和低成本领先战略逐渐失效，市场竞争更加残酷。如何重建企业与顾客的双赢营销模式，以寻求新的竞争优势，有学者率先提出了整合营销沟通的概念，即制订一种营销沟通计划，通过控制营销沟通工具之间的相互作用，把它们有效地结合起来，以提供明确的、连续一致的信息传播，达到最大沟通效果。随后，把整合营销扩展到各种营销工具整合和营销战略整合等方面进行研究。现在，整合营销既是一种营销理念，又是一种营销战略，还是一种全新的营销模式。

（9）网络营销。20 世纪 90 年代，现代电子技术和信息技术使人类社会步入了网络时代。互联网络技术和"信息高速公路"不仅为企业带来了市场营销手段的革命，也带来了更深层次的营销理念的变革。所谓网络营销，是指企业借助互联网络、信息通信和数字交互式媒体等现代化手段开展的市场营销活动。它以全新的手段、全新的理念对传统的营销方式和手段形成冲击，并与传统的市场营销整合，来完成各项营销功能，实现企业的营销目标。

2.2.3　市场营销学研究的主要内容

市场营销学是专门研究市场营销活动及其发展变化规律的学科。它是市场营销实践的科学总结和概括，是有关市场营销活动的指导思想、基本理论、策略、方法技巧等有机结合而成的科学体系。

市场营销学的结构体系由 4 个方面的主要内容组成。

（1）营销原理。营销原理由市场分析、营销观念、市场营销系统与营销环境、消费者需要与购买行为、市场细分与目标市场选择等理论组成。

（2）营销实务。营销实务由产品策略、定价策略、分销渠道策略、促销策略、市场营销组合策略等组成。

（3）营销管理。营销管理由营销战略、计划、组织和控制等构成。

（4）特殊市场营销。特殊市场营销由直复营销、网络营销、服务市场营销和国际市场营销组成。

总之，市场营销学研究的主要内容是以了解消费者的需求为起点，以满足消费者需求为终点，通过研究，制定出营销活动的战略、策略及方法技巧，使企业在满足消费者需求的过程中实现利润目标，在竞争激烈的市场上求得生存和发展。

2.3 房地产市场营销

2.3.1 房地产市场营销的概念

房地产市场是市场体系的重要组成部分，房地产市场营销是市场营销的一个重要分支。房地产市场营销是通过房地产市场交换，满足现实的或潜在的房地产需求的综合性的经营销售活动过程。从这一概念中，我们可以看到房地产市场营销蕴含着以下几层含义。

（1）房地产市场营销的目的是满足消费者对房地产商品和劳务的需求。明确了企业应以需求为导向，以市场为导向，取代以企业为导向，以生产为导向的观念。需求变被动为主动，成为房地产开发企业一切生产经营活动的出发点，企业必须通过市场了解消费者对房地产商品和劳务的需求，并且通过开发适时地满足他们的需求。

（2）作为市场营销目的的需求，既包括现实需求也包括潜在需求。现实需求是已经存在的市场需求，它表现为消费者既有欲望又有一定购买力，并通过实际购买行为来满足需求，形成现实市场；潜在需求是指消费者怀有强烈需求愿望，但由于市场上没有现实的或理想的商品，只能待机购买，或者市场上已经有了理想的商品，但由于消费者现实的购买力不足，只能待时购买。随着科学技术的发展和人们消费水平的提高，潜在需求的层次和内容将不断变化，善于发现和了解市场的潜在需求是房地产市场营销者的重要任务，也是企业的机会所在。

（3）房地产市场营销的中心是实现商品的交换，完成销售活动。因此企业的一切营销活动、营销策略必须紧紧围绕交换展开，通过交换的顺利进行实现企业产品的价值、再生产的良性循环。房地产市场营销的手段是开展综合营销，要求企业既进行外部市场营销，又进行内部市场营销。在外部营销上应尽量使产品策略、定价策略、销售渠道策略、促销策略四大要素在时间与空间上协调一致，实现最佳的营销组合，以达到综合最优的效果。

2.3.2 房地产市场营销的特点

1. 房地产市场营销是市场营销的分支

房地产市场营销与一般市场营销一样，是个人和集体通过创造，与其他的个人或集体交换产品或价值，获得所需物品的社会过程。

房地产市场营销的实质是以消费者对各类房地产商品的需求为出发点，房地产企业通过有效地提供住宅、办公楼、商业楼宇、厂房等房地产商品和服务满足消费者生产或生活、物质或精神的需求，并获取利润的商务活动。

因此，市场营销的一般原理及其策略能在房地产领域得到很好的运用。同时，房地产市场营销又区别于一般市场营销而成为市场营销的一个分支，这是由房地产商品具有其独特经济特征及运行规律所决定的。

2. 房地产商品的独特性

房地产商品的经济特征决定了房地产市场营销对象——房地产商品的差异性、独特性特征十分明显。

在房地产市场上，没有两种完全相同的产品，同一房地产类型、相同建筑设计和造价的产品，只要是处于不同的区位，由于其地域经济发展水平和周围环境配套等的差异，它们在使用功能、保值增值的潜力上都是不同的。

房地产市场上只有相似的房地产，没有完全相同的房地产，这与其他一般匀质性的工业产品有着显著的差别。在市场营销中，每个楼盘之间在营销方法和策略上都会有差别。

房地产商品的不可移动性决定了其在营销中不能像其他消费品那样，通过运输直接与消费者见面，或者被带到不同地方的市场上进行交易，一般市场营销的仓储和运输渠道与房地产就没有什么关系，而中介渠道对其则显得特别重要。在其他方面，诸如价格定位和促销等，也都具有房地产行业的种种特征。

3. 大营销观念

大营销观念是指在房地产项目早期开发时，导入营销的观念，组织与实施产品的生产和供应。

房地产企业对自身楼盘营销地位的认识，直接关系到该房地产企业的营销业绩。选址开发的目的是尽快实现销售，从选址、设计、施工、竣工到销售、售后管理，房地产市场营销的主线贯穿全过程。

过去，房地产前期开发与房地产市场营销无关，难免会盲目进行投资开发。曾经有一个总面积达几十万平方米的房地产项目，取得预售许可证后才导入房地产市场营销观念，造成了房地产商品的大量空置。而另一家房地产企业重视市场，在开发期就导入房地产市场营销的观念和机制，开盘后产生两星期销售近万平方米的轰动效应。房地产企业的开发、经营、管理均可纳入市场营销的框架，关键是有没有市场这根弦。

4. 房地产市场营销与法律制度密切联系

房地产商品的产权观念特别重要。房地产商品因使用周期长，同一商品在其生命周期内，产权可能多次转移，房地产市场营销中存在增量与存量房产同时在市场上流通的情况。在法律上房地产的使用权和所有权可以分离，所有权者可将使用权以出租的形式让第三者使用，因此，房地产市场营销在流通形式中，除买卖外，租赁也是常见的形式。此外，在房地产经济活动中，房地产商品的使用权和所有权还可用于抵押、典当、信托等，在房地产权属登记、转移等方面，都需要法律提供保障，所以房地产市场营销与法律制度有密切的联系。

5. 房地产市场营销独特的经济运作方式

房地产市场营销具有独特的经济运作方式，因为它是在一个不完全竞争市场环境下进行的。

房地产经济运行往往缺乏及时、准确的信息。房地产市场的交易需要权属上的转移，在购买时要经过产权产籍登记，还有手续的办理，交易从开始到完成需要一段时间，交换后的数据处理存在时间上的滞后，有许多房地产交易是不公开的，因此，房地产市场交易的信息很难完全掌握，从而影响到房地产市场信息的准确性。

6. 房地产市场上政府的政策作用明显

在任何国家或地区，对房地产的使用、支配都会受到某些限制，甚至在房地产经济运行中政府干预较多。在房地产的消费中，住宅等房地产关系到国家的社会安定和经济发展，政府通过各种形式，对房地产的市场交易进行调控，从而减弱了房地产市场上的自由程度。因此，在房地产经济运行过程中，政府的政策导向是房地产市场营销活动中应密切注意的要素。

房地产市场营销是一门诞生不久的新兴科学，是一门实践性很强的应用科学，研究房地产市场营销有助于提高房地产企业的营销素质和竞争力，有利于房地产市场的发展和完善，有利于消费者需求的满足，有利于房地产业作为新经济增长点的培育。

|案例|

市场决定营销方式

2018年，面对量价齐升的沈阳房地产市场，有人说这是投机者的恶意炒作，也有人认为这是因为开发商更用心了，产品更走心，营销也更走心，是这一波"由内而外"的变化，让沈阳房地产市场焕发了新的生机。

过去几年，沈阳刚需市场大行其道，各种海报都是围绕低首付、低总价等内容发布的，简单直接，极具冲击力，部分线下营销活动也为了适应部分刚需客群的特点而显得有些"媚俗"。

进入2018年，沈阳房地产市场开始发生变化，改善型需求集中爆发，百万级的房源开始受到追捧，与之相对的，则是房企营销宣传的"急转弯"。从2018年沈阳各大房企推出的营销活动来看，虽然在渠道和表现手法上，同样是以线上朋友圈、线下发布会为主，但是从内容上来看，不同之处却不是一点半点。

这段时间，北皇姑"流行"起了主题矿泉水，矿泉水瓶身上不再是统一的宣传语，而是变得极具个性，如"与十八岁为邻 一步芳华""走南闯北 沈师食堂味最美"等。从图片LOGO来看，以美的瀚悦府的"营销攻势"为例，摒弃了以前追求"帅哥美女、视觉刺激"的美的瀚悦府，不仅变得更具文艺范了，而且变得更有品位了。事实上，2018年以来，给自己"换帖"的房企很多。以"文化"为主题的万科翡翠书院更是将三联书店搬进了售楼处，这个以物业见长的房企，正在努力宣扬着自己的小资情怀。碧桂园也在努力撕掉此前"郊区大盘 配套齐全"的刚需标签，开启了"精智"的宣传。

事实上，与其说房企的营销手段变得更具文艺范了，不如说房企的营销活动针对性越来越强了。开发商在营销手段上"换口味"，主要的原因，还是市场的风向在变化。现在的沈阳正在从"价格导向"的刚需市场，向"品质导向"的改善市场过渡，而市场需求的变化，才是营销宣传手法改变的关键原因。

结合案例谈一谈你对市场营销的理解。

| 思考题 |

1. 如何理解市场营销的概念？
2. 推销观念与市场营销观念有何区别？
3. 简述社会营销观念的核心思想。
4. 试述市场营销学的发展历程。
5. 如何理解房地产市场营销的概念？
6. 房地产市场营销具有哪些特点？

| 实训 |

1. 有四家公司，其经营决策如下：
   （1）A公司生产手表，认为只要生产走时精确、造型优美、价格适中的名牌产品，即能经营成功。
   （2）B公司生产汽车，致力于扩大汽车规模生产，加强企业管理，力图降低成本、扩大销售。
   （3）C公司生产电子仪器，认为自己的产品不会主动变成现金，因此，只要派出人员大力推销就能经营成功。
   （4）D公司生产汉堡包，其宗旨为"顾客是上帝"，要努力使顾客购买汉堡包的每一分钱都能获得十足的价值、质量和满意度。

   请你按市场营销学观点，分析上述四家公司分别属于哪种市场营销观念，各观念具体内容是什么。你认为在现代市场营销学中应坚持哪一观念？

2. 分组实训：收集本组所选楼盘的有关基本信息和宣传资料，制成PPT，分组研究楼盘的项目介绍。

第 3 章

房地产市场营销环境

学习目标

1. 了解房地产市场营销环境的概念和特点。
2. 基本掌握影响房地产市场营销的宏观环境因素和微观环境因素。
3. 掌握房地产市场营销环境的 SWOT 分析方法。

技能要求

1. 能够区分不同类型的竞争者。
2. 学会对房地产市场营销环境进行 SWOT 分析。

本章概览

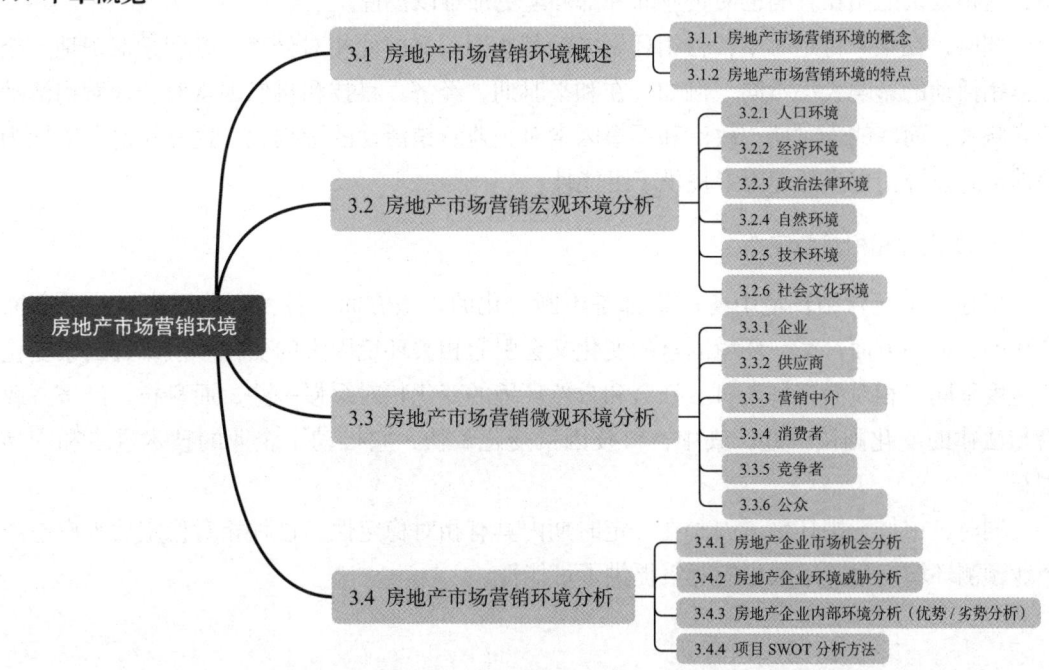

房地产市场营销环境
- 3.1 房地产市场营销环境概述
  - 3.1.1 房地产市场营销环境的概念
  - 3.1.2 房地产市场营销环境的特点
- 3.2 房地产市场营销宏观环境分析
  - 3.2.1 人口环境
  - 3.2.2 经济环境
  - 3.2.3 政治法律环境
  - 3.2.4 自然环境
  - 3.2.5 技术环境
  - 3.2.6 社会文化环境
- 3.3 房地产市场营销微观环境分析
  - 3.3.1 企业
  - 3.3.2 供应商
  - 3.3.3 营销中介
  - 3.3.4 消费者
  - 3.3.5 竞争者
  - 3.3.6 公众
- 3.4 房地产市场营销环境分析
  - 3.4.1 房地产企业市场机会分析
  - 3.4.2 房地产企业环境威胁分析
  - 3.4.3 房地产企业内部环境分析（优势/劣势分析）
  - 3.4.4 项目 SWOT 分析方法

3.1 房地产市场营销环境概述

3.1.1 房地产市场营销环境的概念

房地产市场营销环境是指影响房地产企业生存和发展的各种内部条件和外在因素的总和。房地产企业的营销环境由宏观环境和微观环境构成。

宏观环境是指间接影响房地产企业市场营销活动的各种环境因素,包括人口环境、经济环境、政治法律环境、自然环境、技术环境和社会文化环境。宏观环境对企业的营销活动的影响虽是间接的,但它却是给企业带来市场机会和造成环境威胁的主要因素,它对房地产企业营销活动的影响是广泛而深远的。

微观环境是指直接影响房地产企业服务其目标市场能力的各种因素,包括企业、供应商、营销中介、消费者、竞争者和公众等。微观环境对房地产企业的营销活动具有直接影响,微观环境中的各种行为者都是在宏观环境中运作并受其影响的。

3.1.2 房地产市场营销环境的特点

房地产市场营销环境的特点概括起来包括以下几个方面。

1. 关联性和相对分离性

关联性是指房地产市场营销环境的各种构成要素之间不是孤立存在的,而是相互联系、相互影响的,一个因素的变化会导致许多因素的变化。例如,一个国家的体制、政策、法律会影响该国经济与科学技术的发展速度和方向,继而会改变社会的某些风俗习惯;同样,经济和科学技术的发展又会引起政治和经济体制的相应变革,或者促使某些法令和政策的相应变更。因此,它们对企业的营销活动并非单独产生影响,而是综合发挥作用,这种复杂的相互影响也使企业的外部环境更加难以把握。

同时,在某一特定时期,营销环境中的某些因素又彼此相对分离。各因素对房地产企业营销活动的影响大小不同。例如,在和平时期,经济、科技和自然因素对企业营销活动的影响大,而在战争时期,政治和军事因素对企业营销活动的影响大。这种相对分离性为房地产企业分清主次环境因素提供了可能性。

2. 变化性和相对稳定性

房地产市场营销环境中各因素都是不断变化的。一方面,各种环境因素自身是不断变化的;另一方面,某一环境因素的变化又会引起相关环境因素的变化。但每种因素变化的速度不同,相对而言,人口、社会和自然环境的变化相对缓慢一些,而科技、经济、政治与法律的变化则快一些,其中,科技因素变化最快,它推动了企业的技术进步和产品创新。

同时,市场营销环境诸因素在一定时期内具有相对稳定性,这种相对稳定性为房地产企业预测环境变化并采取相应对策提供了可能性。

3. 环境的不可控性与企业的能动性

按照与房地产企业营销的密切程度和企业对这些因素的可控程度，可以把环境因素分为三类。第一类是企业不可控制的因素，即宏观环境因素，包括人口环境、经济环境、政治法律环境、自然环境、技术环境和社会文化环境。对于这些因素，企业不能改变它，只能了解它、适应它。第二类是企业可以施加影响，使其尽可能地朝着有利于开展市场营销活动的方向转化的因素，包括市场、社会公众、竞争者、供应商和中间商。第三类是企业可以控制的因素，如企业本身。企业要根据环境因素的可控程度采取不同的对策。

3.2 房地产市场营销宏观环境分析

宏观环境是由那些间接影响房地产企业市场营销活动的因素构成的，包括人口环境、经济环境、政治法律环境、自然环境、技术环境和社会文化环境。

3.2.1 人口环境

人口环境是影响房地产市场规模及其结构，从而影响企业营销活动的一个重要因素。人口环境包括人口数量及其增长率、人口结构、家庭规模及结构。研究人口环境，对房地产企业准确选择目标市场、进行市场定位有着重要的指导意义。

1. 人口数量及其增长率

市场是由具有购买欲望和购买能力的人所构成的，人是市场的主体，人口数量及其增长率与市场规模有着密切的关系。在购买力一定的情况下，人口越多、增长越快，则市场规模和市场容量越大，企业的营销机会越多。因此，房地产企业在某一地区开展营销活动时，首先要了解该地区的人口总量，它是房地产需求的上限。

2. 人口结构

人口结构包括人口的年龄结构、性别结构、民族结构、文化结构和职业结构等。

不同年龄的消费者因其心理和生理特征、经济收入、购买力水平不同，对住房的需求存在较大差异。青年消费者在购买住房时，受其经济能力限制，往往购买小户型的住房；成年消费者事业有成，经济收入较高，购买力较强，往往购买舒适、宽敞的住房；老年消费者在购买住房时，往往购买环境安静、有配套医疗设施的住房。

此外，人口的民族结构、文化结构和职业结构等因素对房地产的消费需求、消费方式和购买行为也有较大影响，房地产营销者也应予以重视。

3. 家庭规模及结构

房地产是以家庭为单位进行消费的，研究房地产市场需求的变化，需要研究家庭的变化。目前，世界各国家庭变化的一个共同趋势是家庭规模小型化，即家庭的平均人口减少，而家庭户数增加。以北京为例，20世纪60年代初，居民家庭平均人口为5.51人；

70 年代末为 4.32 人；90 年代初下降到 3.21 人；2004 年下降到 2.61 人。家庭规模的变化，导致商品住宅总需求量的增加，同时也对住房的户型、面积、结构、内部装修等方面提出了新的要求。房地产企业应根据消费者需求的变化，及时提供适销对路的房地产。

3.2.2 经济环境

房地产市场规模的大小，不仅取决于人口数量的多少，还取决于社会购买力的大小。在人口数量既定的情况下，社会购买力越强，则房地产市场的规模越大。购买力是构成房地产市场和影响市场规模的一个重要因素。社会购买力的强弱又受到国民经济发展水平、通货稳定情况、消费者收入水平、消费者支出模式、消费者储蓄和信贷情况等一系列经济因素的影响，社会购买力是这些经济因素的函数。因此，房地产企业在进行经济环境分析时，要对这些问题给予格外关注。

1. 国民经济发展水平

房地产企业是在国民经济大环境中生存和发展的，其发展不可避免地要受到国民经济发展水平的制约和影响。国民经济发展速度快、国民收入水平高，则消费者的人均收入高、社会购买力强，房地产企业的营销机会就多；反之，国民经济的发展陷入低谷，市场疲软，社会购买力下降，房地产市场首当其冲要受到影响。

2. 通货稳定情况

社会购买力的大小与通货稳定情况有着密切的关系。一般来说，通货膨胀时物价水平上涨，货币贬值，购买力下降，从而使房地产企业的营销环境恶化；如果发生通货紧缩，则物价水平下降，购买力上升，购买活动比较频繁。

3. 消费者收入水平

消费者收入水平是影响社会购买力的主要因素，也是影响房地产企业市场营销活动的重要因素。

消费者收入是指消费者个人从各种来源渠道所得到的货币收入，通常包括消费者个人的工资、奖金、其他劳务收入、红利、租金、接受馈赠、遗产继承等。消费者收入大部分转化成消费资料购买力，是社会购买力的重要组成部分。

由于消费者收入并不是全部用于购买商品，对房地产企业营销而言，有必要区别"可支配的个人收入"和"可随意支配的个人收入"。可支配的个人收入是指个人收入扣除直接负担的各种税款（如个人所得税）和非税性负担（如工会会费）之后的余额。这部分收入可用于个人消费和储蓄，它是影响消费者购买力和消费者支出的决定性因素。可随意支配的个人收入是指可支配的个人收入减去消费者用于购买生活必需品的支出和固定支出后所剩下的余额。这是消费者可任意投放的收入，因此，它是影响消费者需求结构的最活跃的因素。这部分收入越多，人们的消费水平越高，房地产企业的营销机会就越多。各种奢侈品、汽车、旅游等商品的销售主要受这部分收入的影响。

房地产营销者不仅要分析消费者的平均收入，还要分析研究不同阶层、不同地区、不同时期的消费者收入。例如，北京、上海、广州等大城市及东南沿海开放地区的消费者收入水平较高，购买力较强，这是这些地区房地产业得以迅速发展的一个重要因素。

4. 消费者支出模式

随着消费者收入的变化，消费者支出模式也会发生变化，从而影响房地产企业的营销活动。

德国统计学家恩斯特·恩格尔（Ernst Engel）提出了著名的恩格尔定律，其主要内容是：一个家庭的收入越少，其总支出中用于食物支出的比重就越大；随着家庭收入的增加，用于购买食物的支出占总支出的比重下降，而用于其他方面的开支（通信、交通、娱乐等）和储蓄的支出比重将会上升。恩格尔定律阐述了消费者收入水平和消费者支出模式的内在关系。

消费中用于食品方面的支出与家庭消费总支出的比率称为恩格尔系数。用这个系数来衡量生活水平，大体可做如下划分：59%以上称为绝对贫困；50%～59%称为勉强度日；40%～49%称为小康水平；30%～39%称为富裕；30%以下称为最富裕。

5. 消费者储蓄和信贷情况

消费者的购买力还要受储蓄和信贷的直接影响。储蓄来源于消费者的收入，是一种推迟了的潜在购买力，属于滞后消费，最终目的还是消费，但在一定时期内，储蓄的多少会影响消费者的购买力和消费支出。在收入不变的情况下，储蓄增加，则购买力减弱；储蓄减少，则购买力增强和消费支出增加。

消费者不仅可以用其货币收入购买房地产，还可以借助个人信贷买房，因此，消费者信贷也是影响消费者购买力的一个重要因素。消费者先借助贷款取得房屋所有权，然后按期还本付息，这是一种超前消费。

3.2.3 政治法律环境

政治法律环境是指影响房地产企业市场营销活动的政府机构、产业政策、公众团体、法律等因素。

1. 政治体制、经济体制、政府与企业的关系

政治体制是指国家政权的组织形式及其有关的制度，包括国家结构、政治组织形式、政党体制及相关的制度体系。在中央集权制的国家中，政策法律较为统一，房地产企业在开展经营活动、制定营销决策时对此容易把握；反之，在复合制国家中，各种政策法规琐碎繁多，地方之间的政策法规差异较大，这在一定程度上加大了房地产企业的营销难度。

经济体制是一个国家组织整个经济运行的模式，是一国经济制度的具体表现形式，也是该国制定和调整宏观经济政策的依据，它由所有制形式、管理体制和经济运行方式组成。

政府与企业的关系取决于国家的政治体制和经济体制。例如，中国城市土地归国家所有，因此，与其他行业的企业相比，房地产企业受政府的制约和影响更大，这也是房地产开发乱收费产生的原因之一。当前，与房地产企业密切相关的突出问题在于规范政府行为，转变政府职能，实行政企分开，建立现代企业制度，使企业真正成为市场主体。

2. 法律法规

目前，中国的房地产法律制度建设已经取得显著成绩，形成了一个比较健全的法律体系。这个体系主要由五个层次构成：一是房地产法律，主要有《土地管理法》《城乡规划法》《城市房地产管理法》《民法典》；二是国务院颁布的房地产管理条例，主要有《城镇国有土地使用权出让和转让暂行条例》《城市房地产开发经营管理条例》《土地管理法实施条例》；三是国务院相关部委颁布的行政规章主要有《城市房地产转让管理规定》《城市商品房预售管理办法》《商品房销售管理办法》《房地产开发企业资质管理规定》《房地产买卖契约》《招标拍卖挂牌出让国有建设用地使用权规定》《关于加强住宅工程质量管理的若干意见》等；四是与房地产营销有关的其他法律，主要有《公司法》《商标法》《广告法》《大气污染防治法》《反不正当竞争法》《产品质量法》《消费者权益保护法》《价格法》《劳动法》等；五是地方政府颁布的法规、规章。

3. 政府的方针政策

政府的法律法规是相对稳定的，而政府的方针政策则有一定的可变性，它随着国家政治经济形势的变化而调整。在市场经济条件下，政府对宏观经济的调控、对企业行为的干预主要是通过制定各种经济政策、运用经济杠杆来实现的，这些政策包括财政政策、货币政策、产业政策、区域发展政策、土地政策、住房政策、房地产开发和销售政策等，房地产企业的营销活动只能在政策允许的范围内进行。任何一项政策的出台，都会对房地产企业产生直接或间接的影响。

3.2.4　自然环境

房地产企业的营销活动不仅需要一定的社会经济条件，还需要一定的自然条件，这种自然条件就是企业所面临的自然环境。自然环境是不断发展变化的，当代自然环境的主要动向是某些原料短缺、能源成本上升、环境污染严重、政府加强对自然资源和环境保护的干预，所有这些都会给房地产企业带来威胁或机会。

自然资源的短缺和环境污染的加剧给房地产企业的营销活动带来了相当大的负面影响。自然资源的短缺导致土地、建筑材料、能源价格的上涨，从而导致房地产企业营销成本上升，加重房地产企业的负担。自然资源短缺和环境污染加剧，也导致了政府对自然资源管理和环境保护的干预日益加强，这在有利于实现可持续发展的同时也给房地产企业造成相当大的压力，迫使企业投入更大的营销努力。但是应该看到，人们对自然资源的合理开发和利用，寻找新材料、新能源，对生态环境的保护等也为房地产营销提供了机遇。

3.2.5 技术环境

科学技术是生产力，是企业和社会发展最重要的动因，每一次科学技术的创新都会给社会生产和人民生活带来深刻的变化。技术创新给房地产企业带来的好处有如下方面：一是可以促使企业开发新产品，满足顾客新的需要；二是可以降低成本，增强企业的竞争力；三是为市场营销管理提供先进的物质基础，如电子计算机、传真机、办公自动化等有利于提高企业管理水平；四是影响企业营销策略的制定。新材料、新工艺、新设备、新技术的发展，使房地产生命周期缩短，企业需要不断研制和开发新产品；电子商务技术的发展，使新的传播方式得到应用；科技的进步，也使房地产企业的分销方式发生了变化。

但是，技术创新和其他事物一样也具有两面性。"技术是一种创造性的毁灭力量"，它既会创造新产品、新企业、新行业，也会摧毁传统产品和传统企业。一旦企业的产品跟不上技术创新的步伐，企业就要被市场淘汰。因此，房地产营销人员要了解和掌握与企业发展相关的技术，了解其发展变化的趋势，及时开发和利用新技术，淘汰旧技术，跟上技术进步的步伐，充分利用技术进步给企业带来的机遇而避开技术进步给企业造成的威胁。

3.2.6 社会文化环境

文化是人类在社会发展过程中所创造的物质财富和精神财富的总和，包括价值观念、伦理道德、宗教信仰、风俗习惯等因素。这些因素都会影响消费者的需求和购买行为，从而间接地影响房地产企业的营销活动。因此，企业在进入目标市场时，必须分析和了解消费者的文化程度、价值观念、宗教信仰、偏好和禁忌及其对消费者购买行为的影响，避免和减少营销过程中的盲目性，在产品设计、广告促销等活动中，投其所好，避其所忌，更好地满足消费者的需要。

例如，我国企业常以"物美价廉"为自己的产品进行宣传，但如果把"价廉"直接翻译成英文"cheap"，外国人会理解为"劣质货"，从而影响消费者的购买行为。又如，"可口可乐""奔驰""佳能"等品牌的中文译名和"车到山前必有路，有路必有丰田车"的广告语，充分体现了外国公司对中国语言文化及中国人审美情趣的理解，又朗朗上口，使企业或产品深入人心。

3.3 房地产市场营销微观环境分析

微观环境是由那些直接影响房地产企业市场营销活动的因素构成的，包括企业、供应商、营销中介、消费者、竞争者和公众等。

3.3.1 企业

企业包括市场营销管理部门、企业最高管理层和其他职能部门。房地产企业的市场营销活动主要是由营销管理部门负责的，营销管理部门主要负责市场研究，制订企业的营销计划，新产品的开发，品牌的制订和管理，广告、产品销售及售后服务等工作。营销管理部门在制定营销决策时，不仅要考虑外部环境力量，还要考虑企业内部环境的影响。一是要考虑企业最高管理层的意图，要以最高管理层制定的企业任务、目标、战略和政策为依据制订营销计划，并呈报最高管理层批准执行；二是要与企业的其他职能部门（如研发部门、制造部门、采购部门、计划部门、财务部门等）密切配合，相互协调，共同制订企业的年度计划和长期计划，使营销管理工作得到内部的大力支持，整合各种资源，从而形成强大的合力，使各项营销管理决策和营销方案得以顺利实施。

3.3.2 供应商

供应商是指为房地产企业提供建筑材料、建筑机械设备、能源和劳动力等资源的企业和个人。供应商是企业经营活动的直接影响和制约力量，与房地产企业形成协作关系。它们对房地产企业营销活动的影响主要体现在以下几个方面。

第一，资源供应的可靠性直接影响房地产企业的生产能否顺利进行。

第二，资源供应的价格及其变化趋势直接影响房地产的成本，最终影响房地产企业的产品在市场上的竞争力。

第三，资源供应的质量水平直接影响房地产企业产品的质量。

由于资源供应对房地产企业营销活动有着重要的影响，因此，企业要处理好与供应商之间的关系，重视与供应商之间的合作。一是坚持"双赢原则"，与优秀的供应商建立长期稳定的合作关系，从而获得稳定可靠的物资供应，降低外部交易成本，避免两败俱伤；二是加强双向信息沟通，协调双方立场；三是采取多渠道采购策略，避免过分依赖一个或少数几个中间商，使企业在市场中始终处于主动地位；四是采取后向一体化策略，自己经营某些建筑材料，降低建筑开发成本，从而获得竞争优势。

3.3.3 营销中介

营销中介是指协助房地产企业将产品销售给最终购买者的中介机构，包括中间商和辅助商。

中间商是指在销售渠道中参与交易活动或协助交易活动完成的中间机构，中间商按其是否拥有商品所有权分为经销商和代理商。经销商对其经营的房地产商品拥有所有权，它们从房地产企业购进商品房后再转售，从中赚取差价。代理商对其经营的房地产商品不拥有所有权，只是为房地产企业寻找买主或协助房地产企业签订合同，从中赚取佣金。

辅助商不直接经营房地产商品，但对房地产商品的经营起促进和服务作用，包括房地产价格评估事务所、公证处、广告代理商、市场营销研究机构、市场营销咨询企业、律师事务所等。房地产企业必须借助营销中介的协助有效地开展市场营销活动。

3.3.4 消费者

消费者是房地产或其他服务的购买者，是房地产企业的服务对象。消费者可以是个人、家庭，也可以是组织机构。为此，我们可以将房地产市场细分为四个子市场。

（1）消费者市场。消费者市场是指为了个人生活消费而购买和租用房地产的个人或家庭所构成的市场。

（2）生产者市场。生产者市场是指为了进行再生产、取得利润而购买或租用房地产的个人和企业所构成的市场。

（3）中间商市场。中间商市场是指为转卖、获得利润而购买或代理房地产的中间商所构成的市场。

（4）政府市场。政府市场是指为了履行职责、提供公共服务而购买房地产的政府机构所构成的市场。

消费者是房地产企业市场营销的对象，是房地产市场营销中起决定作用的力量。企业必须了解其目标消费者的需求及其需求变化的趋势，为其提供适销对路的优质产品和服务，满足目标消费者的需要。

3.3.5 竞争者

在商品经济条件下，房地产企业在目标市场上开展营销活动时，不可避免地会遇到竞争者的挑战。竞争者是指与企业争夺同一目标市场的其他组织和个人。竞争者的营销策略及营销活动都将直接对企业造成威胁，企业必须对其竞争对手进行研究，了解竞争对手的规模、生产设计能力、经营管理水平、营销策略和企业信誉等情况并制定出相应的对策，以求在竞争中取胜。

房地产企业的竞争者主要包括四种类型。

（1）愿望竞争者。这是指提供不同房地产以满足消费者不同需要的竞争者。例如，商业用房、工业用房、娱乐用房、居住用房的开发商之间就是愿望竞争者关系。

（2）一般竞争者。这是指提供能满足消费者同一种需求的不同房地产的竞争者。例如，普通住宅、高级公寓、别墅的开发商之间就是一般竞争者关系。

（3）产品形式竞争者。这是指生产同一种房地产，但户型、面积、设计风格不同的竞争者。例如，同是开发普通住宅，但其开发的面积、户型设计及配套设施等方面均有所不同的开发商之间就是产品形式竞争者关系。

（4）品牌竞争者。这是指生产同种房地产，而且其产品的户型、面积、配套设施也相同，但品牌不同的竞争者。谁的产品形象好、品牌知名度高，谁就能在竞争中占据有利地位。

3.3.6 公众

公众是指对房地产企业实现其经营目标有实际或潜在影响力的群体。

公众主要包括金融公众、媒介公众、政府公众、市民行动公众、地方公众、一般公众、企业内部公众七大群体。

3.4　房地产市场营销环境分析

市场营销环境分析常用的方法为 SWOT 分析法，即对企业进行优势（strength）、劣势（weakness）、机会（opportunity）和威胁（threat）分析。优势是企业相对于竞争对手而言所具备的技术能力、资源及其他特殊强势因素，有助于企业增强自身的市场竞争力；劣势是严重影响企业经营效率的技术能力、资源、设施、管理能力和营销水平等限制因素，需要企业在相应的领域进行变革；机会是指企业所处环境的有利形势，企业应加以充分利用；威胁是指企业所处环境的不利因素，这些因素是企业发展的约束和障碍，企业应努力使其负面影响降至最低。其中，机会和威胁是影响企业的外部因素，优势和劣势是影响企业的内部因素。

3.4.1　房地产企业市场机会分析

所谓房地产企业市场机会，是指某种特定的营销环境条件，在该营销环境条件下，房地产企业可以通过一定的营销活动创造利益。市场机会的产生来自营销环境的变化，如新的房地产业政策的出台、竞争对手的失误和新技术的采用等，都可能产生新的待满足需求，从而为企业提供市场机会。

环境机会的实质是指市场上存在着"未满足的需求"。它既可能来源于宏观环境，也可能来源于微观环境。环境机会对不同企业是不相等的，同一个环境机会对一些企业来说可能成为有利的机会，而对另一些企业来说可能就造成威胁。环境机会能否成为企业的机会，要看此环境机会是否与企业目标、资源及任务相一致，企业利用此环境机会能否比其竞争者获取更大的利益。

1. 市场机会的特点

市场机会作为特定的市场条件，具有针对性、利益性、时效性和公开性四个特点。

（1）针对性。特定的市场营销环境条件只对于那些具有相应内部条件的企业来说是市场机会。因此，市场机会是具体企业的机会，市场机会的分析与识别必须与企业具体条件结合起来进行。例如，折扣销售方式的出现，对大量开发中低档住房的房地产企业来说是一个可以加以研究利用的市场机会；对在顾客心目中一直是开发、建设高档住房或别墅的房地产企业来说，就不能算是一个市场机会。

（2）利益性。可以为房地产企业带来经济或社会效益，是市场机会的又一特性。市场机会的利益特性意味着房地产企业在确定市场机会时，必须分析该机会是否能为企业真正带来利益、能带来什么样的利益、能带来多少利益。

（3）时效性。市场机会的价值具有与时而变的特点，这便是市场机会的时效性。对现代房地产开发企业来讲，由于其营销环境的发展变化越来越快，企业的市场机会往往稍纵即逝。同时，环境条件与企业自身条件最为适合的状况也不会维持很长时间，在市场机会从产生到消失这一短短的时间里，市场机会的价值也快速经历了一个价值逐渐增加，再逐渐减少的过程。

（4）公开性。市场机会是某种客观的、现实存在的或即将发生的营销环境状况，是所有房地产开发企业都可以去发现和共享的。与企业的特有技术、产品专利不同，市场机会是公开的，是可以为整个营销环境中所有企业所共用的。市场机会的公开化特性要求企业尽早去发现那些潜在的市场机会。谁发现并利用了市场机会，谁就能在房地产市场竞争中取胜。

2. 市场机会的价值分析

不同的市场机会可以为企业带来的利益大小也不一样，即不同市场机会的价值具有差异性。为了在千变万化的营销环境中找出价值最大的市场机会，房地产开发企业需要对市场机会的价值进行具体的分析。

市场机会的价值大小由市场机会的吸引力和可行性两方面因素决定。

（1）市场机会的吸引力。市场机会对房地产企业的吸引力，是指企业利用该市场机会可能创造的最大利益，它表明房地产企业在理想条件下充分利用该市场机会的极限。反映市场机会吸引力的指标主要有市场需求规模、利润率和发展潜力等。

（2）市场机会的可行性。市场机会的可行性是指房地产企业把握市场机会并将其转化为具体利益的可能性。从特定企业角度来讲，具有大吸引力的市场机会并不一定能成为本企业实际的发展良机，具有大吸引力的市场机会必须同时具有较强的可行性，才能成为企业高价值的市场机会。

3. 市场机会价值的评估

确定了市场机会的吸引力与可行性，就可以综合这两方面对市场机会进行评估。按吸引力大小和可行性强弱的不同组合，可构建市场机会的价值评估矩阵，如图3-1所示。

在图3-1中，区域Ⅰ为吸引力大、可行性弱的市场机会。对房地产企业而言，该市场机会的价值不会很大。除了少数爱冒风险的企业外，一般企业不会将主要精力放在此类市场机会上。但是，企业应时刻注意决定其可行性大小的内、外环境条件的变动情况，并做好当其可行性变强、转变为区域Ⅱ时迅速反应的准备。

图3-1 房地产企业市场机会价值评估矩阵

区域Ⅱ为吸引力、可行性俱佳的市场机会，该类市场机会的价值最大。通常，此类市场机会既稀缺，又不稳定。房地产企业的一个重要任务就是要及时、准确地发现有哪些市场竞争者进入或退出了该区域。该区域的市场机会是企业营销活动最理想的经营内容。

区域Ⅲ为吸引力、可行性皆差的市场机会。通常，房地产企业不会去注意该类价值最低的市场机会。该类市场机会不太可能直接跃居到区域Ⅱ中，它们通常需要经由区域Ⅰ、区域Ⅳ，才能向区域Ⅱ转变。

区域Ⅳ为吸引力小、可行性强的市场机会。该类市场机会的风险低，获利能力也小。通常，稳定型或实力薄弱的房地产企业应以该类市场机会作为其常规营销活动的主要目标。

需要注意的是，该矩阵是针对特定企业而言的。同一市场机会在不同企业的矩阵中出现的位置是不一样的。这是因为对不同经营环境条件下的企业来说，市场机会的利润率、发展潜力等影响吸引力大小的因素和可行性程度均会有所不同。

3.4.2 房地产企业环境威胁分析

环境威胁是指环境中一种不利的发展趋势所形成的挑战。如果不采取果断的营销行动，这种不利趋势将导致房地产开发企业原有的市场地位被侵蚀。对房地产企业而言，环境威胁主要来源于两个方面：一方面是环境因素直接影响着企业的营销活动，如政府颁布某部法律，诸如《环境保护法》，它对造成环境污染的企业来说，就构成了巨大的威胁；另一方面，企业的目标、任务及资源同环境机会相矛盾。

房地产企业应在其营销计划中通过环境威胁矩阵（见图3-2）把企业所面临的威胁识别出来，并按其严重程度和出现概率分类。左上角的威胁是关键性的，因为它会严重危害企业利益，并且出现的概率最高。企业需要为每一种这样的威胁制订一个应变计划，这些计划主要阐明在威胁出现之前或面临威胁时，企业应进行哪些改变。

企业对面临的威胁有三种可能选择的对策：

（1）反抗，即试图改变或扭转不利因素的发展。

（2）减轻，即通过调整市场营销组合等来提高环境适应能力，以减轻环境威胁的严重性。

（3）转移，即决定转移到其他盈利更多的行业或市场。

把某个特定房地产企业所面临的威胁和机会集中图解，就能勾勒出四种可能的结果（见图3-3）。第一种是指理想的业务，即拥有很多有利的机会，而很少甚至可以避免威胁；第二种是投机性的业务，即机会和威胁的出现概率同样高；第三种是指成熟的业务，即机会和威胁都很少；第四种是麻烦的业务，即机会很少，威胁却很大。

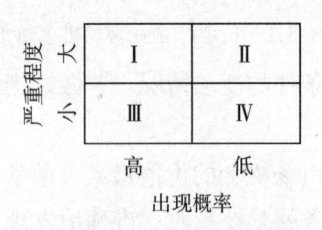

严重程度		
大	I	II
小	III	IV
	高	低
	出现概率	

图3-2 房地产企业环境威胁矩阵

机会水平		
高	理想	投机
低	成熟	麻烦
	低	高
	威胁水平	

图3-3 房地产企业机会-威胁矩阵

3.4.3 房地产企业内部环境分析（优势／劣势分析）

房地产企业不仅需要识别环境中有吸引力的机会，更重要的是拥有在机会中获得成功所必需的竞争优势。

竞争优势从根本上说是企业自身的一种能力，因此，它根源于企业内部。从企业内部来看,竞争优势是企业一系列政策措施执行的结果,而这些政策措施的制定与执行都源于企业审时度势、运筹帷幄的能力。企业能力的强弱决定了制定与执行政策措施的水平,也因此决定了企业在市场上的竞争地位。从企业经营活动的过程来看,这种能力不仅包括对所处环境的认识能力,以及在此认识基础上进行战略决策的能力,而且还包括在执行战略与策略过程中对企业资源的调动与协调能力,以及对环境变化的应变能力。竞争优势最终在市场上直接表现为更大的市场份额、较高的消费者忠诚度、超过行业平均水平的利润率,以及在媒体上的综合排名靠前等。

由图 3-4 可见,房地产企业在分析自身优势与劣势时,需要重点考虑四个环节。

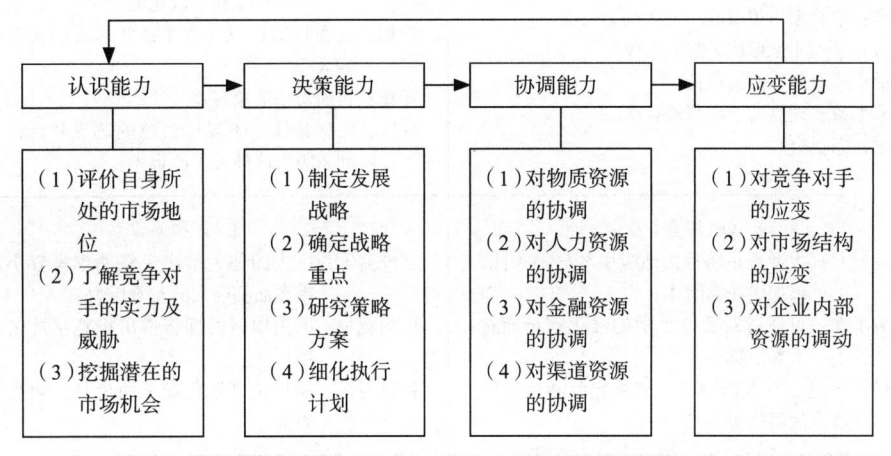

图 3-4 房地产企业优势、劣势分析的四个重点环节

3.4.4 项目 SWOT 分析方法

1. 项目 SWOT 分析方法的概念

项目 SWOT 分析是对房地产项目内外部条件的各方面内容进行综合和概括,进而分析项目的优势、劣势、机会和威胁的一种方法。其中,优势和劣势分析主要着眼于项目自身的实力及与竞争对手的比较;而机会和威胁分析主要是指外部环境的变化及对项目的可能影响,两者之间有着紧密的联系。项目 SWOT 分析方法如图 3-5 所示。

(1)内部环境分析(优势与劣势)。当两个房地产项目处在同一竞争市场,或者说它们都有能力向同一消费群体提供产品和服务时,如果其中一个项目有更高的市场潜力,那么,就认为这个项目比另外一个项目更具有竞争优势;反之,则为竞争劣势。

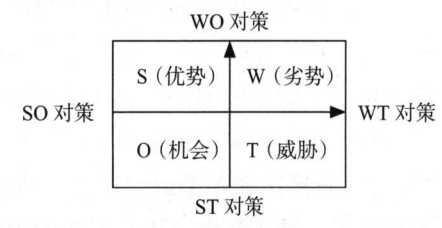

(2)外部环境分析(机会与威胁)。房地产项目的外部环境主要由两部分构成:一是宏观环境,如人口统计的、经济的、技术的、政治的、法律的、社会的、文化的环境因素;二是微观环境,如消费者、竞争项目等。

图 3-5 项目 SWOT 分析方法

2. 构造项目 SWOT 分析矩阵

将调查得出的各种因素根据轻重缓急或影响程度等用排序方式，构造项目 SWOT 矩阵。在此过程中，将那些对项目发展有直接的、重要的、大量的、迫切的、久远的影响因素优先排列出来，而将那些间接的、次要的、少许的、不急的、短暂的影响因素排列在后面，如图 3-6 所示。

S（优势）	W（劣势）
地段：属商业与居住两相宜的成熟地段 交通：处于次干道路口，交通便利 配套：紧临家乐福商厦，生活配套完备 教育：重点小学形成了强大支撑 产品：楼盘外立面形象良好 工程形象：楼盘处于准现楼状态 户型：布局合理	规模：项目规模较小，难与大盘抗衡 自身配套：单体建筑，缺乏目前市场上流行的小区环境和小区花园 户型：主力户型以三房为主，就本区而言面积偏大 卖场：目前卖场形象较差 片区：旧区地段，不属于目前的热点片区，不利于吸引区外人士的目光
O（机会）	T（威胁）
商业配套：大型超市将极大地吸引客户的关注，增加居住氛围 教育配套：可通过对重点小学的强化宣传而扩大客户群 营销：通过卖点重新整合、完善包装和销售手段来激活销售	区外竞争：巨大的住宅推出量将使规模较小的楼盘面临巨大的竞争压力 区内竞争：区内项目的即将推出将直接冲击本项目 销售时机：项目主销期仅剩下两个月，销售压力大

图 3-6　某项目 SWOT 分析矩阵

3. 制定行动对策

（1）SO 对策。当外部环境机会与企业优势正好相一致时，可以制定最有利的战略，发挥企业优势，即着重考虑优势因素和机会因素，目的在于努力使这两种因素的影响都趋于最大。

（2）ST 对策。当企业虽有优势，但外部环境不利时，企业应避开这种威胁，寻找外部环境中的有利机会，即着重考虑优势因素和威胁因素，目的是努力使优势因素的影响趋于最大，使威胁因素的影响趋于最小，用优势抵消威胁，采取"攻击"战略。

（3）WT 对策。当企业处于最不利方面，只能采取"防御"战略，同时寻找环境中的其他机会，即考虑劣势因素和威胁因素，目的是努力使这些因素的影响都趋于最小。

（4）WO 对策。当企业本身缺少内部实力来利用这种机会时，企业将面临"避短"和"补短"两种选择，采取"扭转"战略，即着重考虑劣势因素和机会因素，目的是努力使劣势的影响趋于最小、机会因素的影响趋于最大，使劣势不成为机会的障碍。

可见 WT 对策是一种最为悲观的对策，是处在最困难的情况下不得不采取的对策；WO 对策和 ST 对策是一种喜忧参半的对策，是处在一般情况下采取的对策；SO 对策是一种最理想的对策，是处在最为顺利的情况下十分乐于采取的对策。

| 案例 |

房地产市场营销的"新奇招"

据中原地产研究中心统计，2022年上半年中国各地出台房地产相关政策超460次，较去年同期增加逾六成，尤其5～6月高频调整。除限购、限贷松动、提供购房补贴等传统政策调整之外，各市县在房地产营销上也开始频出"新奇招"。

2022年6月28日，南京某楼盘推出"西瓜换房，最高抵10万元"活动，以西瓜10元一斤的价格充抵房款。6月30日，无锡阳山某楼盘推出"水蜜桃我来收，您安家我助力"活动，用水蜜桃抵房款，最高可抵约18.89万元。无独有偶，河南两县房企先后推出"大蒜换房"和"小麦换房"活动，不过随后因舆论关注度高而被开发商紧急叫停。除了开发商五花八门的营销手段之外，各地关于契税补贴、税费减免、二孩和三孩家庭的相关政策也频频出台。

结合案例，讨论你还了解哪些房地产营销的"新奇招"。

| 延伸阅读 |

中国城市化发展趋势

1978年—2021年，中国城镇常住人口从1.7亿人快速增至9.14亿人，城市化率从17.9%提升至64.72%。过去43年城镇人口净增7.4亿人，深刻地改变了中国经济社会格局。当然，这其中存在2.8亿人的农民工及家属子女未能市民化，2017年中国户籍人口城市化率为42.3%。

根据联合国预测，到2030年中国城市化率将达70%，对应城镇人口为10.2亿人，比2021年增加约1亿人；到2047年城镇人口达峰值时将增加约2.76亿人。国际经验表明，城市化发展近似一条稍被拉平的"S"形曲线，大致分为三个阶段：缓慢发展期（30%以前）、快速发展期（30%～70%）、稳定发展期（70%以后）。其中，快速发展期又大致以50%为临界点分为两个阶段，之前为加速发展阶段，之后为减速发展阶段。中国城市化已进入快速发展期的减速发展阶段。根据《国家人口发展规划（2016—2030）》预测，中国总人口将在2030年前后达到峰值，此后持续下降；届时，即2030年中国常住人口城镇化率将达70%。

人口是一切经济社会活动的基础，几百年来，全球史诗般的人口大迁徙引发了区域兴衰、产业更替和政权更迭。人口带来的居住需求更是房地产发展的基本需求，引发了各地区房地产市场的兴衰。但目前人口老龄化趋势明显，随之而来的是人口红利消失，对此，我们国家积极应对。2021年5月31日，中共中央政治局召开会议审议通过了《关于优化生育政策促进人口长期均衡发展的决定》。会议指出，进一步优化生育政策，实施一对夫妻可以生育三个子女政策及配套支持措施，有利于改善我国人口结构、落实积极应对人口老龄化国家战略、保持我国人力资源禀赋优势。房地产业内对未来发展趋势的分析框架是："房地产发展长期看人口，中期看土地，短期看金融"。

| 思考题 |

1. 房地产市场营销环境有哪些特点？
2. 什么是宏观环境和微观环境？二者的关系是什么？
3. 宏观环境分析的内容有哪些？
4. 微观环境分析的内容有哪些？
5. 解释四种不同类型的竞争者。
6. 什么是 SWOT？如何进行房地产市场营销环境分析？

| 实训 |

1. 每人分别从宏观环境、微观环境两个方面，选择三个对本组所研究的楼盘有影响的因素（说明原因及影响程度）。
2. 小组汇总、分析。选择对本组研究楼盘有较大影响的因素，利用 SWOT 分析法确定该楼盘的营销环境现状。

第4章

房地产市场调查与市场预测

⏰ 学习目标

1. 了解房地产市场调查的类型和程序。
2. 掌握房地产市场调查的方法,能够完成市场调查问卷设计及竞争楼盘的调查工作。
3. 了解房地产市场预测的概念和程序。
4. 了解房地产市场预测的方法。

📖 技能要求

1. 掌握搜集资料的途径、方法和技巧;
2. 学会合理地设计市场调查问卷并进行实地调查;
3. 熟悉市场调查报告的格式,能够运用调查资料撰写市场调查报告。

📖 本章概览

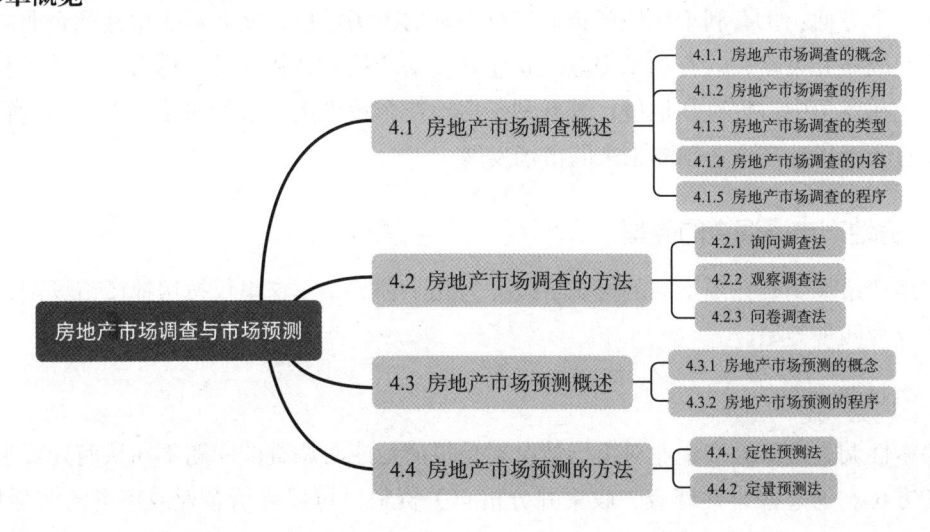

```
                                            ┌─ 4.1.1 房地产市场调查的概念
                                            ├─ 4.1.2 房地产市场调查的作用
                         ┌─ 4.1 房地产市场调查概述 ─┼─ 4.1.3 房地产市场调查的类型
                         │                  ├─ 4.1.4 房地产市场调查的内容
                         │                  └─ 4.1.5 房地产市场调查的程序
                         │
                         │                  ┌─ 4.2.1 询问调查法
                         ├─ 4.2 房地产市场调查的方法 ─┼─ 4.2.2 观察调查法
  房地产市场调查与市场预测 ─┤                  └─ 4.2.3 问卷调查法
                         │
                         │                  ┌─ 4.3.1 房地产市场预测的概念
                         ├─ 4.3 房地产市场预测概述 ─┴─ 4.3.2 房地产市场预测的程序
                         │
                         │                  ┌─ 4.4.1 定性预测法
                         └─ 4.4 房地产市场预测的方法 ─┴─ 4.4.2 定量预测法
```

4.1 房地产市场调查概述

4.1.1 房地产市场调查的概念

《孙子兵法·谋攻篇》说："知彼知己，百战不殆；不知彼而知己，一胜一负；不知彼，不知己，每战必殆。"作为房地产企业，首先要知己，了解自己的优势和劣势，做到扬长避短；其次要知彼，了解环境和竞争对手提供给企业的机遇和带来的威胁，以便把握机会而避开威胁。而要做到知己知彼，非常有必要开展市场调查。

房地产市场调查就是运用科学的方法和手段，有目的、有计划、全面系统地收集、整理和分析相关的房地产市场信息，为房地产企业进行市场预测和经营决策、制定战略、编制计划等提供科学可靠的依据。

准确理解房地产市场调查应把握以下几个要点。

第一，房地产市场调查要系统全面地收集、记录、分析和报告有关房地产市场营销方面的信息资料，以便认识房地产市场的本质，把握房地产市场发展变化的规律性。

第二，房地产市场调查必须实事求是，努力提供能反映真实情况的信息，避免调查者和管理者的主观偏见。

第三，房地产市场调查必须采用科学的方法，依据不同的客观情况，有计划、有目的、有针对性地进行，并做到高效率地解决实际问题。

第四，房地产市场调查是房地产企业进行市场预测、经营决策、制定战略和计划的前提。

第五，房地产市场调查既服务于房地产市场营销，又监控房地产营销管理过程。

4.1.2 房地产市场调查的作用

市场调查是房地产企业最基本、最重要的一项工作。企业只有开展市场调查，才能掌握有关信息资料，才能据此做出正确的市场预测和经营决策。房地产市场调查的作用主要表现在6个方面：①有利于房地产企业进行正确的市场定位；②有利于房地产企业制定正确的营销战略和策略；③有利于房地产企业开发新产品，开拓新的目标市场；④有利于房地产企业在竞争中占据有利地位；⑤有利于房地产企业做出正确的决策，提高经营管理水平；⑥有利于房地产企业预测未来的市场发展。

4.1.3 房地产市场调查的类型

房地产市场调查按照不同的标志可以分为几十种类型，这里仅按房地产市场调查的目的将其分为四种类型。

1. 探索性调查

探索性调查是房地产企业对市场情况不是很清楚或对调查的问题不知从何处着手时所采用的方法。通过探索性调查，收集并分析有关资料，可以弄清企业或市场的实际情况，找出问题的实质和关键，为描述性调查和因果关系调查做好准备。它要解决的是"做什么"的问题。

2. 描述性调查

描述性调查就是对已经找出的问题做出如实的反映和具体的回答。它要解决的是"是什么"的问题。

3. 因果关系调查

因果关系调查是在描述性调查的基础上，进一步分析问题发生的原因，弄清因果之间的数量关系。它要回答的是"为什么"的问题。因果关系调查一般采用实验法来收集市场变化的实际资料，并通过分析和推理，探明哪些因素是因，哪些因素是果，其因果相关程度如何等问题。

4. 预测性调查

预测性调查是在收集整理资料的基础上，运用科学的方法，分析未来一段时间内房地产市场的需求状况及其发展变化趋势。它要回答的是"今后会怎么样"的问题。预测性调查的目的是估计房地产的未来需求状况，把握市场机遇，做出及时有效的决策。

上述四种调查是相互联系、逐步深入的。探索性调查主要是发现和提出问题；描述性调查主要是说明问题；因果关系调查主要是分析问题的原因；预测性调查主要是估计问题的发展趋势，为企业的经营决策提供依据。

4.1.4　房地产市场调查的内容

房地产市场调查的内容十分广泛，凡是与房地产企业生产经营活动有关的信息资料，都是市场调查的内容。

1. 市场环境调查

市场环境调查主要是对影响房地产企业生产经营活动的不可控制的外部宏观环境的调查，主要包括：

（1）人口环境调查。

（2）经济环境调查。

（3）政治法律环境调查。

（4）技术和自然环境调查。

（5）社会文化环境调查。

2. 市场需求调查

（1）房地产市场的需求潜量。

（2）房地产市场对本企业产品的需求总量。

（3）房地产市场对某类房地产的供求状况。
（4）房地产市场需求的影响因素。
（5）房地产市场的发展变化趋势。

3. 消费者调查

（1）消费者的数量及地理分布。
（2）消费者的构成、收入状况及消费支出模式。
（3）消费者的需求状况，包括现实需求和潜在需求。
（4）消费者的购买动机，包括消费者的购买意向、影响消费者购买动机的因素、消费者购买动机的类型。
（5）消费者的购买行为，包括消费者购买行为类型及其影响因素。

4. 竞争者调查

（1）对竞争企业的调查。
（2）对竞争产品的调查。

5. 市场营销策略调查

（1）产品调查。
（2）价格调查。
（3）销售渠道调查。
（4）促销调查。

4.1.5　房地产市场调查的程序

房地产市场调查一般可分为四个阶段：调查准备阶段、正式调查阶段、结果处理阶段和跟踪调查阶段。

1. 调查准备阶段

调查准备阶段的重点是确定调查目标，拟定调查项目；确定资料来源和调查方法；制订调查计划；培训调查人员，为实质性的调查做好准备工作。

（1）确定调查目标，拟定调查项目。开展市场调查，首先要确定调查目标，拟定调查项目。确立调查目标应弄清以下几个问题：

1）为什么要调查？
2）调查中想了解的内容是什么？
3）谁想知道调查结果？
4）调查结果对企业有什么用？

（2）确定资料来源和调查方法。房地产市场调查的目标和项目确定以后，调查人员就要考虑资料的来源问题。要弄清楚：

1）需要哪些资料？
2）什么地方可以获得这些资料？
3）通过什么方法能获得这些资料？
4）调查对象是谁？

资料来源主要有两大类：原始资料和二手资料。原始资料是房地产企业从实地调查中收集到的资料，又叫一手资料。二手资料是指经他人收集、整理所积累起来的资料。二手资料来源于企业内部和外部。内部资料主要有企业内部的统计资料、会计资料、技术资料、供销资料和以往的市场调查资料，这些资料可以从房地产企业的各种报表、原始凭证、生产销售报告中获得，已建立营销信息系统的房地产企业可从该系统中获得。

房地产市场调查方法确定以后，调查人员就要设计调查表。调查表是市场调查的一项重要工具，调查表设计得好坏，直接影响市场调查的结果。

（3）制订调查计划。调查计划是房地产市场调查的行动纲领。调查计划应包括以下内容：

1）调查目的。
2）调查对象。
3）调查方法。
4）调查的时间和进度。
5）调查人员。
6）调查经费预算。

（4）培训调查人员。房地产市场调查人员的素质直接影响市场调查的质量。房地产企业在开展市场调查之前，必须确定合适的人选，并采用有效的方法对其进行培训，使之胜任调查工作。

2. 正式调查阶段

正式调查是房地产企业按照调查计划，一边收集整理二手资料，一边开展一手资料的实际调查工作。

（1）查询文字资料阶段。这一阶段的主要工作是对现有的文字资料进行调查和收集。企业可以从内部的各种报表、原始凭证中获得内部资料，也可以通过政府部门、统计部门等查询外部资料。在查询这两类资料的过程中，要考虑还欠缺哪些资料，最后确定哪些资料需要实地调查。

（2）实地调查阶段。实地调查可以获取调查对象对调查项目的反应，弥补二手资料的不足。企业在实地调查中既可以采用询问的方式，也可以采用观察和实验的方式来获取信息。在调查的过程中，调查人员有必要对调查情况定期进行汇总，以了解调查工作是否顺利进行。

3. 结果处理阶段

结果处理是把市场调查收集到的资料进行整理、统计和分析，去粗取精、去伪存真，以保证资料的系统、完整和真实可靠,这样才能揭示问题的本质和各种市场现象间的因果关系。

(1)整理分析资料。整理分析资料的具体步骤如下所示。

1)编辑整理。在资料的编辑整理过程中,首先,要检查调查资料的误差,即对收集到的资料加以筛选,以保证资料的完整性、系统性和可靠性;其次,要对情报资料进行评定,即审核资料的根据是否充分,推理是否严谨,观点是否正确,以保证调查资料的真实与准确。

2)分类。将经过编辑整理的资料进行分类并编上适当的号码,以便查找、归档、统计、分析和使用。分类包括预先分类和事后分类两种。预先分类就是在设计调查表时,对被调查者的职业、收入、家庭规模等因素进行分类,以便于资料的整理和分析。对于某些事先不便于分类的问题,可以采用事后分类的办法。分类有助于资料的整理和分析,有助于提高市场调查效率。

3)统计。将已经分类的资料进行统计计算,并制成各种计算表、统计表,以便分析和利用。

4)分析。运用调查得出的有用数据和资料进行分析并得出结论。

(2)编写调查报告。调查报告是对调查成果的总结和调查结论的说明,也是房地产市场调查的最终成果。编写调查报告是房地产市场调查的最后一个环节,市场调查人员要重视调查报告的编写,并及时提供给有关部门或领导使用,作为决策的依据。

调查报告的内容应包括:①调查的目的、对象和范围;②调查所采用的方法;③调查结果;④得出的结论;⑤对策建议;⑥必要的附件。

撰写并呈交调查报告后,市场调查工作基本告一段落。但是,为了了解调查意见是否正确,调查结果是否被采纳,还应该进行跟踪调查。

4. 跟踪调查阶段

跟踪调查要了解调查报告中所提建议是否符合实际,调查数据是否准确,调查结果是否适用,调查报告是否被采纳。在执行期间,若市场环境发生了变化,调查人员可以根据情况对原调查报告提出修改补充意见。

4.2 房地产市场调查的方法

常用的房地产市场调查的方法主要有询问调查法、观察调查法和问卷调查法。

4.2.1 询问调查法

询问调查法是房地产市场调查人员以询问的方式向被调查者提出问题而收集所需资料的一种调查方法。通常应事先设计好调查提纲或调查表,以便有的放矢、高效率地进行调查。

询问调查法按照询问方式的不同，又可以分为以下几种方法。

（1）面谈调查。面谈调查是调查人员与被调查者面对面地交谈，提出有关问题，从而获得有关信息资料的方法。

面谈调查的优点是大多数人都愿意说而不愿意写，所以回答率比别的方式要高；面对面交谈有助于深入了解情况；面对面交谈可以直接观察到被调查者的反应。缺点是调查成本高、费用大；受调查者主观偏见影响较大。面谈调查适合调查比较复杂的问题。

（2）电话调查。电话调查是由房地产市场调查人员通过电话向被调查者提出问题而收集资料的一种方法。

电话调查的优点是收集资料快；调查成本低；不受地区限制；可按事先拟定的调查表进行询问，便于统一处理。缺点是不能询问较为复杂的问题；不易取得被调查者的合作；不能观察被调查者的真实反应；对没有安装电话的被调查者不能采用此方法。该方法适用于不易被接触到的调查对象。

（3）邮寄调查。邮寄调查就是房地产市场调查人员将事先设计好的市场调查表邮寄给被调查者，请他们按要求填写好后寄回以获取资料的方法。

邮寄调查的优点是调查区域广，调查成本低；被调查者有充分的考虑时间，因而资料较为真实可靠；可以避免调查人员的主观偏见。缺点是问卷回收时间长，回收率低；可能因被调查者误解问卷的含义而影响调查结果。

（4）留置问卷调查。留置问卷调查是由房地产市场调查人员将市场调查表当面交给被调查者，说明回答问题的要求，留给被调查者自行填写，然后由调查人员收回的方法。

留置问卷调查的优点是回收率高，被调查者有充分的时间思考和回答问题，有利于提高所回答问题的质量；缺点是所需费用较高、时间较长。

4.2.2 观察调查法

观察调查法是由房地产市场调查人员直接或通过仪器在现场观察被调查对象的行为并加以记录而获取信息资料的一种方法。

运用观察法进行调查时，调查人员不许向被调查者提问题，也不需要被调查者回答问题，只是通过观察被调查者的行为、态度和表现来收集资料。

常用的观察法如下所示。

（1）直接观察法。直接观察法是房地产市场调查人员直接到现场进行观察以收集资料的方法。

（2）实际痕迹测量法。实际痕迹测量法是指房地产市场调查人员不直接观察被调查者的行为，而观察其行为发生后的痕迹，据此收集所需资料的方法。

（3）行为记录法。行为记录法就是在取得被调查者同意后，在调查现场安装某种仪器设备，观察并记录被调查者的行为，以获取所需资料的方法。

观察调查法的优点是被调查者不知道或不介意自己的行为受到了观察，因此表现十分自然，这样收集到的资料比较客观真实。但它存在明显的缺点。①费用较高，时间较长。

观察的时间可能间断或持续很久,因此要花很多的时间和费用,用仪器观察更是如此。②难以观察到事物的内在因素。观察调查法只能观察被调查者的外部行为,而难以观察到其内在因素,如原因、动机、态度等思想变化。③当人们知道被观察时可能会改变他们的行为,导致观察结果失真。④对调查人员素质要求较高。因为有时观察者容易被表面现象所迷惑,主观理解非常重要,否则,也会使结论失真。

询问调查法、观察调查法各有优缺点,调查者要根据调查问题的性质和要求进行选用,也可将几种方法结合起来使用。

4.2.3 问卷调查法

问卷调查法是房地产企业进行各种调查时最常用的一种方法。它是询问调查法的发展和延伸,在各种调查中具有广泛的用途,发挥着重要的作用。

1. 问卷调查法的概念与优缺点分析

问卷,又称调查表,是调查者根据市场调查的目的和需求设计出来的,由一系列问题、备选答案及说明等组成的,向被调查者收集资料的一种工具。

问卷调查法,简称问卷法,是调查者运用统一设计的调查问卷,由被调查者填写,向被调查者了解市场有关情况,以收集有关资料的方法。

问卷调查法的优点:调查范围广;节省人力、费用和时间;具有匿名性;可避免干扰、减少误差;便于整理和分析资料。

问卷调查法的缺点:回收率低;对被调查者的文化程度要求高;被调查者可能因误解问卷的含义而影响调查结果。

2. 调查问卷的基本结构

问卷是问卷调查法的基本工具,了解问卷的基本结构,对问卷的设计和应用都是必需的。

调查问卷一般由卷首语、问题和答案、结束语三部分组成。

(1)卷首语。卷首语包括问候语、填表说明和问卷编号。

1)问候语。问候语的目的是引起被调查者的重视,消除他们的疑虑,激发他们的参与意识,争取他们的合作。因此,语气要诚恳、亲切、礼貌,文字要简洁、准确。在问候语中要说明调查者的身份以消除被调查者的疑虑;要说明调查的目的和意义,使被调查者了解此次调查的重要性,激发他们的参与意识;要表明对调查结果的保密原则以消除被调查者的防备心理,鼓励他们如实填写问卷;还可以提出奖励措施,调动被调查者的参与热情。

2)填表说明。填表说明主要是指导被调查者正确填写问卷。这部分内容有时可以集中在一起,有时也可以分散到各有关问题的前面。填表说明要详细、清楚,避免因误解题意而引起回答错误或偏差。

3）问卷编号。问卷编号主要用于识别问卷、调查者和被调查者，以便分类归档或由计算机处理调查结果。

（2）问题和答案。问题和答案是问卷的主体，是问卷最核心的组成部分，包括需要调查的问题和备选答案。这部分内容在设计问卷时必须认真推敲；问题和答案的质量，直接关系到调查结果的质量。

（3）结束语。结束语放在问卷的最后。一方面，向被调查者表示诚恳的感谢；另一方面，还应向被调查者征询对市场调查问卷设计的内容、对问卷调查的意见和看法。

3. 调查问卷问题的设计

（1）问题的类型。对问卷中的问题，可以从多个角度进行分类。

1）开放式问题和封闭式问题。

开放式问题是指问卷上没有事先拟好的答案，回答者可以自由回答的问题。

例如：

您在购房过程中最需要哪些服务？

_____

开放式问题的优点是被调查者可以充分表达自己的意见和看法，有利于发挥被调查者的主动性和想象力；很可能会收集到调查者自己忽略的问题的答案、资料或建设性意见；防止固定答案对被调查者产生诱导。缺点是标准化程度低，调查结果不易处理；要求被调查者有一定的文字表达能力；在汇总处理调查结果时，因文化素质较高的人发表的意见较多而形成调查偏差；需要的时间较长，因而回答率较低。

开放式问题适于询问那些潜在答案很多，或者答案比较复杂，或者尚未弄清各种可能答案的问题。

封闭式问题是指答案已事先由调查者拟定，由被调查者从中选择答案的问题。

例如：

您认为住宅本身哪些条件最重要？（请选出三项：按重要程度递减分别用阿拉伯数字标注3、2、1）

楼层□ 朝向□ 采光□ 通风□ 位置□ 室内布局□ 配套设施□ 户型□
视野□

封闭式问题主要有两种类型：

①两项选择题，即要求被调查者在预先给定的、相互对立的两个答案中选择一个答案。

例如：

您是否购买了住房？

买了□ 未买□

②多项选择题，即问卷中给出的答案在两个以上，由被调查者根据自己的情况从中选择一个或多个答案。这种方法在问卷调查中使用得较多。

例如：

您对所购买住房的哪些方面不满意？（请选出三项：按重要程度递减用阿拉伯数字分别标注3、2、1）

地点□　环境□　设计□　质量□　价格□　建材□　其他□

封闭式问题的优点是便于回答，节省时间；结果易于处理；有利于提高问卷的回收率和有效率。因此，一般问卷调查封闭式问题占的比例较大，可高达95%，甚至100%。缺点是对制作答案要求高，有时很难把答案设计周全，可能被调查者的意见不在给定的答案中；给定的答案可能会对被调查者产生诱导；对被调查者来说，回答封闭式问题很方便，即使不了解的问题也可以任意填答，这会降低回答的可靠性。

2）事实性问题、行为性问题、动机性问题和态度性问题。

事实性问题是要求被调查者回答一些关于客观存在的情况的问题。

例如：

您现在的住房产权是谁的？

自己所有□　租的□　借的□　单位的□

行为性问题是对被调查者的行为进行调查的问题。

例如：

您以前是否购买过住房？

买过□　没买过□

动机性问题是了解被调查者行为的原因或动机的问题。

例如：

您购买住房的主要原因是什么？

想有自己的房子□　现有住房太小□　现有住房地点不好□

现有住房功能不全□　想住更舒适的房子□　想投资房地产□　其他□

态度性问题是关于被调查者的态度、评价意见等方面的问题。

例如：

就住房本身而言，您认为哪点最重要？

质量□　朝向□　户型□　室内设计□　楼层□　环境□

（2）问题设计的原则。设计问题应注意以下几个方面。

1）问题要明确具体，避免笼统抽象。抽象的问题使被调查者难以表达具体意见，也使调查者难以得到有意义的资料。因此，调查者应针对某些特定的问题提问。

2）用词要简短、确切、通俗。问卷中的用词要简短，以便被调查者回答，避免被调查者厌烦；用词的含义要明确，不要使用模棱两可或含混不清的词；用词要通俗，避免使用过于专业化的术语。

3）避免诱导性提问。问卷中的提问不能带有倾向性，应保持中立。词语中不能暗示出调查者的观点，不能向被调查者提示答案方向。

4）避免否定形式的提问。在日常生活中，人们往往习惯于肯定的提问而不习惯于否定的提问。否定的提问会影响被调查者的思维，易造成相反意思的回答或选择。

5）避免敏感性问题。敏感性问题是指被调查者不愿让别人知道答案的问题。尽管在填表说明中调查者已经申明保密原则，但被调查者仍可能会拒绝回答敏感性的问题，或者采用虚报、假报的方法应付这类问题，从而影响调查结果的质量。在调查问卷中应尽量避免提出敏感性的问题。

6）避免使用假设性问题。假设性问题就是调查者先假设一种情况，然后要求被调查者回答在假设的情况下将采取何种行动。问卷调查中要避免使用假设性问题，因为既然问题是假设的，被调查者的回答就不会认真，从而影响调查结果。

（3）问题顺序的设计。为了提高问卷的回收率，调查者在设计问卷时，应站在被调查者的角度，顺应被调查者的思维习惯，使问题易于回答。在问卷的设计过程中，安排好问题的顺序是非常重要的，同样的若干个问题，顺序排列得合理，就能收到良好的调查效果；顺序排列得不合理，就会影响调查的质量和问卷的回收率。因此，设计问题的顺序应注意以下几个方面。

1）问题的排列应具有逻辑性。设计问卷时，应把同一性质和同类别的问题排列在一起，以便被调查者按照一定的思路连贯地回答问题。

2）先易后难。设计问卷时，应把比较容易回答的问题放在前面，比较难回答的问题放在后面；把被调查者熟悉的问题放在前面，不熟悉的问题放在后面；把被调查者比较感兴趣的问题放在前面，把比较严肃的问题放在后面。

3）问题的排列应考虑时间顺序。时间顺序的安排，可采取由过去到现在，也可采取由现在到过去的顺序，使被调查者按照连贯的思路回答问题。

4）问题的排列应考虑被调查者的心理承受能力。在市场调查中，往往无法回避一些敏感性问题的调查。在设计问卷时，应考虑被调查者的心理承受能力，把敏感性问题放得靠后一些。

4. 调查问卷答案的设计

在封闭式问题中，答案的设计与问题的设计同等重要。因此，答案的设计要经过周密细致的考虑，要符合以下要求。

（1）答案要穷尽。所谓答案要穷尽就是问题所有可能的答案都要列出来，以供被调查者选择。

例如：

您家每月的总收入是：

5 000 元以下□　5 000～8 000 元□　8 001～10 000 元□　10 001～15 000 元□
15 000 元以上□

穷尽性原则要求将可能的答案都列出来，而许多问题难以做到这一点。对此，设计答案时最常采用的办法是将问题的主要答案列出来，最后把"其他"也作为一种答案，由"其他"来包括主要答案中没有列出的情况。

（2）答案要互斥。答案要互斥是指同一个问题的若干个答案之间的关系是互相排斥的，不能有交叉、重叠和包含等情况。对每一个回答者来说，只能有一个答案适合他，如果有两个或两个以上的答案适合他，这个问题的答案就不是互斥的。

例如：

您的职业是什么？

工人□　农民□　商业人员□　售货员□　教师□　医生□　其他□

在所列的答案中，商业人员和售货员就不是互斥的。

4.3 房地产市场预测概述

4.3.1 房地产市场预测的概念

房地产市场预测就是对影响房地产市场需求的诸因素进行调查研究，在掌握大量信息资料的基础上，运用科学的方法和手段，对未来一定时期内房地产市场的需求变化及发展趋势，进行分析、预见、估计和判断，为房地产企业经营决策提供科学依据。

科学的市场预测是以市场调查为基础的，市场预测和市场调查既有联系又有区别。

4.3.2 房地产市场预测的程序

1. 确定预测目标

确定预测目标，就是明确为什么要进行市场预测，要解决什么问题。只有明确预测目标，才能有针对性地选择预测对象、内容和方法，制订预测工作计划；否则，市场预测将是盲目的。

2. 收集分析资料

任何预测都要从现有资料出发，收集和整理资料是科学预测的基础。收集资料主要通过调查方法取得。一般来说，市场预测所要利用的数据资料可以按时间分为历史资料和现实资料；按空间分为企业内部资料和企业外部资料。

3. 建立预测模型，选择预测方法

收集资料是为了利用有关信息，构建一个有关预测对象的模型。预测模型也叫数学模型，是用以描述经济现象之间关系的一个或一组数学方程式。

市场预测模型大致有三类：一是表示预测对象与时间之间相互关系的时间关系模型；二是表示预测对象与其影响因素之间相互关系的相关关系模型；三是表示预测对象与其他预测对象之间相互关系的结构关系模型。

4. 分析、评价、确定预测值

市场预测只是对未来市场供求状况及其变化趋势的一种估计和推测，由于预测模型和预测方法选择不当，历史统计资料的不完整或虚假因素，外部政治、经济、技术条件发生了重大变化等原因，预测值同未来的实际值总是有差距的。这就需要分析、评价和确定预测值，即对初步预测结果的可靠性和准确性进行验证，估计预测误差的大小。预测误差越大，预测的准确度就越小。而预测误差过大，便失去了预测的意义。因此，要分析预测误差产生的原因，修改预测模型，在分析评价的基础上，修正初步预测值，得到最终的预测结果。

5. 提出预测报告

经过预测后，预测者要及时写出预测报告。预测报告要把历史和现状结合起来进行比较，既要进行定性分析，又要进行定量计算，尽可能利用统计图表和数学方法予以精确描述。要做到数据真实准确、论证充分可靠、建议切实可行，还要对预测结果进行判断和评价，重点要进行预测误差分析。

4.4 房地产市场预测的方法

房地产市场预测的方法种类繁多，可以概括为定性预测法和定量预测法两大类。每种方法都有自己的优缺点和适用范围，企业应根据实际情况选择适宜的预测方法，并将有关方法结合起来运用，取长补短，提高市场预测的准确性。

4.4.1 定性预测法

定性预测法又称作经验判断法，定性预测就是根据预测者的知识、经验和分析判断能力，对收集到的资料进行综合分析，对市场未来发展变化趋势做出推测和判断。

定性预测法的优点是有利于发挥预测者的主观能动性，有利于对房地产市场的未来做出深入、细致、具体、符合客观实际的预测，简便易行、费用较低、时间较短、灵活性强；缺点是缺乏客观标准，预测结果受到预测者知识、经验和分析判断能力的约束，带有一定的主观片面性。

定性预测法适用于数据资料缺乏、影响因素复杂、预测对象牵涉的领域比较广泛、预测期较长的情况。

定性预测法主要有以下几种。

1. 集合意见法

集合意见法又称作集体判断法，它是利用集体的经验、智慧，通过思考分析、判断、综合，对房地产市场未来的发展趋势进行估计、推测和判断。

集合意见法根据参与预测的人员不同，可以分为经理人员集合意见法和销售人员集合意见法。

经理人员集合意见法能集中企业高层管理者的智慧和经验，避免个人判断的局限性，得出比较可靠的预测结果；成本低，速度快，易于组织。但是它的主观随意性大，易受到讨论气氛的影响，悲观估计的可能性较低，而乐观估计的可能性较高；易受权威人士的影响；易受当时市场形势的影响，进而产生过分乐观或过分悲观的倾向。

销售人员集合意见法成本低、速度快。此外，由于销售人员直接接触市场和顾客，对本人所负责地区的市场非常熟悉，对市场需求变化趋势看得比较清楚，因此，预测结果比较准确。但是销售人员受其工作范围的限制，不易把握总体形势和总趋势。另外，预测结果受到销售人员心理因素影响较大，如将预测值估计得过高，完不成会对个人利益产生影响等。

对于上述两种集合意见法，预测结果既可以通过讨论的形式直接得出，也可以使用"三点法"，即由每个人列出最高销售量、最可能销售量、最低销售量及其发生的概率，然后通过计算得出预测值。

例如，某房地产开发公司为了预测明年本公司某商品房的销售量，特召集了营销经理、开发经理和财务经理对此进行预测。各位经理对销售量的预测如表4-1所示。

表4-1 各位经理对销售量的预测

预测者	销售量（m^2）	概率	销售量×概率	权数
营销经理				
最高销售量	8 000	0.2	1 600	
最可能销售量	7 000	0.5	3 500	
最低销售量	5 000	0.3	1 500	
期望销售量			6 600	0.5
开发经理				
最高销售量	9 000	0.2	1 800	
最可能销售量	7 000	0.6	4 200	
最低销售量	4 000	0.2	800	
期望销售量			6 800	0.3
财务经理				
最高销售量	8 000	0.3	2 400	
最可能销售量	6 000	0.6	3 600	
最低销售量	5 000	0.1	500	
期望销售量			6 500	0.2

解：预测值 = 6 600 × 0.5 + 6 800 × 0.3 + 6 500 × 0.2 = 6 640（m^2）

答：某房地产开发公司明年某商品房的销售量为6 640m^2。

由于预测者对市场的了解程度和经验等因素不同，他们每个人的预测结果对最终预测结果的影响和作用也不相同，可分别给予不同的权数表示他们预测结果的差异，最后采用加权平均法进行处理。若每位预测者的重要性相同，则可采用算术平均法进行处理。在此例中，采用的是加权平均法。

2. 专家意见法

专家意见法又称作德尔菲法，就是采用征询意见表，利用通信方式，向一个专家小组进行调查，将专家小组的判断预测加以集中，利用集体的智慧对预测的问题做出推断。

德尔菲法是20世纪40年代由美国的兰德（RAND）公司首创的，现在已经成为广泛应用的一种预测方法。德尔菲相传是古希腊神话中的神谕之地，德尔菲城中有一座阿波罗神殿可以预见未来，为了表示这种预测方法的权威性，故以德尔菲来命名。

（1）专家意见法的程序

1）确定预测目标。

2）设计调查表。

3）选聘专家。

4）反复征询专家意见。

5）得出预测结论。

（2）专家意见法的特点

1）匿名性。

2）反馈性。

3）收敛性。

4）统计性。

3. 市场因子推演法

所谓市场因子，就是能明显引起某种产品市场需求变化的实际因素。市场因子推演法就是通过分析市场因子与销售量之间的相关关系预测某种房地产未来的销售量。

例如，某房地产企业通过对历年的统计资料进行分析得知，60%的新婚家庭需要购买商品住宅。因此，新婚家庭数就是商品住宅销售量的市场因子。若某地新婚家庭数为10万户，则商品住宅的需求量为 $100\,000 \times 60\% = 60\,000$（户）。

4.4.2 定量预测法

定量预测法是预测者在掌握充足的统计资料的基础上，应用数学方法，建立数学模型，对预测对象的发展变化趋势进行预测的方法。

应用定量预测法进行预测，要求具有完整的历史统计资料。在预测对象的发展变化比较稳定、偶发性因素影响较小的情况下，可以得到较为准确的预测结果。但实际上，影响预测对象的因素很多，不可能把所有的因素都考虑进去，因此定量预测的结果出现误差在所难免。

定量预测的方法很多，下面主要介绍时间序列预测法和回归分析法。

1. 时间序列预测法

时间序列预测法就是将历史资料和数据按照时间顺序排成一个序列，根据时间序列所反映的经济现象的发展过程和发展趋势，将时间序列外推或延伸，以预测经济现象未来可能达到的水平。

时间序列也叫动态数列，就是将过去的历史资料和数据按时间顺序加以排列所形成的数值序列，时间可以是年、季、月、周等。

下面介绍几种常用的时间序列预测法。

（1）简单平均法。简单平均法也叫算术平均法，是把过去时期的时间序列数据全部相加，再除以资料的期数，求得平均值，把这个平均值作为下一期的预测值。

设有 n 期资料，分别为 X_1, X_2, X_3, …, X_n，则简单平均法的计算公式为

$$Y_{n+1} = \frac{1}{n}(X_1 + X_2 + X_3 + \cdots + X_n) = \frac{1}{n}\sum_{i=1}^{n} X_i$$

式中　Y_{n+1}——第 $n+1$ 期的预测值；

　　　X_n——第 n 期的实际值；

　　　n——期数。

例如，某房地产企业 2023 年 7—12 月商品住宅的销售额如表 4-2 所示，试用简单平均法预测 2024 年 1 月的销售额。

表 4-2　某房地产企业商品住宅销售额　　　　　　　　（单位：万元）

月份	实际销售额
7	4 800
8	5 000
9	4 900
10	5 200
11	5 300
12	5 500

解：$Y = \frac{1}{n}\sum_{i=1}^{n} X_i = \frac{4\,800 + 5\,000 + 4\,900 + 5\,200 + 5\,300 + 5\,500}{6} = 5\,116.67$（万元）

答：2024 年 1 月该房地产开发公司的商品住宅销售额为 5 116.67 万元。

简单平均法的优点是简便易行，但这种方法没有考虑不规则的、季节性的变化。如果历史资料本身变化不大，大致沿着一条水平线上下波动，用这种方法预测确实简单可靠。如果历史资料起伏较大，有明显的季节性变动或具有长期的增减趋势，使用此法得出的预测结果误差就会较大。

（2）加权平均法。加权平均法是指在计算平均数时，根据观察期每期资料的重要性分别给予不同的权数，然后再加以平均计算的方法。这个加权平均值即为下期的预测值。

在加权平均法中，对权数的赋值规则是近期数据的权数大，远期数据的权数小。因为越是近期数据对预测结果的影响越大，越是远期数据对预测结果的影响越小。权数可以是整数，也可以是小数。若权数为小数，则权数之和等于 1。

加权平均法预测值的计算公式为

$$Y = \frac{\sum_{i=1}^{n} W_i X_i}{\sum_{i=1}^{n} W_i}$$

式中　　Y——预测值；

　　　　X_i——第 i 期的实际值；

　　　　W_i——第 i 期的权数；

　　　　n——期数。

例如，某房地产企业 2023 年 3—6 月商品房销售额如表 4-3 所示，考虑到实际值与预测期越近对预测值影响越大，令 3—6 月各月权数分别为 0.20、0.25、0.25、0.30，用加权平均法预测 7 月的销售额。

表 4-3　某房地产企业 2023 年 3—6 月商品房销售额　　　　（单位：万元）

月份	销售额
3	4 600
4	5 900
5	5 400
6	5 800

解：$Y = \dfrac{\sum\limits_{i=1}^{n} W_i X_i}{\sum\limits_{i=1}^{n} W_i} = \dfrac{4\,600 \times 0.20 + 5\,900 \times 0.25 + 5\,400 \times 0.25 + 5\,800 \times 0.30}{0.20 + 0.25 + 0.25 + 0.30}$

$= 5\,485$（万元）

答：预计该房地产企业 7 月的销售额为 5 485 万元。

2. 回归分析法

回归分析法是利用事物发展变化的因果关系进行预测的一种方法。它通过分析对预测结果有重要影响的因素，找到预测量和影响因素之间的因果关系，从而推测预测对象随影响因素的变化而变化的状况，回归分析法因此又叫因果分析法。

回归分析对具有因果关系的现象，根据数据资料，用数理统计的方法，建立数学模型，近似地表达变量之间的变化关系。在回归分析中，引起预测对象变化的原因叫自变量，预测对象叫因变量。因变量受一个自变量或多个自变量的影响。回归分析反映了事物发展变化中一个或多个自变量对一个因变量的影响，它可以分为一元回归分析和多元回归分析、线性回归分析和非线性回归分析。

| 案例 |

沈阳市商品住宅市场调查问卷

尊敬的先生 / 女士：

　　您好！

　　为了更好地了解我市居民购买商品房的真实意向，配合在校期间的专业课学习，我们特组织了本次调查，希望能得到您的帮助与支持。调查采用不记名方式，对您的回答予以保密，仅作为在校学生学习参考资料。

对您的帮助与支持衷心地表示感谢！

基本资料

1. 性别：男□ 女□
2. 年龄：25 岁及以下□ 26～30 岁□ 31～35 岁□ 36～40 岁□ 41～50 岁□ 50 岁以上□
3. 职业：工人□ 专业技术人员□ 公务员□ 科教文卫人员□ 公司职员□ 个体户□ 退休人员□ 其他□（请注明：_____）
4. 家庭人口：1 人□ 2 人□ 3 人□ 4 人□ 5 人□ 5 人以上□
5. 家庭人均月收入：2 000 元以下□ 2 001～5 000 元□ 5 001～8 000 元□ 8 001～10 000 元□ 10 000 元以上□

调查项目

1. 您现在的住房是：
   平房□ 多层□ 小高层□ 高层□ 别墅□ 其他□
2. 您现在的住房面积是：
   60m² 以下□ 60～90m²□ 91～120m²□ 121～150m²□ 150m² 以上□
3. 您现在住房的产权性质？
   个人所有□ 私产租赁□ 公产租赁□ 借他人住宅□ 其他□（请注明：_____）
4. 近两年内，您是否打算买房子？（若回答不买，请跳至第 10 题）
   买□ 不买□
5. 您购买住房的目的是什么？
   居住□ 保值增值□ 投资□ 从事经营□ 其他□（请注明：_____）
6. 您打算购买多大的房子？
   60m² 以下□ 60～90m²□ 91～120m²□ 121～150m²□ 151～180m²□ 180m² 以上□
7. 您打算购买哪种类型的房子？
   多层□ 小高层□ 高层□ 别墅□ 其他□（请注明：_____）
8. 您打算购买哪种户型的房子？
   一室一厅□ 二室一厅□ 三室二厅□ 四室二厅□ 五室二厅□ 五室二厅以上□
9. 您打算购买什么价位的房子？
   5 000 元/m² 以下□ 5 000～10 000 元/m²□ 10 001～15 000 元/m²□ 15 001～20 000 元/m²□ 20 001～25 000 元/m²□ 25 001～30 000 元/m²□ 30 000 元/m² 以上□
10. 您购买住房最先考虑的因素是：（请选出前三项）
    质量□ 价格□ 地段□ 交通□ 环境□ 医疗配套□ 学区□ 品牌□ 生活配套□ 物业服务□ 其他□

11. 您觉得下列哪种房间最需要宽敞？
    客厅□　餐厅□　卧室□　卫生间□　阳台□　其他房间□
12. 就住宅本身而言，您认为下列哪些条件最重要？（请选出前三项）
    户型□　楼层□　朝向□　通风□　采光□　视野□　室内设计□　外观□
    工程质量□　配套设施□
13. 就住宅小区环境而言，您认为下列哪几点最重要？（请选出前三项）
    交通便利□　购物方便□　绿化□　附近中小学质量□　离工作单位近□
    文化娱乐□　其他□
14. 您购房的信息主要来源于：（请选出前三项）
    网络□　房交会□　房屋中介□　朋友介绍□　户外广告□　报纸□　电视□
    电台□　宣传单□　其他□
    非常感谢您对此次调查的大力支持！

调 查 者：_____
调查时间：_____
调查地点：_____

| 延伸阅读 |

如何调查竞争楼盘

销售前对竞争楼盘的调查，是销售人员的一项基础工作，是为了让销售人员详细地了解竞争楼盘的情况，分析它们的优点，寻找它们的弱点，从而在销售洽谈中占据有利位置。此外，对竞争楼盘的市场调研，还可以帮助销售人员学习其他楼盘销售人员的一些销售方法和技巧，从而提高自己的销售水平。

1. 选择竞争楼盘的标准

做竞争楼盘的市场调研时，首先要对区域市场的整体楼盘概况有所了解，如区域市场内有多少个楼盘、分别是什么样的楼盘、其位置分布情况、各个楼盘的产品概况和价格情况等基本内容。

其次，要在区域市场内找出重点项目、可类比楼盘进行更为详尽的市场调研分析。重点项目是指在区域房地产市场中，具有较大影响力的某个或某些楼盘，如某区域的楼盘，在住宅、价格和品质基本相同的情况下，其中的一个楼盘卖得相当好，这就是应该着力分析的地方。可类比项目，是指与本楼盘具有可比性的楼盘，如周边同类楼盘等。可参考以下选择竞争楼盘的标准。

（1）周围 2～3 千米以内的房地产项目。

（2）价格相差 10%～15% 的其他现卖或潜在项目。

（3）本城区最好卖的前 20 名项目。

（4）知名开发商现正在发售或即将发售的项目。

2. 确定调查内容

在对重点项目、可类比项目进行市场调研时，通常应着重把握以下六大项内容。

（1）分析楼盘的地理位置。一方面是分析竞争楼盘所处区域的历史沿革、区域特性，如商业中心、工业中心、学院等；了解区域交通状况，如公交、地铁、高架桥、轻轨、省市级公路、区县级公路等；了解公共配套设施，如水、电、燃气等市政配套；公园、学校、医院、影剧院、商业中心、超市、宾馆、图书馆、体育场馆、集贸市场等生活配套和人文环境，等等。另一方面就是竞争楼盘地块的大小形状、所处位置，它东西南北的邻居是谁，它的进出道路如何，是否临街，等等。和其他商品不一样，楼盘的地理位置是楼盘不可分离的关键因素，它的优劣，往往决定了楼盘的大部分价值的高低。

（2）分析产品。这是竞争楼盘市场调查的主体部分，重点在于了解竞争楼盘的占地面积、总建筑面积、产品类别与规划、建筑设计与外观、总建套数与房型、格局配比、建筑用材、公共设施和施工进度等。

（3）剖析价格组合。剖析竞争楼盘的单价、总价和付款方式。在房地产市场营销活动中往往有许多价格方面的促销活动，但万变不离其宗，最终归结于价格组合的三个方面。剖析价格组合并了解其运用策略是市场调查最重要的地方。

（4）了解广告策略。广告策略是指广告的主要诉求点、媒体选择、广告密度和实施效果等。了解竞争楼盘的广告策略，可以进一步了解竞争楼盘的市场定位和宣传重点。

（5）了解销售执行情况。这是最关键的地方，一方面是调查竞争楼盘销售点的选择、人员的配置、业务执行等，另一方面则是调查竞争楼盘什么样的房型最好卖，什么样的总价最为市场所接受，吸引客户最主要的地方是什么，购房客户群有什么特征……所有的这一切都是市场调查所应该了解的。其中的销售状况是果，其他几个方面都是因，了解因果，分析其中的缘由，是单个楼盘也是整个市场调研工作的全部内涵。

（6）学习其他楼盘销售人员的销售方法与销售技巧。在做市场调研时，应该认真观察这些楼盘的销售人员是如何进行销售的，他们如何接待客户，如何与客户洽谈，如何守价，等等。

3. 选择调查方法

销售人员做竞争楼盘的市场调研，可采用的方法有很多，如查询相关资料、现场实地调查搜集资料等。

（1）查询相关资料。这是对现有的与竞争楼盘相关的资料进行调查和收集。可以从竞争企业内部的各种报表、宣传材料中获得相关资料，也可以通过政府部门、统计部门等查询外部资料。在查询该类资料的过程中，要考虑还欠缺哪些资料，最后确定哪些资料需要实地调查。

（2）实地调查，也叫"踩盘"。这是销售人员进行市场调研的最常见方法，是指市场调研人员直接进入竞争楼盘的销售现场，通过索取楼盘资料、倾听售楼人员介绍、实地观察等手段，获取想要的相关资料。

在"踩盘"时，要注意分析所获取的楼盘资料和销售人员的介绍是否有夸大和不全面之处，不要为其表象所迷惑，应尽可能通过参观楼盘、施工现场及其他途径，从侧面对其内部人员和一些已购房人士做深入的调查，提高调查结果的可靠程度。

1)"踩盘"的最佳时间。"踩盘"的时间选择是个学问。一般来说，到售楼处"踩盘"时，有几个时间段要避开。

一是上午 9:00 以前不要去，一般来说，此时售楼处刚刚开始上班，很多销售人员要打扫卫生和开每天的清晨例会。

二是中午午休和就餐的时间不要去，这个时间段是销售人员最疲惫的时刻。

三是下午 5:30 以后不要去，在这个时间段销售人员要么忙于填写当天的各种分析报表，要么在开销售总结会议。

2)"踩盘"身份。以什么身份去"踩盘"效果最好？这是很多销售人员在做市场调研时关注的问题。总体来说，"踩盘"身份不外乎两种：一是明着去，直接表明同行身份；二是暗着来，以客户的名义去"踩盘"。是选择明着去还是选择暗着来，必须根据不同的情况而定。

一般来说，以客户身份"踩盘"时，可以以亲眷、朋友的身份共同开展调查，这样既可以互相配合，又不至于引起事故。

3)"踩盘"的工具。"踩盘"是为了获取必要的信息。在条件允许的情况下，可以自我准备或向公司申请配备一些基本工具。

在做完市场调研工作后，要及时把所获得的信息记录下来，整理填写"竞争楼盘市场调查表"，其样式可参考表 4-4。

表 4-4 竞争楼盘市场调查表

项目	项目地址							
市场类别	□别墅	□高层	□小高层	□多层	□写字楼	□其他		
项目档次	□高档	□中档	□低档					
开发商					企划公司			
设计单位					物管公司			
占地面积					总建筑面积			
容积率					绿化率			
施工进度					完工日期			
开盘日期					交房日期			
付款方式					按揭办法			
目前销售率					物业管理费			
价格情况	起价			均价			层差	
户型面积及销售情况	户型	面积	数量	销售数量	销售数量占项目总套数比例			
	一室一厅							
	二室二厅							
	三室二厅							
	四室二厅							
	复式							
	别墅							

（续）

项目	项目地址
主销户型	
物业配套	
客源分析	
购买动机	
购买抗性	
项目卖点	
广告评论	
项目成功点	
项目失败点	
值得借鉴处	

调查人：　　　　　　　　　　　　　　调查时间：

楼盘指标衡量标准如表 4-5 所示。

表 4-5　楼盘指标衡量标准

定级因素及权重	指标	分值
位置 0.5	a. 距所在片区中心的远近；b. 商铺为临街或背街；c. 写字楼为临街或背街；d. 住宅距所在片区的远近	a. 最差（远）1；b. 很差（远）2；c. 一般 3；d. 很好（近）4；e. 最好（近）5
价格 0.5	a. 商铺、写字楼、豪宅、普通住宅等级依次减少；b. 价格是否有优势	a. 最高（远）1；b. 很高（远）2；c. 一般 3；d. 低（近）4；e. 最低（近）5
配套 0.4	a. 城镇基础设施——供水、排水、供电；b. 社会服务设施——文化教育、医疗卫生、文娱体育、邮电、公园绿地	a. 最完善（远）1；b. 最不完善（远）2；c. 一般 3；d. 很完善（近）4；e. 最完善（近）5
物业管理 0.3	a. 保安；b. 清洁卫生；c. 内墙；d. 绿化率及养护状况；e. 物业管理费（元 / 月）；f. 是否人车分流；g. 物业管理商资质	a. 最差 1；b. 很差 2；c. 一般 3；d. 很好 4；e. 最好 5
建筑质量 0.3	a. 是否漏雨漏水；b. 门窗封闭情况；c. 内墙；d. 地板；e. 排水管道	a. 最差 1；b. 很差 2；c. 一般 3；d. 很好 4；e. 最好 5
交通 0.3	a. 公交线路数量；b. 距公交站远近；c. 站点数量；d. 公交车舒适程度	a. 最少（远）1；b. 很少（远）2；c. 一般 3；d. 很多（近）4；e. 最多（近）5
城市规划 0.3	a. 规划期限（远中近期）；b. 规划完善程度；c. 规划所在区域重要性程度；d. 规划现状	a. 最完善（远）1；b. 最不完善（远）2；c. 一般 3；d. 很完善（近）4；e. 最完善（近）5
楼盘规模 0.3	a. 总建筑面积（在建或及未建）；b. 总占地面积；c. 户数	a. 最小 1；b. 很小 2；c. 一般 3；d. 很大 4；e. 最大 5
朝向 0.3	a. 按方向；b. 按山景；c. 按海景；d. 视野	a. 西（西北，西南）1；b. 东（东南，东北）2；c. 北（东北，西北）3；d. 南（东南，西南）4
外观 0.1	a. 是否醒目；b. 是否新颖；c. 是否高档；d. 感官舒适程度	a. 最差 1；b. 很差 2；c. 一般 3；d. 很好 4；e. 最好 5
室内布置 0.2	a. 高档；b. 实用；c. 功能是否完善；d. 质量是否可靠	a. 最差 1；b. 很差 2；c. 一般 3；d. 很好 4；e. 最好 5

（续）

定级因素及权重	指标	分值
环保 0.2	a.空气；b.噪声；c.废物；d.废水	a.最差 1；b.很差 2；c.一般 3；d.很好 4；e.最好 5
发展商信誉 0.1	a.资质；b.开发楼盘多少；c.楼盘质量；d.品牌	a.最差（少）1；b.很差（少）2；c.一般 3；d.很好（多）4；e.最好（多）5
付款方式 0.2	a.一次性付款；b.分期付款；c.按揭付款；d.其他	a.最差 1；b.很差 2；c.一般 3；d.很好 4；e.最好 5
户型设计 0.1	a.客厅和卧室的结构关系；b.厨房和厕所的结构关系；c.是否有暗房；d.实用率大小	a.最差 1；b.很差 2；c.一般 3；d.很好 4；e.最好 5
销售情况 0.1	a.销售进度；b.销售率；c.盘尾状况	a.最差 1；b.很差 2；c.一般 3；d.很好 4；e.最好 5
广告 0.1	a.版面大小；b.广告频率；c.广告创意	a.最差（少）1；b.很差（少）2；c.一般 3；d.很好（多）4；e.最好（多）5
停车位数量 0.1	a.停车位数量；b.住房方便程度	a.最差（少）1；b.很差（少）2；c.一般 3；d.很好（多）4；e.最好（多）5
合计		

竞争楼盘调查汇总表，可参考表 4-6 制作。

表 4-6 竞争楼盘调查汇总表

因素及权重	项目名称				
	序号	楼盘名称	楼盘名称	楼盘名称	备注
位置 0.5	1				
价格 0.5	2				
配套 0.4	3				
物业管理 0.3	4				
建筑质量 0.3	5				
交通 0.3	6				
城市规划 0.3	7				
楼盘规模 0.3	8				
朝向 0.3	9				
外观 0.1	10				
室内布置 0.2	11				
环保 0.2	12				
发展商信誉 0.1	13				
付款方式 0.2	14				
户型设计 0.1	15				
销售情况 0.1	16				
广告 0.1	17				
停车位数量 0.1	18				
合计					

|思考题|

1. 房地产市场调查有哪些类型？每类调查重点要解决什么问题？
2. 房地产市场调查的内容有哪些？
3. 房地产市场调查的方法有哪些？每种调查方法的优缺点是什么？
4. 什么是开放式问题和封闭式问题？它们各有哪些优缺点？
5. 定性预测法和定量预测法分别有哪几种预测方法？
6. 简述专家意见法的程序和特点。

|计算题|

1. 某房地产开发公司 2023 年 1—7 月商品房的销售额如下表所示，试用简单平均法预测 8 月的销售额。

（单位：百万元）

月份	销售额
1	3 500
2	3 650
3	3 780
4	3 850
5	4 000
6	4 100
7	4 250

2. 根据上题资料，若 1—7 月的权数分别设为 1、2、3、4、5、6、7，试预测 8 月的销售额是多少？

|实训|

1. 设计一份住宅市场调查问卷。
2. 以小组为单位，对本组研究楼盘的竞争楼盘进行调查，收集竞争楼盘的相关材料。

|附录|

附录 4-1：竞争楼盘市场调查实训指导

1. 实训目的

通过对竞争楼盘的市场调查，能够独立完成市场调查表的设计，掌握市场调查的基本方法和技巧，科学地收集有关的市场资料，合理地进行资料的整理、分析，并撰写市场调查报告。通过本次实训，巩固课堂所讲授的理论知识，提高学生分析问题和解决问题的能力，为以后走向社会更快地适应工作打下良好的基础。

2. 实训形式

校内实训与校外实训相结合，独立设计与分组调查相结合。

3. 考核要求

（1）以每组选择的楼盘为样板，每人设计一份竞争楼盘市场调查表。

（2）分组进行实地调查。按照分工调查不同的竞争楼盘。

（3）以全组调查资料的汇总为基础，每人撰写一份调查报告。调查报告要求简明扼要、论据充足、重点突出、语言准确、结论客观公正。

（4）实训结束后，每位学生完成一份自己设计的竞争楼盘市场调查表、一份调查报告、一份实训报告；每组完成一份调查汇总表。

4. 实训步骤

（1）划分小组，分配任务，由小组长安排时间、分配任务。

（2）每人设计一份竞争楼盘市场调查表。

（3）上交个人设计的竞争楼盘市场调查表，领取统一的市场调查表。

（4）由小组长分配任务、组织实地调查。

（5）调查资料的汇总、整理、分析。

（6）撰写调查报告。

5. 实训报告题目

竞争楼盘市场调查报告

附录4-2：实训报告

1. 实训项目

2. 实训目的

3. 实训过程

4. 实训小组名单及任务分配

5. 本人承担的任务及完成情况

6. 实训小结

第 5 章

房地产市场细分与目标市场选择

学习目标

1. 了解房地产市场细分的概念及细分的标准。
2. 了解房地产市场细分的程序和方法。
3. 掌握影响目标市场选择的主要因素。
4. 掌握房地产企业市场定位的策略。

技能要求

1. 按照市场细分程序,运用市场细分方法对房地产市场进行细分。
2. 基本掌握目标市场选择和目标市场定位的方法、技巧。

本章概览

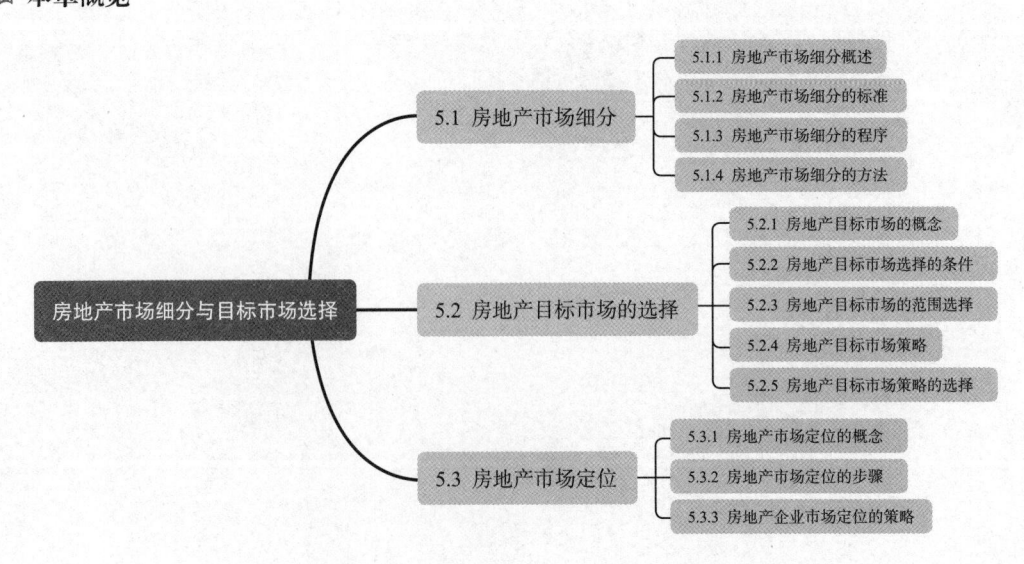

```
                                    ┌─ 5.1.1 房地产市场细分概述
                   ┌─ 5.1 房地产市场细分 ─┼─ 5.1.2 房地产市场细分的标准
                   │                ├─ 5.1.3 房地产市场细分的程序
                   │                └─ 5.1.4 房地产市场细分的方法
                   │
                   │                  ┌─ 5.2.1 房地产目标市场的概念
                   │                  ├─ 5.2.2 房地产目标市场选择的条件
房地产市场细分与目标市场选择 ─┼─ 5.2 房地产目标市场的选择 ─┼─ 5.2.3 房地产目标市场的范围选择
                   │                  ├─ 5.2.4 房地产目标市场策略
                   │                  └─ 5.2.5 房地产目标市场策略的选择
                   │
                   │                ┌─ 5.3.1 房地产市场定位的概念
                   └─ 5.3 房地产市场定位 ─┼─ 5.3.2 房地产市场定位的步骤
                                    └─ 5.3.3 房地产企业市场定位的策略
```

5.1 房地产市场细分

5.1.1 房地产市场细分概述

1. 房地产市场细分的概念

市场细分的概念是由美国市场营销学家温德尔·史密斯（Wendell R. Smith）于 1956 年首先提出来的，它是现代市场营销观念的一个重大突破，是一个选择目标市场的策略思想，是顺应新的市场态势应运而生的产物。

市场细分是指按照消费者在市场需求、购买动机、购买行为和购买能力等方面的差异，运用系统方法将整个市场划分为若干不同的消费群（子市场），然后选择合适的子市场作为企业服务的目标市场的过程。市场细分的结果是形成不同的消费者群，每个消费者群便是一个细分市场，也称"子市场""分市场"或"亚市场"。不同的细分市场之间，需求差别比较明显；每一个细分市场内部，需求差别比较细微。

需要注意的是，市场细分和市场分类是两个不同的概念。尽管市场细分和市场分类都是把整体市场划分成不同的部分，但这两个概念的含义完全不同。第一，市场细分和市场分类在"市场"概念的运用上不同。前者使用的"市场"是指消费者，后者使用的"市场"可以不是指消费者。第二，市场细分的营销主体是企业，而市场分类可以有不同的行为主体。第三，市场细分的对象是消费者，即把消费者按照不同的标准进行划分，而市场分类则可以有其他划分标准。第四，市场细分要求被划分后的市场具有营销意义，便于企业制定营销决策，而市场分类则不一定要具有营销意义。第五，市场细分是对特定产品的市场进行划分，而市场分类不一定是针对特定产品，既可按产品划分，如消费品市场、工业品市场、技术市场，也可以按管理体制划分，如自由市场、国家市场等。

房地产市场需求者的数量庞大，其购买要求又各不相同，因此任何房地产开发企业都不可能为所有需求者提供他们所需要的房地产商品，这就需要对房地产市场进行细分。所谓房地产市场细分，是指为了更好地满足消费者的需求、进行目标市场选择和制定营销决策，从房地产市场需求者的差别出发，根据房地产市场需求者行为的差异性，按照一定的标准把整个房地产市场划分为若干个不同的子市场的过程。

房地产市场细分有利于房地产企业发现和利用市场营销机会，开拓新市场；有利于房地产企业集中利用资源，提高竞争力；有利于房地产企业制定和调整营销策略，增强针对性；有利于房地产企业满足不断变化的消费需要。

2. 房地产市场细分的原则

（1）可衡量性原则。可衡量性原则是指市场细分的标准和细分以后的房地产市场必须是可以识别和可以衡量的。

首先，消费者的需求要有明显的差异性。市场细分后的各个子市场之间应有明显的区别，而同一个子市场内部却要有共同的基本特征，表现出大体相同的购买行为。

其次，易于获取和衡量消费者需求特征的信息。例如，一些带有客观性的变数，年龄、性别、收入、教育、地理位置、民族等易于确定，而且有关他们的信息和统计数据也易于获得；相反，一些主观性的数据，如心理和性格方面的变数就难以确定。

最后，经过细分后的市场范围、容量、潜力等也必须是可以衡量的，这样才有利于确定目标市场。

（2）可进入性原则。可进入性是指房地产企业对细分后的房地产市场能够有效进入和为之服务的程度，这一原则也就是指房地产市场的细分和选择必须适应企业本身的营销力量和开发能力，必须是房地产企业可以进入并占有一定市场份额的；否则，就没有现实意义。

（3）可营利性原则。细分后的房地产市场不仅要保证房地产企业在短期内盈利，还要使企业在较长时期内获得良好的经济效益；不仅能保持稳定的收益，还必须有一定的发展潜力；而且，有时不仅要有经济效益，还要有社会效益、生态效益，以确立良好的企业形象。这也是房地产市场细分时必须依据的重要原则。

（4）稳定性原则。市场细分的目的在于正确选择目标市场，集中力量开拓经营，扩大销售，增加企业盈利。这就要求细分的市场不但要有一定的市场容量和发展潜力，而且要有一定程度的稳定性，即占领市场后的相当长时间内不需要改变自己的目标市场。因为目标市场的改变必然带来企业经营设施和营销策略的改变，而这种变动过快给企业带来的风险和损失也会随之增加。因此，一般来说，目标市场越稳定，越有利于企业制定长期的营销战略和策略，获得比较稳定的利润。但是，这种稳定是相对的，房地产企业要根据客观环境的变化相应地调整自己的营销策略。

5.1.2 房地产市场细分的标准

房地产市场细分的基础是消费者需求的差异性，形成消费者需求差异的主要原因是消费者的社会经济地位、生理特征和心理性格等因素各不相同，引出了市场细分的各种标准。通常可以从住宅市场和生产营业用房市场两个方面来确定市场细分标准。

1. 住宅市场的细分标准

住宅市场的细分标准可归纳为四类：地理因素、人口因素、心理因素和行为因素。

（1）地理因素。地理因素是以消费者所处的地理环境为标准对住宅市场进行细分。地理因素包括很多内容，主要有城市状况、区位和环境、地形地貌、气候特点等。

1）城市状况。消费者所在城市属于大城市还是小城市，沿海城市还是内地城市，对消费需求影响较大。大城市、沿海城市经济发达，土地资源紧缺，人口密度大，住房紧张，对住宅需求量大且较为紧迫；相比之下，中小城市、内地城市经济发展通常相对缓慢，人口密度也低，对住宅的需求相对较弱。此外，对外开放程度、城市的市场繁荣程度、交通便利程度、文化娱乐设施等都会影响住房需求层次的变化。

2）区位和环境。房地产是不动产，具有地理空间上的固定性，人们对区位和环境的需求直接影响对住宅的需求。城市中住宅区的繁华程度不同（如繁华区、偏僻区）、功能分布不同（如商业区、工业区、文化区、教育区、行政区、旅游区）、自然景观和人文环境等因素的不同，都会造成住宅区规模、交通、地价、设施的不同，消费者需求也会表现出明显的差异。例如，教育区的住宅往往能满足注重小孩教育的家庭的需要；商业区的住宅常常是喜爱都市繁华的家庭的理想选择；旅游区的住宅则大多是偏爱自然风光的家庭的选择。

（2）人口因素。按人口因素细分房地产市场，是指根据消费者的年龄、性别、收入、职业、教育水平、家庭规模、家庭生命周期阶段、国籍、种族、民族、宗教等因素对整个房地产市场进行细分。

1）年龄。不同年龄的消费者，对房地产的需求不同。例如，老年消费者在购买住房时，倾向于购买环境安静、楼层较低、朝向好、医疗设施完备地区的住宅。

2）收入。不同收入水平的消费者对住宅的需求数量和质量是不同的。低收入的消费者群体主要是对基本住房有需求，对住房的挑选性不强，对住房的标准、质量、档次要求不高，以中、低档住房需求为主。高收入的消费者对住房的要求趋于复杂多样，他们在购买住房时，不仅要求居住宽敞，还要求住宅功能齐全、设备高档、外部环境优美、物业管理健全，以中高档住房需求为主。

3）家庭。住宅是以家庭为单位而购买和消费的商品，因而家庭是住宅市场细分的一个重要标准，主要表现在两个方面：①家庭规模，即家庭人口的多少。随着中国社会经济的发展，中国的家庭规模逐渐趋于小型化，两口之家的核心家庭已经成为中国家庭的主体。家庭规模的小型化，导致家庭户数的增加，从而导致对住宅需求量的增加，也导致对住宅单元面积和房间数的要求降低。②家庭生命周期阶段。家庭生命周期分为单身期、新婚期（无子女）、满巢期（子女未独立）、空巢期（子女另住）和孤独期（单身老人）等几个阶段。处于不同生命周期阶段的消费者对住房的需求不同。单身阶段，消费者大多是与父母同住，储蓄为购买住房做准备；结婚后，需要有独立的住房，从而形成一定的购买力；子女成家立业，老年人与子女分开居住，又会形成新的购买力。

（3）心理因素。心理因素是根据消费者所处的社会阶层、生活方式、个性和购买动机等来细分房地产市场。

1）社会阶层。社会阶层是指在某一社会中具有相对同质性和持久性的群体。处于同一阶层的成员具有类似的价值观、兴趣爱好和行为方式，不同阶层的成员则在上述方面存在较大的差异。很显然，识别不同社会阶层的消费者所具有的不同特点，对于房地产市场的细分将提供重要的依据。

2）生活方式。通俗地讲，生活方式是指一个人怎样生活，是指人们对消费、工作、娱乐的特定的习惯和倾向性的方式。人们追求的生活方式各不相同，从而对房地产商品及其服务的需求也有区别。例如，人们由过去偏爱大卧、小厅到现在追求大厅、小卧，主要是由于随着人们生活水平的提高，余暇时间的增多，家庭娱乐形式日益丰富。因此，房地产企业不仅要了解人们现有的生活方式，更好地满足消费者的现实需求，还要把握它的发展趋势，更好地满足消费者的潜在需求。

3）个性。每个人、每个家庭都有它独特的个性特征，对住宅的需求主要表现为他们对住宅的式样、装修、室内平面布局、区位、环境等方面的心理偏好，其中突出表现在室内装修和平面布局的不同选择上。现在有的房地产企业为了让个性得到充分展示，推出简易房，给消费者发挥其个性留下了充分的空间，因而受到部分消费者的欢迎。

4）购买动机。动机是购买行为的原动力，不同的动机对商品的着眼点、兴趣有所不同。按照消费者购买房地产产品的动机来细分，可分为实惠型、求新型、求廉型和豪华型四种。其中，实惠型顾客追求质量可靠、结构合理和实用性强的房地产产品；求新型消费者追求样式时髦、新颖的楼盘；求廉型消费者追求价格低廉的楼盘；而豪华型消费者则追求价格昂贵、质量卓越、装潢华丽的房地产产品。

（4）行为因素。根据消费者对房地产产品的了解程度、态度、使用情况和反应等因素，将他们划分成不同的群体，这一过程被称为行为细分。一般地，行为因素能更直接地反映消费者的需求差异，因而也就成为市场细分的最佳标准。这里的行为因素主要包括：

1）购买时机。根据消费者产生购买意愿、收集信息到形成购买决策的不同时间，可以将消费者划分成不同的群体。例如，春秋季节，由于气候宜人，是消费者购买住房的大好时机；而在炎热的夏天，住房的销售量就会由于购买者的减少而降低。此外，节日对房地产商品的销售也有一定的影响。例如，在我国传统的春节期间，由于人们都忙于家庭团聚，一般不会进行购房决策；而"五一"小长假或"十一"长假期间，进行购房的家庭会大量增加。

2）追求利益。消费者购买某种产品总是为了解决某类问题，满足某种需要。然而，产品提供的利益往往并不是单一的，而是多方面的。消费者对这些利益的追求是有侧重的，如住宅的购买者有的追求经济实惠、价格低廉；有的追求交通便利、周围设施齐全；还有的则偏向于显示社会地位等。

3）使用者状况。一般地，根据顾客是否使用和使用程度，通常可将消费者分为经常购买者、首次购买者、潜在购买者和非购买者。但是，房地产商品使用周期长、价值量大的特点，决定了房地产商品的购买往往是一次性的。对住宅而言，有些消费者一辈子可能就购一次房。但是，在房地产市场中，同样也存在多次购买者，对于那些将房地产作为投资对象的消费者来说，尤其如此。

4）购买数量或面积。根据消费者购买房地产商品的数量大小对市场进行细分，通常可分为大量购买者、中度购买者和少量购买者。大量购买者在居住房地产市场并不多见，但如果购买房地产商品的目的不是使用而是投资的话，就往往会出现大批量购买房地产商品的情况。这一群体尽管不多，但应为房地产企业营销的重点之一。因为根据"二八"定律，20%的顾客所提供的购买额和利润往往占总销售额的80%。

5）品牌忠诚程度。房地产企业可以根据消费者对品牌的忠诚程度细分市场。在一般消费品领域，品牌的忠诚度对市场营销决策的影响相当大。例如，有些消费者经常变换品牌，而另外一些消费者则在较长时期内专注于某一或少数几个品牌。由于房地产企业的实力和信誉等品牌信息对消费者的购房决策具有很大的影响，我国房地产企业整体的品牌意识有待进一步加强。

6）购买的不同阶段。消费者对房地产产品的了解程度往往因人而异。有的消费者可能对某一产品确实有需要，但并不知道该产品的存在；还有的消费者虽然已经知道产品的存在，但对产品的质量、物业管理等还存在疑虑；另外一些消费者则可能正在考虑购买。这就需要房地产开发企业针对处于不同购买阶段的消费群体进行市场细分，并采取不同的营销策略。

7）态度。房地产企业还可以根据消费者对房地产产品及营销策略的了解情况、喜好程度、购买意向、效用追求和形象等方面，对整个顾客群体进行细分。从喜好程度讲，不同消费者对同一产品的态度可能有很大差异，如有的持肯定态度，有的持否定态度，还有的则抱持既不肯定也不否定的无所谓态度。所以，房地产市场营销在针对持不同态度的消费群体进行市场细分的同时，在广告、促销等方面也应当有所不同。

2. 生产营业用房市场的细分标准

生产营业用房市场除了使用住宅市场的细分标准外，还要根据生产营业用房的特点，补充最终用户、用户规模作为细分生产营业用房市场的标准。

（1）最终用户。最终用户是指最终使用生产营业用房的用户。按照这一细分标准，可将生产营业用房市场分为加工制造业、商业、金融业、宾馆业、文化娱乐业等几个细分市场。不同的细分市场对房地产及其配套服务项目的要求各不相同，所以，房地产企业提供的产品和营销策略也不相同。按照最终用户的要求细分生产营业用房市场是房地产企业经常使用的市场细分方法。

（2）用户规模。用户规模是指最终用户对生产营业用房需求量的大小。按照用户规模，可将生产营业用房市场细分为大客户市场、中客户市场和小客户市场。大客户数量少，但购买力大；中客户其次；小客户数量多，但购买力小。生产营业用房的购买和租赁主要集中于大客户，这是房地产企业营销的重点对象。但是，我国中小企业也在迅速发展，这一市场也不容忽视。

5.1.3 房地产市场细分的程序

按照美国市场学家麦卡锡提出的细分市场的一整套程序，房地产市场细分包括七个步骤，一般称其为"细分程序七步法"。

（1）根据需要选定产品市场范围。这就是确定进入什么行业，生产什么产品。企业在确定经营目标之后，就必须确定产品市场范围，这是市场细分的基础。对于确定产品市场范围，房地产企业应以顾客的需求而不是产品本身的特性来确定。企业必须开展深入细致的调查研究，分析消费者需求变化的动向。在选择产品市场范围时，应考虑自己所具有的资源和能力，这一范围不宜过大，也不宜过于狭窄。

（2）列举潜在顾客的基本需求。产品市场范围确定之后，营销人员可以从地理、人口、心理等方面列举影响产品市场需求和消费者行为的各项因素，为市场细分提供可靠的依据。

例如，企业通过调查，可以了解潜在消费者对上述住宅小区的基本需求。这些需求可能包括遮风避雨、安全宁静、交通方便、设计合理、工程质量高等。

（3）分析潜在用户的不同需求，初步细分房地产市场。通过对各类消费者典型特征的了解，分析他们的不同需求及其需求的具体内容，并找出消费者需求类型的地区分布、人口特征、购买行为等方面的相关信息，做出估计和判断，对房地产市场进行初步的细分。

对于所列举的基本需求，不同顾客强调的侧重点可能会存在差异。例如，经济、安全、遮风避雨是所有顾客共同强调的，但有的用户可能特别重视交通的方便，另外一些用户则对环境的安静、内部装修等有很高的要求。通过这种差异比较，即可初步识别不同的顾客群体。

（4）进行细分市场的初步筛选，舍去共同需求。确定细分市场时应考虑的因素，并对初步细分的市场加以筛选。企业应分析哪些需求因素是重要的，并将其与企业的实际条件进行比较。然后，删除那些特点不突出的一般性消费需求因素，同时总结特征相似的消费需求因素，重点分析目标消费者群的特点。

在对细分市场进行初步筛选时，应当抽掉潜在顾客的共同需求，而以特殊需求作为细分标准。潜在顾客所具有的共同特征固然重要，但不能作为市场细分的基础。例如，遮风避雨、安全是每位用户的要求，就不能作为细分市场的标准，因而应该剔除。

（5）划分房地产市场，为市场暂时取名。根据潜在顾客基本需求方面的差异，将其划分为不同的群体或子市场，并赋予被划分的市场一定的名称。例如，房地产开发企业可以把购房的顾客分为好动者、老成者、新婚者、度假者等多个子市场，并据此采取不同的营销策略。

（6）分析市场营销机会，认识各子市场的特点。这是分析整体市场和每个子市场的竞争情况，并根据市场研究和对需求潜力的估计，确定整体市场和子市场的营销收入和费用情况，以估计潜在利润量，作为最后选定目标市场和制定营销决策的经济分析依据。在此基础上，进一步分析每一细分市场的需求和购买行为的特点，以便决定是否可以对这些细分市场进行合并或做进一步细分。

（7）确定可进入的细分市场，设计市场营销组合策略。通过分析，房地产开发企业可能发现若干个有利可图的细分市场。这时，应根据企业的经营目标和资源优势，从中选择一个或几个细分市场作为目标市场。同时，估计每一细分市场的规模，即在调查基础上，估计每一细分市场的顾客数量、购买数量等，并对细分市场的产品竞争状况及发展趋势做出分析。此外，企业需要有针对性地对不同的细分市场分别制定市场营销组合策略，以保证企业有效地进入已选择的目标市场。

5.1.4 房地产市场细分的方法

对房地产市场进行细分的方法主要有单一变量因素法、综合变量因素法和系列变量因素法三种。

1. 单一变量因素法

单一变量因素法就是根据影响购房者需求的某一项重要因素划分房地产市场。例如，通过用途、业主、购买力、地域和销售方式等不同因素细分市场，如表 5-1 所示。

表 5-1 根据不同因素对房地产市场进行细分

人口因素	
收入（每月）	2 000 元以下、2 001～4 000 元、4 001～6 000 元、6 001～8 000 元、8 001～10 000 元、10 000 元以上
文化程度	小学、初中、高中、大专、本科、研究生及以上
职业	会计师、律师、医生、教师、企业高级主管、政府高级官员、技术人员、熟练工人等
国籍	本国人、外国人
年龄	18 岁以下、18～34 岁、35～49 岁、50～64 岁、65 岁及以上
性别	男性、女性
家庭规模	1 人、2～3 人、4～5 人、5 人以上
家庭状况	年轻、单身；年轻、结婚、尚无子女；年老、已婚、有子女；年老、已婚、子女已独立；年老、单身
心理因素	
自发性	独立消费者、依赖性强的消费者
领导欲	主导型、服从型
个性	外向、内向
思想	保守型、自由型、激进型
置业心理	经济型、理智型、地位型
地理因素	
居住区	乡村、近郊、都市
区域	东、西、南、北、中
对营销组合的反应	
对不同营销因素的敏感度	品质、特性、用途、利益、替代品
价格类型和弹性	高价、中等、低价；价格弹性大、价格弹性小
营销渠道	便利型、选购型
推广	感情型、理智型、冲动型、经济型

2. 综合变量因素法

综合变量因素法就是根据影响购房者需求的两种或两种以上的因素对房地产市场进行细分。例如，房地产开发企业可以根据购房者的家庭规模、年龄结构、家庭收入等来细分市场；也可以按照收入水平和家庭规模两个因素对房地产市场进行细分，如图 5-1 所示。

3. 系列变量因素法

系列变量因素法就是根据房地产企业经营的特点，按照影响消费者需求的诸因素，由粗到细进行市场细分。这种方法可以使目标市场更加明确而具体，有利于企业更好地制定相应的营销决策，如图 5-2 所示。

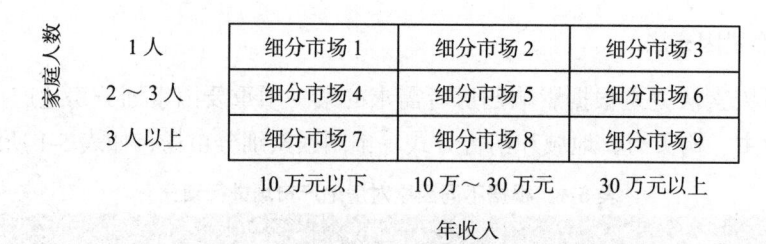

	细分市场 1	细分市场 2	细分市场 3
1 人	细分市场 4	细分市场 5	细分市场 6
2～3 人	细分市场 7	细分市场 8	细分市场 9
3 人以上	10 万元以下	10 万～30 万元	30 万元以上

（家庭人数 / 年收入）

图 5-1 根据综合变量因素法细分市场

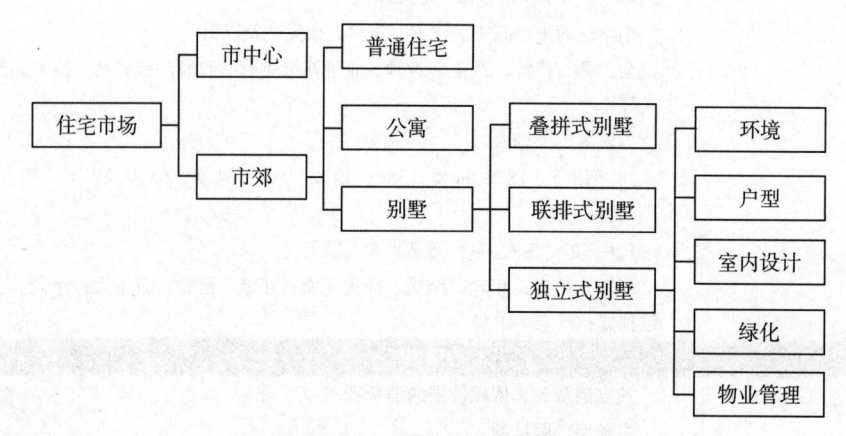

图 5-2 根据系列变量因素法细分市场

房地产企业在运用细分标准进行市场细分时，必须注意以下三个问题。

第一，市场细分的标准是动态的。市场细分的各项标准不是一成不变的，而是随着社会生产力及市场状况的变动而不断变化，如年龄、收入、家庭规模、购买动机等都是可变的。

第二，不同的企业在市场细分时应采用不同的标准。由于各企业的生产技术条件、资源、财力、可提供的产品不同，因此，所采用的标准也应有所区别。

第三，企业在进行市场细分时，可以采用一项标准，即按单一变量因素细分；也可以采用综合变量因素或系列变量因素进行市场细分。

5.2 房地产目标市场的选择

5.2.1 房地产目标市场的概念

房地产市场细分的目的在于有效地选择并进入目标市场。目标市场选择的正确与否，关系到企业营销活动的成败。

房地产目标市场是指房地产企业在市场细分的基础上，经过评价和筛选后决定要进入的那个市场部分，也就是房地产企业准备用其产品或服务来满足的一组特定消费者。

目标市场的选择与市场细分既有区别又有联系。市场细分是按照消费者购买欲望和需求的不同，将整体市场分割成若干个子市场的过程；而目标市场的选择则是从细分后的各个子市场中选择一个或几个子市场作为房地产企业营销活动的目标市场。因此，市场细分是目标市场选择的前提和基础，没有有效的市场细分，就没有科学的目标市场选择；而目标市场的选择又是市场细分的目的所在，没有对目标市场的选择，市场细分便失去了实际意义。

5.2.2 房地产目标市场选择的条件

目标市场选择是企业的一项重要的经营决策活动，它决定企业的营销策略，直接影响企业的经营效果。

1. 有足够的规模和良好的发展前景

细分市场预期规模的大小，是决定该细分市场是否值得进入的主要因素。如果企业所选择的目标市场过于狭窄，就不可能达到企业所期望的销售额和利润。因此，房地产企业在选择目标市场时，要充分考虑细分市场的规模。大公司可以考虑规模大的细分市场，小公司由于实力有限，应更多地考虑规模小的细分市场。

一个理想的目标市场，不仅要有足够的实际购买力，以实现企业的销售目标，还要有足够的潜在购买力，有需要满足的需求，也就是说要有良好的发展前景，这样才能使房地产企业在该市场上有充分的发展潜力。

2. 具有良好的盈利能力

盈利能力是指企业获取利润的能力。细分市场的盈利能力主要受到五种因素的威胁：一是房地产市场内现有竞争对手的威胁；二是新加入竞争者的威胁；三是替代产品的威胁；四是购买者讨价还价的能力；五是供应商讨价还价的能力。

3. 符合房地产企业的目标

即使某个房地产细分市场有一定的规模和盈利能力，但如果不符合企业的长远发展目标，也应该放弃。

5.2.3 房地产目标市场的范围选择

通过对不同的细分市场进行评估，房地产企业会发现一个或若干个值得进入的细分市场。为此，企业必须决定进入哪个或哪几个细分市场。

可供房地产企业选择的目标市场范围有五种模式（见图5-3、表5-2）。

1. 密集单一模式

密集单一模式是指房地产企业在众多的细分市场中只选择其中的一个细分市场作为目标市场，针对某一特定的消费者群体，只生产一种房地产，以此开展市场营销活动。实行密集单一市场策略的通常是资源有限的小型房地产企业，或者是初次进入新市场的大型房地产企业。

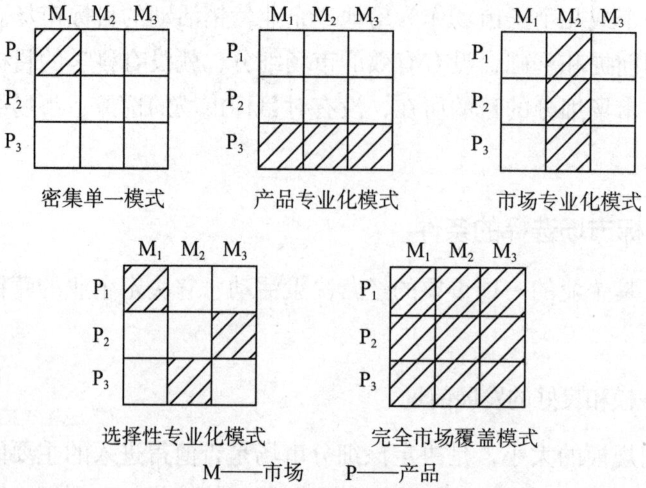

图 5-3 房地产目标市场范围模式

表 5-2 房地产目标市场范围模式

序号	目标市场范围模式	说明
1	密集单一模式	企业决定只生产某一种产品，只供应某一个客户群。小企业通常选择这种战略
2	产品专业化模式	企业决定向各类客户群提供同一类型而规模不同的系列产品。对提供某种产品有专门特长的企业通常选择这种战略
3	市场专业化模式	企业决定向某一客户群提供它所生产的各种产品。选择这种战略的企业一般具有较强的营销配套能力，并对某一客户群的利益追求有透彻的了解
4	选择性专业化模式	企业决定同时进入互不相关的子市场，因为这些子市场都能为企业提供有利的市场机会。追求市场机会不断增长的企业往往选择这种战略
5	完全市场覆盖模式	企业决定为所有不同的客户群提供它所生产的各种产品。这通常是谋求行业市场领导地位的集团公司所采取的战略

这种模式的优点是企业可以扬长避短，发挥优势；集中使用有限的资源，充分发挥资源优势；节省各种费用开支；提高房地产企业及其产品的知名度。它的缺点是有较大的潜在风险。因为企业把生存和发展的全部希望都集中在一个特定的产品和市场上，一旦目标市场情况变坏，如消费者的偏好发生变化或出现了更强大的竞争对手，企业就会陷入困境甚至全军覆没。因此，很多房地产企业把目标市场分散在多个细分市场上以分散风险。

2. 产品专业化模式

产品专业化模式是指房地产企业只开发经营一种房地产，并向各类客户销售这种产品。这种模式的优点是对房地产企业的资源要求较低，能降低开发商的开发成本，增加利润。这种模式虽然在某个产品（如单身公寓）的开发建设方面容易树立很高的声誉，但是风险很大，一旦消费者需求偏好发生变化或相关技术发生变化，企业将陷入经营困境。

3. 市场专业化模式

市场专业化模式是指专门为满足某个客户群体的各种需要而提供各种房地产产品及其

相关服务。这种模式可以提高这一细分市场消费者的忠诚度，但一般要求房地产企业提供房地产产品和相关服务的能力比较强，即要求房地产企业具备一定的实力。

4. 选择性专业化模式

选择性专业化模式是指房地产企业有选择地进入若干个细分市场，因为这些细分市场在客观上都有吸引力，并且符合企业的目标和资源。但是，在所选择的各细分市场之间很少有或者根本没有任何联系，然而，每个细分市场都有可能盈利。这种多细分市场模式优于密集单一模式，因为这样可以分散房地产企业的经营风险，即使某个细分市场失去对消费者的吸引力，该企业仍可以继续在其他细分市场获取利润。

5. 完全市场覆盖模式

完全市场覆盖模式是指房地产企业以各种房地产产品满足各类顾客群体的需求。只有实力雄厚的大企业才能采用这种模式。房地产企业是通过无差异性市场营销和差异性市场营销两种方法来达到覆盖整个市场的。

需要说明的是房地产企业在选择目标市场时，应综合考虑企业、产品和市场等多方面的因素，根据企业资源或实力、产品的同质性、市场的同质性、产品所处生命周期的不同阶段、竞争者的市场营销策略和竞争者的数目等因素综合权衡。

5.2.4 房地产目标市场策略

房地产企业在覆盖目标市场时，有三种可供选择的策略。每种策略都有其优缺点和适用条件，企业应根据自身的资源、产品特点、市场特点和竞争状况进行选择。

1. 无差异性市场营销策略

无差异性市场营销策略就是房地产企业着眼于消费者需求的同质性，只推出一种产品，运用一种市场营销组合，吸引尽可能多的顾客，为整个市场服务。

这种策略的优点是房地产企业提供的商品品种、规格、式样比较单一，有利于标准化和大规模开发建设，有利于企业提高工效，降低开发成本和销售费用，以便用低价争取更广泛的消费者。它的不足是不能使房地产各类顾客的需要得到最大满足，同时这种策略缺乏弹性，难以适应消费者需求的变化。

2. 差异性市场营销策略

差异性市场营销策略就是房地产企业将产品的整体市场划分为若干个细分市场，并针对每一个细分市场的需求特点制订出不同的营销组合方案，分别满足不同顾客的需要。

差异性市场营销策略面对的仍是整体市场，但它是以市场细分为基础，重点考虑各个子市场的需求差异，针对每个子市场的需求特点，分别设计不同的产品，采用不同的营销方案。

这种策略的优点是能更好地满足顾客的不同需要，提高产品竞争力，有利于扩大房地产企业的销售额；如果房地产企业在几个不同的细分市场上都取得较好的经营成果，就能树立企业的形象，提高顾客对企业的信赖程度和购买率；有利于分散经营风险。它的缺点是实行差异性市场营销策略，为不同的顾客群提供不同的产品和不同的营销组合，会大幅度增加房地产企业的生产成本、销售费用和管理费用。

3. 集中（密集）性市场营销策略

集中（密集）性市场营销策略就是房地产企业将整体市场细分后，选择一个或少数几个细分市场为目标市场，制订一套营销方案，集中力量在目标市场上开展营销活动。

这种策略也是以市场细分为基础的，但它不是面向整个市场，不是把力量分散在若干个细分市场上，而是集中力量进入一个或少数几个细分市场，实行专业化经营。采用这种策略的指导思想是追求较小的细分市场或少数几个细分市场上的较大份额，而不是追求较大市场上的较小份额，即不是追求市场范围，而是追求市场占有率。

这种策略的优点是可以准确地了解顾客的需求，有针对性地采取营销策略；有利于房地产企业集中使用有限的资源，充分发挥企业的资源优势；由于经营范围小，可以做深入的了解；节省各种费用开支。它的缺点是经营风险大，犹如"把鸡蛋都装进了一只篮子里"，如果顾客的偏好发生转移或市场的情况发生变化，企业就会立即陷入困境，而且由于市场区域小，企业发展受到限制。因此，这种策略适合于资源有限的小型房地产企业。

上述三种目标市场策略如图 5-4 所示。

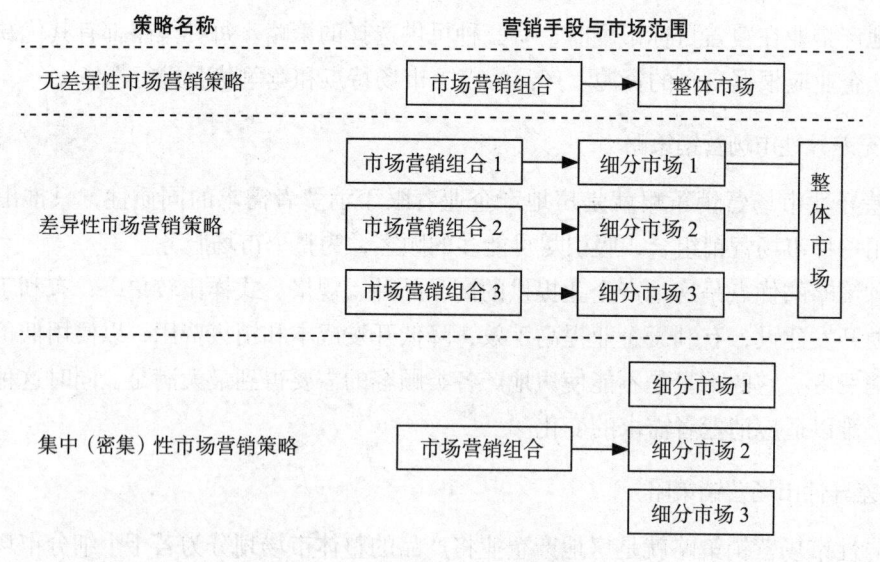

图 5-4　房地产目标市场策略

5.2.5　房地产目标市场策略的选择

房地产企业在选择目标市场时，需要综合考虑企业自身、产品、市场和竞争者等多方面的因素。

1. 企业资源

如果房地产企业资源条件好，经营实力和营销能力强，管理水平高，可把整个市场作为目标市场，也可以选择多个细分市场，采用选择性专业化或完全市场覆盖模式，运用差异性或无差异性市场营销策略。而在房地产企业资源有限、实力不强时，则可以考虑采用密集单一模式、产品专业化模式或市场专业化模式，并运用集中（密集）性市场营销策略，以取得在小市场上的优势地位。

2. 产品的同质性

异质性是房地产产品的重要特征。这里所讲的房地产产品的同质性是指在消费者眼里，不同企业所提供的房地产产品的相似程度。例如，不同房地产开发企业在两个相邻或相似地段开发小区规划、房型等都接近的房地产产品，则其相似程度就较高。一般来说，相似程度高，则同质性高；反之，则同质性低。相似程度高的房地产产品，企业之间的竞争将主要集中在价格上。这样的产品适合采用无差异性市场营销策略，房地产企业可以运用市场专业化模式或完全市场覆盖模式。相反，如果房地产产品在地段、房型、式样和环境等方面存在较大差别，产品选择性强，同质性较低，则更适合采用差异性或集中（密集）性市场营销策略。

3. 市场的同质性

所谓市场的同质性是指各细分市场在顾客需求、购买行为等方面的相似程度。市场同质性高，意味着各细分市场的相似程度高，不同顾客对同一营销方案的反应大致相同。此时，房地产开发企业可以考虑选择产品专业化模式或完全市场覆盖模式，并采取无差异性市场营销策略；反之，则适宜选择密集单一模式或选择性专业化模式，采取差异性或集中（密集）性市场营销策略。

4. 产品的生命周期

房地产产品处在不同的生命周期阶段，企业应采取不同的目标市场营销策略。如果产品处于市场投入期，由于同类竞争产品不多，竞争不激烈，则企业可以将多个细分市场作为目标市场，并采用无差异性市场营销策略，以探测市场需求，也有利于降低市场开发费用。例如，复式住宅在进入市场时就属于这种情形。而当房地产产品进入成长期或成熟期，同类产品增多，竞争日益激烈时，为了确立竞争优势，房地产企业就必须有选择地进入少数细分市场，并可考虑采取差异性市场营销策略，有利于开拓新市场；当房地产产品步入衰退期时，为了保持市场地位，延长产品生命周期，全力对付竞争者，最好采用密集单一模式，并考虑采取集中（密集）性市场营销策略，以集中精力于少数有利可图的目标市场。

5. 竞争者的市场营销策略与策略组合

房地产企业在选择目标市场营销策略时，一定要充分考虑竞争者尤其是主要竞争对手的营销战略与策略。如果竞争对手采取差异性市场营销策略，则该房地产企业就应采取差异性或集中（密集）性市场营销策略与之抗衡；若竞争者采取无差异性市场营销策略，则该房地产企业可采取差异性市场营销策略与之对抗。

6. 竞争者的数量

当市场上提供同类或相似房地产产品的竞争者较少、竞争不激烈、对市场细分的要求并不高时，可同时选择市场专业化模式或完全市场覆盖模式，采取无差异性市场营销策略；反之，当竞争者多、竞争激烈时，就应该仔细评估各细分市场，有选择地进入一个或少数几个细分市场，并选择密集单一模式或选择性专业化模式，采取差异性市场营销策略或集中（密集）性市场营销策略。

5.3 房地产市场定位

5.3.1 房地产市场定位的概念

目标市场选定以后，房地产企业必须进行市场定位，挖掘自己或产品的特色，塑造品牌形象，并争取目标顾客的认同。它需要向目标市场说明，本企业与现有的及潜在的竞争者有什么区别。

在市场营销学中，市场定位和产品定位往往交替使用。我们可以从广义和狭义两个角度来区分。广义的市场定位，是指通过对自己的企业、产品、服务等创立鲜明的特色或个性，塑造出独特的市场形象，从而确定本企业的市场位置。产品定位，即狭义的市场定位，是对产品所施行的市场定位行为，是根据企业现有产品在市场上所处的位置，塑造本企业产品与众不同、有鲜明个性或特色的形象，以适合目标顾客的需要或偏好。这种特色和形象可以从产品实体方面体现出来，如"价廉""优质""物业管理优良"，也可以从顾客心理方面反映出来，如"舒适""豪华""气派"，还可以是二者兼顾。

5.3.2 房地产市场定位的步骤

市场定位的实质就是企业取得在目标市场上竞争优势的过程。竞争优势是房地产企业定位的基础。因此，房地产企业在市场定位时面临的任务包括三个方面，即明确企业潜在的竞争优势，选择企业的相对竞争优势和显示企业独特的竞争优势。

1. 明确企业潜在的竞争优势

竞争优势一般有两种基本类型：一是价格竞争优势，即在相同条件下比竞争对手定价更低；二是偏好竞争优势，即能提供一定的特色来满足顾客的特定偏好。房地产企业在寻找竞争优势时要明确三个问题：一是目标顾客对某种商品属性有何需要，以及欲望满足程度如何？二是竞争对手的产品是如何定位的？三是针对竞争对手的市场定位和潜在顾客，真正需要本企业做什么？要回答这些问题，营销人员必须通过营销调研，系统地收集资料，分析有关资料，得出相应研究结果，从中把握和明确本企业的潜在竞争优势。

2. 选择企业的相对竞争优势

选择企业的相对竞争优势，即准确地选择房地产企业能够胜过竞争对手的现有的或潜在的某种能力，这是一个比较、评价企业各方面实力与竞争者实力的过程。通常可以从经营管理、技术开发、营销能力、资本财务、产品属性等方面进行分析和比较，准确地评价和选择出最适合本企业的优势项目。

选择竞争优势就是从房地产企业的竞争优势中找出可用于产品定位的竞争优势。所选择的用于市场定位的竞争优势必须符合以下条件。

（1）所选择的竞争优势必须能吸引更多的顾客。市场定位的目的是吸引追求相应定位的顾客购买产品，并为房地产企业带来更多的经济利益。如果企业的产品定位不是顾客所关心的，对顾客没有吸引力，那么这种定位难以达到真正的目标。

（2）所选择的竞争优势必须是竞争者没有的，或者是竞争者通过努力也难以达到的。市场定位是市场竞争的重要手段，如果房地产企业所选择的竞争优势容易被竞争者赶上，那么企业在市场上的这种竞争优势便难以持续建立，这种定位便失去了意义。

（3）所选择的竞争优势必须与房地产企业的目标一致。房地产企业的市场定位必须力求有助于企业目标的实现。如果企业的市场定位与企业的目标不一致，那么就可能造成消费者对企业产品认识上的混乱，损害企业的整体形象。

3. 显示企业独特的竞争优势

房地产企业选定用于产品定位的竞争优势以后，还必须通过相应的沟通手段向顾客显示自己的竞争优势，使顾客深刻地了解企业的市场定位，即企业通过一系列的营销工作，尤其是宣传促销活动，将其独特的竞争优势准确地传递给潜在顾客，并在顾客心目中形成独特的企业和产品形象。为此，首先，企业应使目标顾客了解、认同、喜欢和偏爱本企业的市场定位；其次，要通过一切努力稳定和强化目标顾客的态度，以巩固市场定位；最后，企业还应密切关注目标顾客对市场定位理解出现的偏差，或者营销工作上的失误造成的市场定位的模糊和混乱，及时矫正与市场定位不一致的形象。

在显示企业竞争优势时，要避免犯三种错误。一是定位过低。这样做容易使顾客把企业理解为一般企业，失去应有的特色。二是定位过高。这样做会使顾客对企业估价过高，对产品有较高的期望值，一旦接触到本企业的产品，可能会对企业及其定位产生怀疑。三是定位混乱。这样会使企业的形象在顾客心目中混乱不清，无法形成共识，也不利于企业独特竞争优势的显示。

5.3.3 房地产企业市场定位的策略

房地产企业市场定位的策略主要有以下几种。

1. 根据产品特色定位

以房地产产品特色进行定位，如某办公用房强调所拥有的区域优势和优良的物业管理，住宅小区则突出结构合理、设施配套、功能齐全、环境优雅。

2. 根据利益定位

利益定位，即根据房地产能给消费者带来的利益进行定位。这种定位方法注重强调消费者的利益。例如，有的房地产产品定位侧重于"经济实惠""价廉物美"，有的侧重于"增值快速""坐拥厚利"，而有的强调"名流气派""高档享受"。

3. 根据使用者定位

不同的消费者，其性别、年龄、职业、收入、社会阶层、生活方式都不相同，其购买行为也会存在着明显的差异。因此，房地产企业可以根据销售对象进行定位。例如，企业可以专门为高收入消费者开发高档住宅；把普通住宅定位于"工薪阶层理想的选择"。

4. 根据竞争需要定位

如果企业所选择的目标市场已有强劲有力的竞争对手，那么就可以根据竞争需要进行定位，一般有两种策略。

（1）与现有竞争者并存。这就是将自己的产品位置确定在现有竞争产品的旁边，从实践来看，一些实力不太雄厚的中小房地产企业大多选用此策略。采取这种策略必须具备两个条件：首先，目标市场区域内有一定量还未得到满足的需求；其次，企业开发的产品要有一定的竞争实力，要能与竞争对手相抗衡。

（2）逐步取代现有竞争者。这就是将竞争者赶出原有位置并取而代之，占有它们的市场份额。主要为实力雄厚的房地产大企业所选用。同样必须具备两个条件：首先，新开发的产品必须明显优于现有产品；其次，企业必须做大量的宣传推销工作，以冲淡消费者对原有产品的印象和好感。

5. 重新定位

房地产企业的市场定位不是一劳永逸的。当企业外部环境和自身条件发生变化时，需要重新定位。例如，当竞争者将市场定位于本企业附近，侵占了本企业产品的市场，使本企业产品的市场占有率下降或消费者的偏好发生了转移时，本企业就需要重新定位。在重新定位时，企业要考虑重新定位的费用和收入的多少，只有在收入大于费用的前提下重新定位才是可行的。

事实上，许多房地产企业进行市场定位的策略往往并不只有一个，而是多个结合使用，因为作为市场定位所体现的企业及其产品的形象必须是一个多维的、丰富的立体形象。

| 案例 |

××××项目产品定位之由来

提到产品定位，很多人就会想起这个地块到底是建住宅还是建商业？住宅是建多层、小高层还是高层？住宅里面是以大户型为主还是以小户型为主？如果是商业房地产，到底是商业街还是商场，是酒店还是写字楼，抑或是以上产品的复合，即城市综合体？

通常在进行产品定位时需要考虑以下几个方面。

第一，这个地块的经济技术指标，即政府的规划指标。例如，政府规定的容积率为1.6，那么很多开发商就不会选择高层，而如果政府规定楼高不能超过15米，那么这个地块就不能建小高层或高层。

第二，主要考虑客户群体构成。例如，如果这个地方的客户喜欢多层，不接受高层，那就要谨慎考虑小高层和高层产品；如果这个区域的客户喜欢中档偏大户型，那就要在户型配比的时候，仔细研究。

第三，主要考虑公司的开发战略。如果是利润第一，速度第二，那么就可以考虑适度超前的产品。例如，在一个城市未来发展区域规划建造高层，待三四年后或五六年后高价格销售以赚取更多利润。这样的公司需要有超强的实力支撑，否则资金链很危险，因为超前的产品定位不是模范就是反面典型。目前很多三、四线城市的大量高层闲置就是证明，虽然近两年得不到市场的认可，但未来的五六年或更长的时间里，高层一定会被中小城市所接受，但那也是多层消失或多层价格远高于高层的时候。

我们在做××××项目产品定位的时候，有很多种选择方案。有人建议做小高层、多层和沿街商业，也有人建议做多层、小高层、高层的复合体。主要原因在于随着未来城市的发展，该城市必将迎来其高层时代，而高层对于一块地来说，利润必将是最大的。这就是基于利润最大化的产品定位。

当了解了开发商的战略定位和对周边客户进行调查后，我们把以上两个涉及高层和小高层的产品定位给否定了。原因有二：第一，公司战略是两年开发完毕、快速销售、走薄利多销之路，而上面的定位中的高层或小高层，这两类产品目前不适合该城市，如果建造出来，就会出现鸡肋窘境，不能保证快速销售，与开发商的时间战略不符，因此被否定。第二，客户根本不接受小高层和高层。走访的大量周边居民，他们更喜欢多层洋房，最好是带院子的，而对于带电梯的小高层和高层则没有感觉。市场需要什么就投其所好建造什么，在目前的市场情况下尤其重要。

不做小高层和高层，仅做多层，多层又要怎么做呢？市场上的多层各种各样，什么样的多层才能吸引客户的目光并让客户认可呢？我们通过对周边居民的大量走访调查，得知许多客户喜欢洋房，不喜欢老房子，房子一层最好带院子，顶层带露台或阁楼，并且房子一定要漂亮，要有坡屋顶和落地窗，等等。通过对客户的需求进行调查，加上对周边其他地市热销项目的了解和把握，公司提出了"把WK水晶城搬过来"的构想。

WK天津水晶城是WK集团在全国做的第一个花园洋房项目，其离天津市区还有很远的距离，属于郊区，原为玻璃厂。主要特点是层层退台，户户均有私家花园，一、二层南北入户，情景房设计，户型设计新颖，部分带有下沉庭院。这些融入了别墅概念设计的花园洋房一经出现，立即在中国楼市引起了强烈的反响。特别是WK水晶城的7.8米宽厅户型，一开盘就销售了2 000多套，创造了单一户型销量最大的历史奇迹。后来全国的很多开发商都慕名前去学习、模仿，各地陆续出现了仿 WK 水晶城的花园洋房，而这种产品无论复制到哪里都带来一场当地居住模式的革命。

××××项目就是要做这样的产品，让当地人不出城就可以买到真正的花园洋房。确立了产品定位方向，我们的产品轮廓也就逐渐清晰，接下来我们就看到了"私家花园、层层退台、下沉庭院"的别墅级花园洋房。当然，项目设计也根据当地人的生活习惯对 WK 水晶城产品做了局部的修改和创新，特别是在建筑风格外立面方面远远超越了 WK 水晶城。

结合案例，谈一谈你对市场定位的认识。

| 思考题 |

1. 进行有效的市场细分应遵循哪些原则？
2. 住宅市场细分的标准有哪些？
3. 房地产企业选择的目标市场必须具备哪些条件？
4. 试说明五种目标市场的范围选择模式。
5. 房地产企业的目标市场策略有哪些？每种策略的利弊是什么？
6. 房地产企业在选择目标市场策略时应考虑哪些因素？
7. 简述房地产市场定位的步骤。
8. 房地产市场定位的策略有哪些？

| 实训 |

分析小组研究楼盘的市场定位，判断其定位是否合适并说明理由。

第 6 章

房地产市场营销战略

学习目标

1. 了解房地产市场营销战略的概念。
2. 基本掌握房地产市场发展战略和竞争战略。
3. 掌握识别企业竞争者的基本方法。

技能要求

1. 具备识别房地产市场发展战略、竞争战略的能力。
2. 具备初步制定房地产市场发展战略的能力。

本章概览

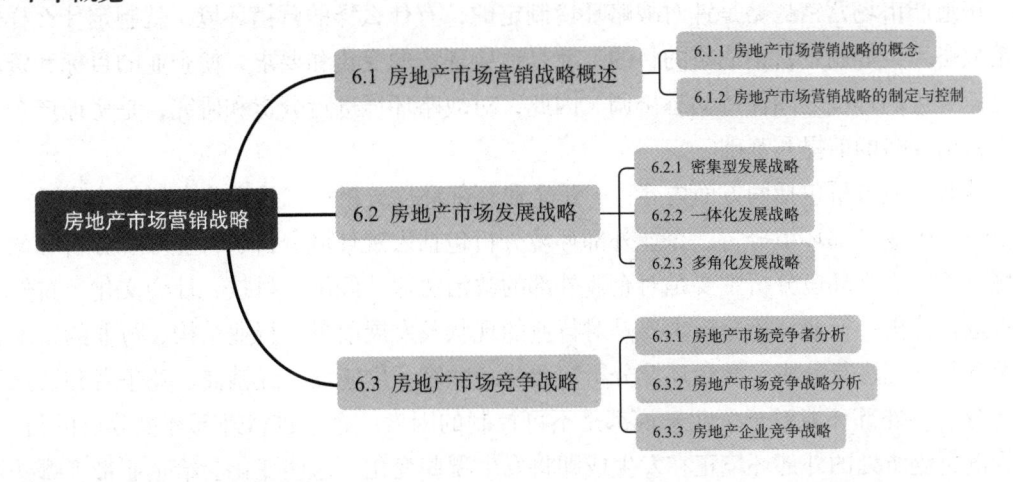

房地产市场营销战略
- 6.1 房地产市场营销战略概述
  - 6.1.1 房地产市场营销战略的概念
  - 6.1.2 房地产市场营销战略的制定与控制
- 6.2 房地产市场发展战略
  - 6.2.1 密集型发展战略
  - 6.2.2 一体化发展战略
  - 6.2.3 多角化发展战略
- 6.3 房地产市场竞争战略
  - 6.3.1 房地产市场竞争者分析
  - 6.3.2 房地产市场竞争战略分析
  - 6.3.3 房地产企业竞争战略

6.1 房地产市场营销战略概述

6.1.1 房地产市场营销战略的概念

房地产市场营销战略是对企业营销活动所进行的全局性和长远性的谋划，营销战略的正确与否关系到企业的成败。因此，制定和实施市场营销战略，是房地产企业营销活动的一项最重要的内容。

制定房地产市场营销战略是指房地产企业在分析企业外部环境和内部条件的基础上，确定企业营销发展的目标，做出营销活动总体的、长远的谋划，以及确定实现这样的谋划应采取的重大行动措施。

房地产市场营销战略包括两层含义，即确定企业的长远目标和制定实现目标的手段，后者也称市场营销策略或战术。企业在某一时期的发展中，总有一个最终要达到的结果，这就是企业目标。企业在营销活动中往往有多种可供选择的目标，但企业必须依据资源供应、利用状况和环境情况，在一定时期内确定一个对自己最有利的目标。选择一个适当的目标，是市场营销战略所包含的一层意思。市场营销战略的另一层意思是指企业为达到一个目标所要采用的方法、步骤。对于一个既定的企业目标，往往有许多可借以达到或实现的方法或路线，但其中必有一个方法或一条路线被企业认为是最适宜、最恰当的。

6.1.2 房地产市场营销战略的制定与控制

房地产市场营销战略的制定和控制就是分析环境，以及制定与选择、实施与调整战略的过程。其具体步骤如下所示。

1. 战略环境分析

房地产市场营销战略是针对战略环境制定的，有什么样的营销环境，就制定什么样的营销战略。企业制定营销战略的目的，就是适应环境的变化和要求，使企业的目标和资源与迅速变化的环境之间保持动态协调。因此，对战略环境进行分析和研究，是房地产企业制定营销战略的前提和基础。

战略环境分析包括两方面内容：一是企业外部环境分析；二是企业内部条件分析。

（1）企业外部环境分析。企业外部环境分析包括宏观环境分析、行业环境分析和微观环境分析。宏观环境分析主要是对企业外部的政治法律、经济、科技、社会文化、自然等因素进行分析；行业环境分析主要是对行业的现状及发展前景、行业结构、行业的技术状况及竞争状况进行分析；微观环境分析主要是对顾客、供应商、经销商、竞争者和公众等进行分析。外部环境对于企业来说都是不可控制的因素。企业进行外部环境分析的目的，是弄清企业所处的外部环境正在发生或即将发生哪些变化，这些变化会给企业带来哪些影响，即外部环境的变化，会给企业带来哪些机会和威胁，以便抓住机会，避开威胁，使企业更好地生存和发展。

（2）企业内部条件分析。企业内部条件分析主要是对企业地位和企业能力进行分析。

1）企业地位分析。对房地产企业的地位进行分析，就是分析市场对本企业产品的需求前景如何；本企业产品的独特之处是什么；本企业的产品是否适销对路，其发展方向是什么；本企业产品定价是否合理，如何使本企业产品定价具有竞争力；本企业的销售渠道是否通畅，拓宽销售渠道的方法有哪些；本企业的促销措施是否得力，还有哪些好的促销手段。通过对企业地位进行分析，弄清企业是属于市场主导者、市场挑战者、市场追随者还是市场利基者，以便根据自己的市场地位制定正确的营销战略。

2）企业能力分析。对房地产企业的能力进行分析，主要是对房地产企业组织的效能、管理现状、资源状况和营销能力进行分析。通过对企业能力进行分析，可以了解企业自身的优势和劣势，从而做到扬长避短、发挥优势。

2. 战略的制定与选择

通过对战略环境进行分析，决策者对企业的外部环境和自身的资源条件有了比较清楚的认识，就可以在此基础上制定企业的营销战略了。

制定营销战略，首先要确定企业的战略目标。房地产企业必须在确定市场营销发展机会的基础上，根据企业的宗旨和使命来制定切实可行的战略目标，因为战略目标是企业宗旨和使命的具体化。

企业在确定市场营销战略目标时，应考虑六个方面的问题：①我们从事的业务是什么？②谁是我们的顾客？③我们将满足顾客什么需求？④我们拥有的资源和能力是什么？⑤我们怎样能最有效地满足顾客的需求？⑥对哪些环境力量和变化应予以考虑？

（1）制定战略目标的要求。不同的房地产企业制定的营销目标各不相同，但从战略制定的角度出发，战略目标应符合以下要求。

1）突出重点。企业在确定未来较长时间内要取得的成果时，往往会发现，它有不止一个方面的欲求，诸如提高市场占有率，提高盈利能力，提高企业或产品的声誉，扩大企业规模等。这些欲求之间，有时可能是相互冲突的，正所谓"鱼与熊掌不可兼得"，因此，企业必须确定一个重点目标，其他方面的目标要服从这一目标的完成，即采用"有所得必有所失"的思维方式，来解决何者相对优先的问题。

2）一致性。战略目标涉及企业营销活动多方面的要求，这些要求互相协调或一致。如果一方面的要求与另一方面的要求相抵触，就无法完成战略目标。例如，若企业确定要树立某一产品（或品牌）的高质量形象，那么就不能再要求这种产品或品牌价格偏低，因为偏低的价格可能会使现有的和潜在的顾客对这种产品或品牌产生质量一般的印象。

3）可测量性。战略目标应可以有效测量，并尽可能具体化、定量化。目标过于笼统或模糊，既无法判断战略执行情况，又会造成企业内部管理混乱。例如，"本企业未来五年的战略目标是大幅度提高市场占有率"这一目标就含糊不清，而"本企业未来五年的战略目标是将市场占有率提高到20%"这一目标则具有可测量性。

4）可行性。战略目标对于企业管理人员和职工来说既要有一定的挑战性，又要有可行性，不能是"空中楼阁"，可望而不可即。这种兼具挑战性和可行性的目标应是企业及职工经过努力能够达到的、鼓舞士气的未来业绩成果。

（2）战略目标的具体表现。不同的企业，由于所处的市场环境不同，其战略目标也不同，同一企业在不同的发展阶段，其战略目标也有所不同，但是，无论是什么性质的企业，其中心目标（本质目标或最终目标）只有一个，那就是长远利润最大化。实际上，这也是企业战略目标的第一层次。企业为了实现其中心目标，必须通过某一个阶段，即实现第二层次目标。我们所说的市场营销战略目标，指的就是第二层次的目标，它主要包括以下几种形式。

1）市场占有率目标。市场占有率是指企业某一产品的销售量占整个市场产品销售总量的百分比。企业制定市场占有率目标，就是确定这个百分比的大小。在一般情况下，市场占有率的高低标志着企业市场地位的高低。较高的市场占有率不仅意味着企业销售额和利润率的增长，而且意味着企业对该产品的价格、创新等的控制权。但是，当销售成本大幅度增加，并且带来的是利润绝对增长而不是相对增长时，这种市场占有率的提高就没有意义了。也就是说，企业市场占有率的提高只有在销售成本不大幅度增加的前提下，才能真正带来其市场地位的提高和利润的增长。

2）贡献目标。贡献目标既表现为企业向社会提供的产品品种、质量、税金等，也表现为企业对自然资源的合理利用，降低能源消耗，环境保护，等等（这里所讲的贡献，强调的是企业对社会的贡献，而不是企业利润）。在一般情况下，企业对社会所做的贡献越大，企业形象就越好，其声誉就越高，因此，在现代社会里，企业对社会的贡献是企业树立良好形象的有力保证，也是企业生存和发展的重要力量源泉。

3）发展目标。发展目标主要表现为企业实力的增强，包括人力、物力、财力的数量增加，人员素质的提高，开发能力的增强，技术与管理水平的提升，专业化协作、经济联合的发展，等等。

（3）战略方案的选择。战略目标确定以后，房地产企业就要制订相应的战略方案。战略方案是完成企业使命、实现企业战略目标的途径。企业在制订战略方案时，要尽可能多地列出可供选择的方案，以扩大选择的范围。

战略方案提出以后，管理人员应根据一定的标准对它们进行分析、评价和比较。评价的标准就是各个方案实现战略目标的程度，通常是选择实现目标程度高、风险较小的方案。事实上，每个方案都有利和弊，因此，战略选择本质上是一个对各方案进行比较权衡，从中选择比较满意方案的过程。

3. 战略的实施与调整

战略的实施就是将战略付诸行动。再好的营销战略，如果不实施，也只能是一纸空文。在战略的实施过程中，为了使战略达到预期的目的，实现既定的战略目标，房地产企业必须对战略的实施进行控制，因为战略在实施的过程中常会出现两方面的问题：一是战略实施的过程与战略的要求不一致；二是在战略的实施过程中，发现战略本身出现问题。企业在对战略的实施过程进行控制时，要将战略的实际执行情况与预定的战略目标进行比较，如果产生了偏差，就必须采取措施加以纠正，如果战略本身出现问题，就要对战略进行修改和完善。

6.2 房地产市场发展战略

发展是企业经营永恒的主题，企业只有不断发展，才能适应不断变化的市场需要，才能应对激烈的市场竞争，为企业赢得更大的生存空间。房地产企业制定市场发展战略的基本思路是：首先，在现有业务范围内进一步寻找发展的机会；其次，增加某些与现有业务相关的新业务；再次，考虑开发与现有业务无关但是有较强吸引力的业务。这样，就形成了密集型发展战略、一体化发展战略和多角化发展战略（见表 6-1）。

表 6-1 房地产市场发展战略

发展战略	发展方式
密集型发展战略	市场渗透、市场开发、产品开发
一体化发展战略	后向一体化、前向一体化、水平一体化
多角化发展战略	同心多角化、水平多角化、集团多角化

6.2.1 密集型发展战略

密集型发展战略又称集约发展战略，是指房地产企业在现有业务中寻找迅速提升销售额，不断获得发展机会的战略。该战略包括以下三种类型。

1. 市场渗透

市场渗透就是房地产企业利用在现有市场上的已有优势，积极扩大现有产品在现有市场上的销售量和市场份额。主要措施是通过提高房地产质量、降低产品价格、加强物业管理、加强广告宣传等措施争取更多顾客。

市场渗透有三种主要方法：第一种，尽量使原有顾客再次购买本企业的现有产品；第二种，把竞争者的顾客吸引过来，使之购买本企业的现有产品；第三种，寻找新的顾客，即把产品卖给从未用过本企业产品的顾客。

2. 市场开发

市场开发就是以现有产品去开发新市场，从而实现利润额增长的战略。主要途径包括：第一，要设法发现当前销售区域中有哪些潜在顾客，可以刺激他们产生兴趣；第二，企业可在现有销售区域内寻求其他分销渠道，通过增加销售渠道来促进销售；第三，企业还可考虑向新地区甚至向国外销售。

3. 产品开发

产品开发就是房地产企业以改进老产品或开发新产品的办法，增加企业产品在现有市场上的销售量。这就要求企业增加产品的品种、式样，使产品具有新的功能和用途，以满足顾客不断变化的需求。通过产品开发更好地满足现有市场的需求，实现销售额增长，可以面向各种消费者，开发不同质量、风格及档次的产品。

从某种意义上来说，产品开发战略是企业发展战略的核心，因为对于房地产企业来说，市场是企业不可控制的因素，而产品开发却是企业可控制的因素。

当企业尚未完全开发现有产品的潜在市场和没有充分利用现有市场机会时，可考虑采取密集型发展战略。

6.2.2 一体化发展战略

如果房地产企业的基本业务大有发展前途，那么，房地产企业就应在供应、产销方面的"业务链"上拓展业务领域，以增强企业的优势和竞争力，这种发展战略叫一体化发展战略，又称一贯性发展战略。这一战略依据企业在"业务链"上延伸方向的不同，分为后向一体化、前向一体化和水平一体化三种类型（见图6-1）。

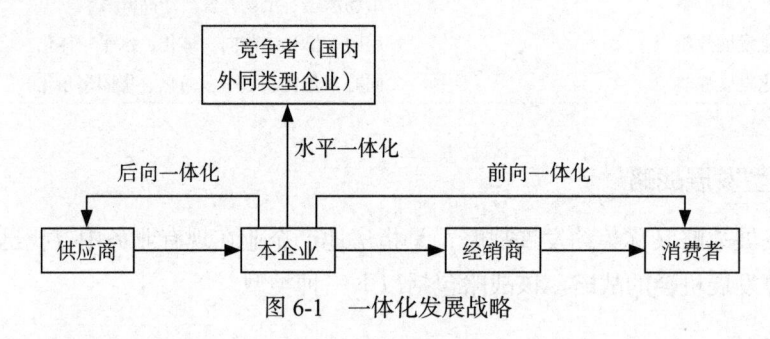

图 6-1　一体化发展战略

1. 后向一体化

后向一体化就是房地产企业发展上游产品业务，拥有可靠的建筑材料供应系统，实行供产一体化。例如，房地产企业通过自建、收购或兼并建材厂，自行生产建筑材料。

后向一体化有利于房地产企业对其开发所需的建筑材料的成本、质量及其供应情况进行有效的控制，以便降低成本，保证开发工作正常、稳定地进行。

2. 前向一体化

前向一体化就是房地产企业通过建立销售机构，拥有并控制其分销系统，实行产销一体化。

前向一体化使房地产企业能够控制销售系统，有助于企业更好地掌握市场信息和市场的发展趋势，了解顾客的意见和要求，不断改进产品，使其更符合顾客需要。

3. 水平一体化

水平一体化就是房地产企业通过收购、兼并竞争者即同类型企业，或者在国内外与其他同类型企业合资开发经营等，获得更大的发展。

水平一体化的优点是可以迅速扩大企业规模，增加产品品种和产品销量，促进资源和能力的合理流动，避免设施重置，减少竞争对手。

6.2.3 多角化发展战略

多角化发展战略就是房地产企业尽量增加产品种类，跨行业生产、经营多种产品和业务，扩大企业的生产范围和市场范围，使企业的人力、物力和财力等资源得到充分利用，从而提高企业的经济效益。

多角化发展战略分为三种类型：同心多角化、水平多角化和集团多角化。

1. 同心多角化

同心多角化就是房地产企业利用原有技术、特长和经验，增加新业务，发展新产品，从同一圆心向外扩展业务范围。例如，某房地产企业原来专营开发民用住宅，现在增加工业用房和商业用房，这种营销战略就是同心多角化。

2. 水平多角化

水平多角化就是房地产企业利用原有市场，采用不同的技术发展新产品，扩展业务范围。例如，某房地产企业在继续开发经营民用住宅的同时，又开展室内装修业务，就属于水平多角化。

3. 集团多角化

集团多角化就是房地产企业把业务扩展到与原有的技术、市场完全无关的行业中去。例如，某房地产企业在开发经营房地产的同时，又开发经营家用电器、家具、商贸活动等。

企业实行多角化发展战略需要具备多方面的条件，如拓展新业务的实力、具有足够的资金支持、具备相关专业人才、具备管理更大规模企业的能力等。因此，房地产企业不能盲目地实行多角化经营，必须在把主业做大、做强的基础上，再谨慎地把触角伸向其他经营领域。

图 6-2 表示的是产品－市场发展矩阵，它将密集型发展战略与多角化发展战略联系在了一起。

	现有产品	新产品
现有市场	市场渗透	产品开发
新市场	市场开发	多角化

图 6-2　产品－市场发展矩阵

6.3　房地产市场竞争战略

房地产市场竞争战略是房地产企业通过分析竞争者和本企业在市场中的竞争地位而采取的相应策略。如果要制定房地产市场竞争战略，就要对房地产市场竞争者进行分析。

6.3.1 房地产市场竞争者分析

"知己知彼"是市场竞争的重要原则。房地产企业参与市场竞争，不仅要了解自己的顾客是谁，还要了解自己的竞争对手是谁，竞争对手的目标是什么，采取的战略是什么，竞争对手的优势和劣势是什么，竞争对手对市场竞争的反应模式是什么。房地产企业只有准确掌握竞争者的有关情况，才能有针对性地制定本企业的竞争战略。因此，竞争者分析是企业制定竞争战略的前提和基础。

1. 识别企业的竞争者

房地产企业的竞争者是指那些与本企业提供的房地产相类似，并且服务的目标顾客也相似的其他房地产企业。

根据竞争产品的替代程度，可以把竞争者分为三种类型。

（1）行业内现有的竞争者。这是指房地产行业内部提供相同或相似的房地产产品的企业。行业内的竞争者主要是采取提高质量、价格竞争、广告战、开发新产品、增加服务项目等措施争夺市场份额，提高竞争地位。行业内现有竞争者争夺市场的激烈程度取决于房地产业的发展速度、房地产行业内的竞争者数量及其实力对比、房地产行业内的产品差异与产品需求状况等。如果房地产业发展缓慢、竞争者数量多、实力相当、产品差异小、产品供过于求，那么行业内的竞争就相对激烈。

（2）新加入的竞争者。新加入的竞争者会给房地产业带来新增的生产能力，并要求一定的市场份额，从而导致房地产价格水平下降，降低整个行业的获利水平。新企业对原有企业威胁的大小和可能性的高低，取决于新企业进入房地产业障碍的大小和新企业实力的强弱。进入障碍主要有规模经济、产品差别化、资本需求、转换成本等。进入障碍越小，原有房地产企业面临的威胁越大；新企业的实力越强，对原有房地产企业的威胁越大。

（3）相关行业的竞争者。相关行业竞争者是指所有与房地产企业争夺同一市场购买力的企业。房地产企业可以将生产耐用消费品的企业、汽车企业和旅游企业看作自己的竞争者。因为在一定的时期内，房地产消费者的购买力是一定的，消费者若购买了汽车或外出旅游或购买了其他耐用消费品，就要推迟购买房地产。相关行业的产品价格越低，争夺房地产企业顾客的能力就越强，对企业的威胁就越大。

2. 确认竞争者的目标

房地产企业在确定了谁是企业的主要竞争者之后，还要进一步掌握主要竞争者在市场上追求的目标是什么。确认竞争者的目标，可以帮助企业预见竞争者的战略，从而尽可能避开竞争者的战略目标，减少竞争者的威胁，更好地实现企业的战略目标。

3. 判别竞争者的战略

各房地产企业采取的营销战略越相似，它们之间的竞争就越激烈。在房地产业中，根据竞争者所采取的主要战略的不同，可将竞争者划分为不同的战略群体。战略群体就是在某一目标市场上采取同一战略的一组企业。房地产企业首先要确认自己所处的战略群体。

划分战略群体可以帮助房地产企业做出正确的决策。首先，可以明确企业的定位。企业最近的竞争者就是那些用与自己相同的战略服务于同一目标市场的企业，即同一个战略群体内部的企业，企业之间的战略越接近，它们之间的竞争就越激烈；其次，当企业决定进入某一个战略群体时，要明确谁是主要竞争对手，它们的战略是什么，然后再决定自己的竞争战略。

除了在同一战略群体内存在激烈的竞争外，在不同的战略群体之间也存在竞争。这是因为：①某些战略群体可能具有相同的目标顾客；②顾客可能分不清不同战略群体的产品；③属于某个战略群体的企业可能改变战略，进入另一个战略群体。

4. 评价竞争者的优势和劣势

房地产企业在了解了竞争者的目标和战略以后，还要评价竞争者的优势和劣势，了解竞争者战略的执行情况，是否达到了预期的战略目标。为此，企业需要搜集过去几年中关于竞争者的情报和数据，如销售额、利润额、市场占有率、投资收益、新产品开发等信息资料。但收集竞争者的信息资料不是件容易的事，通常要通过间接的方式取得，如通过别人的介绍、别人的经验总结等。房地产企业还可以对中间商和顾客进行调查，以问卷的形式请顾客给本企业和竞争者的产品在一些重要方面分别打分，通过分数可以评价竞争者的优势和劣势，也可以评价自身的长处和短处。

5. 预估竞争者的反应模式

预估竞争者在遇到攻击时可能做出什么反应，采取什么行动，有助于企业正确地选择攻击对象，确定攻击的力度，实现竞争的预期目标。竞争者的反应除了受竞争者的目标、战略、优势和劣势的影响外，还要受其经营指导思想、企业文化和某些起主导作用的信念的影响。因此，房地产企业在预估竞争者的行动和反应时，还要深入了解竞争者的心理状态。竞争者的心理状态不同，对进攻者的反应模式也不相同。常见的反应模式有四种，即从容不迫型竞争者、选择型竞争者、凶猛型竞争者、随机型竞争者。

6. 选择企业应采取的对策

房地产企业在明确了主要竞争者及其目标、战略、优势、劣势和反应模式以后，进而选择应对策略。

企业在选择进攻对象时，首先，要考虑竞争者的强弱。把较弱的竞争者作为进攻对象，可以节约时间和资源，但获利较少。相反，选择与实力雄厚的竞争对手较量，虽然难度大，但却能使企业能力得到锻炼和提升，增强企业的整体实力。况且，再强大的竞争对手也有自己的弱点，只要企业进攻措施得当，也会取得成功。其次，要考虑竞争者与本企业的相似程度。把相似的竞争者作为进攻的对象，获胜的可能性较大。但是，摧毁相似的竞争者有时可能对企业更为不利。如果那些失败的竞争者被并入实力更强的房地产企业，就会使本企业面临更大的竞争者。因此，有时既要与相似的竞争者竞争，又要避免摧毁它们。最后，要考虑竞争者表现的好坏。竞争者的存在有时对房地产企业是有益的。竞争者可以增加市场总需求，分担市场开发和产品开发的成本，开发和推广新技术，促进产品的差异化。

6.3.2 房地产市场竞争战略分析

房地产市场竞争战略是指如何取得竞争优势的战略，主要有总成本控制战略、差别化战略和集中战略。

1. 总成本控制战略

（1）总成本控制战略的概念。总成本控制战略是通过对成本控制的不懈努力，使本企业的产品成本处于同行业中的最低水平。从行业分析看，尽管行业内存在激烈竞争，但具有低成本的企业却可以获得高于行业平均水平的收益。它的低成本地位使其能够抗衡来自竞争对手的攻击。

（2）控制和降低成本的途径。总成本控制战略是以降低成本为目标，任何一家企业都要控制成本，而且以把成本降低到同业最低水平为目标。为此，总成本控制战略的实施应注意两方面的成本因素：首先，深入研究价值链构成的结构性因素，并与竞争对手相比较，探寻重新优化价值链结构的可能性；其次，控制每一项具体的活动及其联系。当价值链结构确定以后，企业还要对每项具体活动的成本进行控制。

（3）实施总成本控制战略应注意的问题。总成本控制战略并不是只顾成本。总成本控制战略也是以顾客为导向的，侧重于通过降低顾客成本来提高顾客价值。但也要注意，对低成本的长期追求也可能产生迷失方向的问题。福特公司在老福特执掌时就曾犯过这样的错误，其行业领导地位最后被通用汽车所取代。

总成本控制不应是只注意大块成本。在企业中最不容易觉察的成本增长常常是那些小的和分散的成本因素。实际上，为加强成本控制，企业有必要建立一套新型的成本归类和核算体系，国外称之为"以价值活动为基础的成本管理"（activity based costing，ABC）。

2. 差别化战略

（1）差别化战略的概念。差别化战略是设法向顾客提供具有独特性的产品、服务或企业形象，并且同其他竞争者区分开来的战略。

差别化战略的核心是向顾客提供独特价值，而这些独特价值的来源则存在于企业价值链的构成之中。然而，要扩大差别化优势也要付出成本，因此权衡差别化所得与所耗成本是差别化战略中的重要问题。此外，如何选择差别化战略，如何警惕差别化的误区，也是制定差别化战略应当注意的问题。总之，研究顾客心目中的价值，以及如何评判这些价值，是建立差别化战略的途径。

（2）实施差别化战略的途径。

1）降低顾客成本。这里的顾客成本不只是顾客的直接购入成本，而应是更为广义的顾客成本，应当考虑时间上的、体力上的成本和地位形象等。

如果企业的某种做法可以降低顾客的总成本，那么这种做法就是差别化的潜在基础。

2）提高买方效益。降低顾客成本可以为顾客实行总成本控制战略提供条件，提高买方效益可以为顾客实行差别化战略奠定基础。因此，企业必须理解顾客的需要并采用与顾客相同的价值分析方法。

3）通过促销提高价值。顾客对影响价值的知识的不完备性，为企业提供了差别化的机会。为了加深顾客对实际价值的有关知识的了解，以促销（广告、推销、产品介绍、包装、公关）为主要手段的沟通就非常重要。促销活动，不仅可以提高顾客对实际价值的认识，而且可以提高顾客的期望价值，即顾客对产品价值的主观判断。期望价值越高，购买欲望越强，企业就可以得到越高的溢价。这里充分显示了促销对企业活动，特别是对奉行差别化战略的企业的重要性，但也应当注意，期望价值不能高于实际价值太多，否则顾客购买之后就会产生巨大反差，而有上当受骗的感觉。

（3）差别化战略的误区。

1）无意义的独特性。独特性并非就是差别化，关键是要看顾客是否接受这种独特性。片面地追求独特性而忽视了对顾客价值的研究，是"营销近视症"的表现，这种独特性不仅是毫无意义的，而且是很危险的。

2）只重视产品而忽视整个价值链。有些企业只注意从产品形态上寻找差别化的机会，而没能从更广泛的价值链中去挖掘差别化的机会。实际上，价值链的每个环节都可以形成差别化优势。

3）不能正确地细分买方市场。顾客的购买标准和对标准的重要性的排序是各不相同的。因此，必须要对买方市场进行细分。

4）忽视促销。"酒香不怕巷子深"是差别化战略的大忌。"酒香"说明企业在产品上已具有差别化优势，但酒香能飘出去多远呢？只有配合促销宣传才能使酒香飘得更远。

3. 集中战略

（1）集中战略的概念。集中战略就是在细分市场的基础上，选择恰当的目标市场，集中为目标市场服务。

集中战略的核心是将资源集中于目标市场，取得在局部区域上的竞争优势。至于目标市场的大小、范围，既取决于企业的资源，也取决于目标市场中各个方面内在联系的紧密程度。例如，产品的接近性、顾客的接近性、销售渠道的接近性和地理位置的接近性。

集中战略可以是总成本控制战略，即在目标市场上比竞争对手更具成本优势，也可以是差别化战略，即在目标市场上形成差别化优势，还可以是二者的折中结合。

（2）集中战略的应用。选择集中战略的另一个问题是这种战略的持久性。它是由三个因素决定的：第一，相对于目标广泛的竞争者的持久性；第二，相对于模仿者的持久性；第三，相对于替代品的持久性。

相对于目标广泛的竞争者的持久性，主要取决于一个目标市场广泛的竞争者在服务其他市场的同时又服务于实行集中战略的细分市场的能力。实行集中战略的企业的价值链与服务于其他细分市场所要求的价值链的差别越大，集中战略的优势就越持久。

相对于模仿者的持久性，可以应用行业分析模型将模仿者看作潜在的新加入者。模仿者的进入障碍主要来自细分市场内的企业所拥有的规模经济性、差别化、销售渠道，或者对实行集中战略有利的其他障碍的独特性。

相对于替代品的持久性，集中战略对来自替代品的威胁最为敏感。对一个细分行业而言，其被替代的威胁要比整个行业大。因为对一个行业的替代过程是渐变的，目标市场广泛的企业可以有较长的时间、较大的回旋余地，而奉行集中战略的企业对这种替代过程则可能束手无策。因此，实行集中战略的企业必须时刻关注其赖以生存的细分市场的结构变化和发展潜力。

4．三种竞争战略的关系

总成本控制战略、差别化战略和集中战略，是企业应付日益严峻的竞争环境的基本战略。正如前面所说，总成本控制战略主要凭借成本优势进行竞争；差别化战略则强调被顾客认识的唯一性，通过产品、形象、服务等与众不同的特色形成竞争优势；集中战略则强调市场的集约和目标、资源的集中，以便在一个特殊市场上形成优势。

选择何种战略，既有主观能动性的作用，同时又受到内、外条件的制约。表 6-2 列出了采取不同竞争战略应具备的内部条件。

表 6-2　三种竞争战略需要的内部条件

通用战略	所需的技能和资源	组织要求
总成本控制战略	大量的资本投资和良好的融资能力 大量开发的能力 所设计的产品易于建造	严格的成本控制，详细的控制报告 组织严密、责任明确 以定量目标为基础的奖励
差别化战略	强大的营销能力 产品制造的创造性 在质量或技术开拓上声誉卓著 技术部门与销售渠道的高度协调合作	研究与开发和市场营销部门之间的协作关系良好
集中战略	针对具体战略目标，由上述各项组合构成	针对具体战略目标，由上述各项组合构成

6.3.3　房地产企业竞争战略

根据房地产企业在市场上的竞争地位，将其分为市场主导者、市场挑战者、市场追随者和市场利基者四种类型。不同类型的房地产企业在市场竞争中采用不同的竞争战略。

1．市场主导者战略

市场主导者是指在某一行业中拥有最大的市场占有率，在价格变动、新产品开发、分销渠道的覆盖面和促销力量等方面都起主导作用的某一大企业。一般来说，每个行业都有一家企业被公认为市场主导者。由于房地产业具有地域性特征，因此，房地产业的市场主导者是指在一定的地理范围内，在相关的房地产商品市场上，市场占有率最高的房地产企业。

房地产市场主导者是市场竞争的众矢之的，它既是其他房地产企业效仿或回避的对象，也是其他企业挑战和攻击的对象。因此，市场主导者必须保持高度警惕，否则，就很可能丧失领导地位而降到第二位或第三位。为了保持自己在市场上的领先地位，市场主导者都会围绕着扩大市场需求总量、维护和提高市场占有率来参与竞争。具体的竞争战略有以下三种类型。

（1）扩大市场需求总量。当房地产的市场需求总量扩大时，受益最大的往往是市场主导者，因为它占有最大的市场份额。因此，促进产品需求总量的不断扩大是市场主导者积极采取的措施。扩大市场需求总量的主要措施有寻找新用户和开发产品的新用途。

1）寻找新用户。每类房地产都有其潜在的购买者，这些潜在的购买者由于根本不知道有这种产品或因价格不合理等原因而拒绝购买。房地产企业可针对具体情况采取相应的措施，将潜在的购买者变成实际的购买者。

2）开发产品的新用途。有些房地产的用途不止一种，当新的用途被消费者认可时，则可扩大市场总需求量。

（2）保持市场占有率。房地产市场主导者在扩展市场的同时，还必须采取措施保持现有的市场占有率，保卫自己的阵地。

保持市场占有率最有效的办法是不满足现状，不断增强自身的实力。企业必须不断提高产品质量、开发新产品、降低产品成本、开辟新的销售渠道，使自己真正处于行业的领先地位。同时，企业还要抓住竞争对手的弱点，主动出击。市场主导者如果不发起进攻，就要严守阵地，采取防御战略。

（3）提高市场占有率。有关研究表明，市场占有率与投资收益率成正相关关系，市场占有率越高，投资收益率越大。因此，提高市场占有率也是市场主导者增加企业收益、保持市场领先地位的一个重要途径。

但是，通过提高市场占有率增加企业的收益是有条件的，一是房地产的单位成本随市场占有率的提高而降低。房地产企业提高市场占有率是要付出代价的，当市场占有率达到一定水平后，再提高市场占有率就要付出很大代价，其结果可能是获得的报酬小于成本，得不偿失。二是企业在提供优质产品时，销售价格的提高要大大超过为提高产品质量所投入的成本。

2. 市场挑战者战略

市场挑战者是指在房地产市场上仅次于市场主导者的企业。它们在房地产业中也有很强的实力，经常在产品更新、降低成本价格、促销等方面向市场主导者或其他小企业挑战。

市场挑战者要赢得市场，首先要确定自己的战略目标和挑战对象，然后选择适当的进攻战略。

（1）确定战略目标和挑战对象。

1）攻击市场主导者。攻击市场主导者的风险大，但吸引力也大。市场挑战者在向市场主导者发起进攻时，必须清醒地认识到市场主导者通常在保卫自己方面享有优势，而且会对挑战者进行持久的、杀伤力很强的报复。因此，挑战者要成功地进攻主导者，必须具备三个条件。一是拥有一种超过主导者的、明显的、持久的竞争优势，如挑战者可以凭借低成本优势降低价格来抢占市场份额，或者在价格不变的基础上提高产品质量。二是挑战者在其他方面要与主导者接近。如果挑战者采取差异化战略，它还必须能够部分抵消主导者的低成本优势或其他优势；否则，挑战者的差异化优势会被主导者的低成本优势或其他优势所抵消。三是挑战者必须具备阻挡主导者报复的办法，使主导者不愿或不能对挑战者实施旷日持久的报复。

在攻击市场主导者之前，挑战者必须进行调查研究，掌握市场主导者的弱点和失误，把它的弱点和失误作为进攻的目标。只要战略得当，就可以争夺主导者的市场份额，甚至取而代之。

2）攻击与本企业实力相当者。房地产企业可以选择一些与自己实力相当，但经营不善或财务困难的企业作为攻击对象，直接夺取其市场份额。

3）攻击地方性小企业。对于一些地方性小企业中的经营不善或财务困难者，可夺取其顾客，甚至将其收购或兼并以壮大自身的实力。

（2）选择进攻战略。市场挑战者根据进攻的对象和目标，可以选择适当的进攻战略。

1）正面进攻。正面进攻就是集中力量攻击竞争对手的强项而非弱点。这种战略要求进攻者的实力要强于竞争对手，否则不能采取这种战略。

2）侧翼进攻。侧翼进攻就是集中力量攻击竞争对手的弱点，它充分体现了"避实击虚"的原则，因此，成功的概率较大，是一种较为有效的进攻战略。

3）包围进攻。包围进攻是一种全方位的进攻战略，企业从几个方面同时进攻，迫使竞争对手同时防御它的正面、侧翼和后方。包围进攻包括产品包围和市场包围。产品包围是指房地产企业为市场提供各种质量和特点的房地产，以此在市场上覆盖竞争对手的产品。市场包围是指进攻者努力扩大销售区域来攻击竞争对手。

4）迂回进攻。迂回进攻是一种最间接的进攻战略，进攻者完全避开现有的市场，去争夺新市场。主要措施是：发展与目前产品系列无关的产品，实行产品多元化；以现有产品进入新市场，实行市场多元化；在竞争对手已占领的市场上运用新技术，开发新产品。

5）游击进攻。游击进攻指对竞争对手的不同市场领域或部位进行断断续续的小规模进攻。它通常适用于那些规模较小的挑战者。

3. 市场追随者战略

市场追随者是指那些效仿市场主导者的市场行为，从中获得发展的企业。

美国管理学专家李维特指出："产品模仿有时像产品创新一样有利。"因为新产品的开发者需要花费大量的人力、物力和财力，并且冒很大的风险才能取得成功，而其他仿制或改良这种产品的企业却不需要大量投资也可以获得很高的利润。因此，很多房地产企业采取市场追随者战略。

市场追随者战略具体包括以下几种。

（1）紧密追随。这是指追随者在各个细分市场和营销组合方面，尽可能效仿市场主导者。这种追随者有时好像是挑战者，但它避免侵犯主导者的地位，避免与主导者发生直接冲突。

（2）有距离追随。这是指追随者在市场营销的各主要方面，如目标市场、产品创新、价格水平、销售渠道、促销方式等方面追随市场主导者，但在其他次要方面又与主导者保持一定的距离。

（3）有选择追随。这是指追随者在某些方面紧跟主导者，而在另一些方面，又保持独立性。这类追随者既学习竞争者的长处，又发挥自己的创造性。在这类追随者中，有些可能成为挑战者。

4. 市场利基者战略

市场利基者是指那些专门为被大企业所忽略或不屑一顾的小市场提供服务的小企业。这些小企业不追求整个市场，也不追求较大的细分市场，而专门寻找那些被大企业所忽略的细小市场。在这些小市场上，其通过专业化经营获取最大限度的利润，即在大企业的夹缝中寻求生存和发展。

市场利基者由于实力有限，因此，其采取的主要战略是专业化市场营销。具体方案有以下几种。

（1）最终顾客专业化。企业专门为某类最终顾客服务，如房地产企业专门为低收入者开发普通住房或经济适用房。

（2）顾客规模专业化。企业专门为某一规模的顾客服务，如房地产企业只为购买小户型的顾客服务。

（3）地理区域专业化。企业专门为某一地区的顾客服务。

（4）产品类型专业化。企业专门开发一种或少数几种类型的产品，如房地产企业只开发标准工业厂房。

（5）质量和价格专业化。企业专门开发某种质量和价格水平的产品，如房地产企业只开发低标准、低价格的住宅。

（6）分销渠道专业化。企业只通过一种销售渠道向市场销售产品，如房地产企业只通过现场销售的方式销售商品房。

|案例|

A 房地产企业的营销战略

碧家国际社区是 A 房地产企业核心联盟企业旗下青年白领公寓品牌，致力于向为梦想而拼搏的都市青年打造"城市梦想充电站"，满足居住需求、差旅需求，提供长短租服务，整体布局房源超过 6 万多间，融五星级管家服务于温馨居家环境，致力于为住客提供像家一样的住宿体验。

长租公寓的盈利模式尚不明朗，但 A 房地产企也一直致力于成为为社会创造幸福生活的高科技综合性企业。

A 房地产企业积极投身机器人产业，成立了博智林机器人公司，研发应用以建筑机器人、新型装配式建筑、BIM 技术为核心的智能建造体系，努力实现安全、质量、速度、环保和科技的完美结合，引领建筑行业的变革，并同步推进餐饮、医疗、农业、社区服务等各类机器人的研发、制造与应用。A 房地产企业成立了千玺机器人集团，打造国内外领先的机器人餐厅，向社会提供好吃、卫生、营养、健康、实惠的美食，创造全新的餐饮体验。例如，2018 年 6 月 15 日 A 房地产企业集团携手袁隆平团队助推第三代杂交水稻。A 房地产企业成立农业公司，用先进的无人化装备发展大农业，提升农业生产效率、粮食产量和品质，助力解决世界粮食问题。A 房地产企业成立碧优选公司，组织农民开发种植、养殖基地，搭建城乡商业桥梁，把丰富、安全、好吃、实惠的产品从田间地头直接带到城市社区，服务每一个中国家庭的幸福生活。

分析 A 房地产企业实施的是何种营销战略。谈一谈你对这种营销战略的看法。

|思考题|

1. 简述房地产市场营销战略的概念。
2. 如何制定房地产市场营销战略？
3. 房地产市场发展战略有哪些类型？
4. 如何识别房地产企业的竞争者？
5. 简述房地产市场竞争者分析的步骤。
6. 简述取得竞争优势的战略途径。
7. 简述差别化战略的误区有哪些。
8. 房地产企业选择不同的竞争战略应具备的内部条件是什么？

第 7 章

房地产产品策略

学习目标

1. 了解房地产产品的概念。
2. 了解房地产产品生命周期理论。
3. 掌握房地产产品生命周期各阶段的特点及其营销策略。
4. 了解房地产品牌的构成及类型。
5. 掌握房地产品牌策略。

技能要求

1. 能够区分房地产产品生命周期各阶段的特点并基本掌握据此制定营销策略的技巧。
2. 了解房地产品牌设计的基本要求,初步掌握品牌设计的要领及选择品牌策略的能力。

本章概览

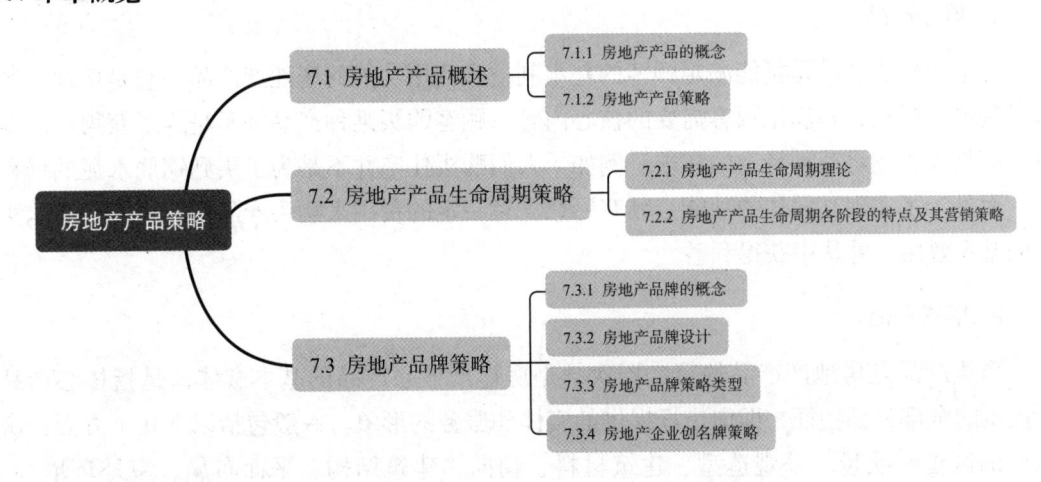

- 房地产产品策略
  - 7.1 房地产产品概述
    - 7.1.1 房地产产品的概念
    - 7.1.2 房地产产品策略
  - 7.2 房地产产品生命周期策略
    - 7.2.1 房地产产品生命周期理论
    - 7.2.2 房地产产品生命周期各阶段的特点及其营销策略
  - 7.3 房地产品牌策略
    - 7.3.1 房地产品牌的概念
    - 7.3.2 房地产品牌设计
    - 7.3.3 房地产品牌策略类型
    - 7.3.4 房地产企业创名牌策略

7.1 房地产产品概述

7.1.1 房地产产品的概念

狭义的产品策略概念是将产品理解为具有某种物质形态，能提供某种用途的物品。而现代市场营销理论则认为产品是一个广义的、整体的概念，即产品是指能够提供给市场，用于满足人们某种欲望和需要的任何东西，包括实物、服务、场所、设计、软件、意识、观念等各种形式，亦称产品的整体概念。它包含核心产品、形式产品和延伸产品三层含义，房地产产品的三层含义如图 7-1 所示。

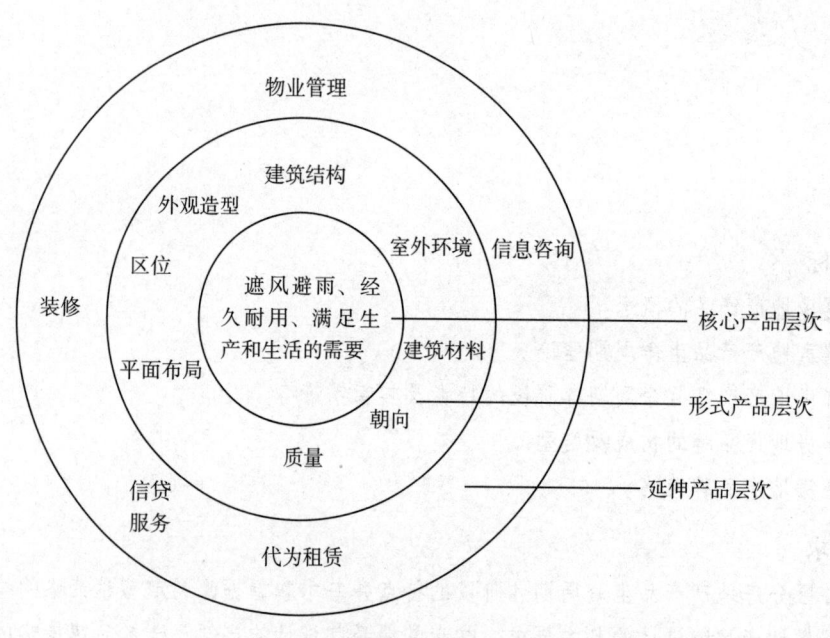

图 7-1 房地产产品的三层含义

1. 核心产品

房地产核心产品是指能满足顾客的基本利益和使用功能的房地产产品。它是房地产产品最基本的层次，是满足顾客需要的核心内容。顾客购买某种产品并不是为了获得产品本身，而是为了满足某种特定的需求。例如，人们购买住宅并不是为了买到钢筋水泥的堆积物，而是为了实现其居住的功能。顾客愿意支付一定的费用来购买产品，首先就在于购买它的基本效用，并从中获得利益。

2. 形式产品

形式产品是房地产产品的第二层次，是房地产核心产品的基本载体，是指核心产品所展示的全部外部特征，即向市场提供的实体和服务的形象。一般包括以下几个方面：房地产的区位、质量、外观造型、建筑材料、朝向、建筑结构、平面布局、室外环境等。形式产品是消费者识别房地产产品的基本依据。产品的基本效用必须通过某些具体的形式才能得以实现。因此，企业在进行产品设计时，应着眼于顾客所追求的核心利益，同时也要重视如何以独特的形式将这种利益呈现给顾客。房地产产品的基本效用都是通过形式产品得以体现的。

3. 延伸产品

延伸产品又称附加产品，是房地产产品的第三层次。它是指顾客通过房地产产品的购买与使用所得到的附加服务和附加利益的总和，也就是房地产产品所包含的所有附加服务和利益。其一般表现为房地产产品销售过程中的信息咨询、信贷服务、装修、代为租赁和物业管理等。因此，延伸产品能给顾客带来更多的利益和更大的满足感。在竞争日益激烈的环境条件下，延伸产品已经成为房地产企业展开竞争的重要手段。

核心产品、形式产品和延伸产品作为房地产产品的三个层次，是不可分割并紧密相连的，它们构成了房地产产品的整体概念。其中，核心产品是基础和本质。核心产品必须转变为形式产品才能得以实现价值。在提供产品的同时，还要提供广泛的服务和附加利益，形成延伸产品。

7.1.2 房地产产品策略

房地产产品策略，是房地产企业为了实现企业的经营目标和营销目标，根据顾客需求为市场开发、建设房地产产品所采取的所有对策和措施。

在理解房地产产品策略的概念时，需要把握以下几点。

（1）顾客需求是制定房地产产品策略的依据。

（2）房地产产品是房地产产品策略的对象。

（3）制定房地产产品策略的主体是房地产企业。

（4）制定和实施房地产产品策略的目的，是实现企业的经营目标和营销目标。

产品策略是房地产市场营销组合的核心，也是房地产定价策略、分销渠道策略和促销策略的基础。从社会经济发展的过程来看，产品的交换是社会分工的必要前提，企业生产与市场需要的统一是通过产品来实现的，企业与市场的关系也主要是通过产品或服务联系起来的。从企业内部来看，根据消费者的需求研究、开发、建设和经营房地产产品是房地产企业经济活动的中心。因此，产品策略是房地产开发企业市场营销活动的支柱和基石。

7.2 房地产产品生命周期策略

7.2.1 房地产产品生命周期理论

房地产产品生命周期是指房地产产品从进入市场开始，直到退出市场为止所经历的全部过程。这主要是指一种产品在市场上的销售情况和获利能力随着时间的推移而变化的过程。这种变化的规律正像人和其他生物一样，从诞生、成长到成熟，最终走向衰老、死亡。产品生命周期指的是产品的市场寿命，不是使用寿命。使用寿命是指产品从开始使用到报废为止所经历的时间。

典型的房地产产品生命周期分为四个阶段，即投入期、成长期、成熟期和衰退期，如图 7-2 所示。

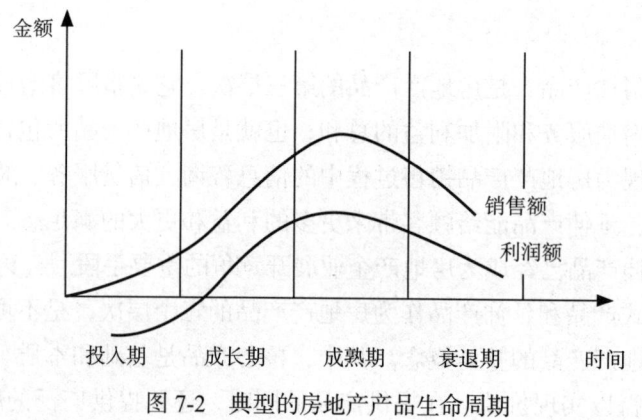

图 7-2 典型的房地产产品生命周期

产品生命周期各阶段的划分是相对的，一般来说，各阶段的分界是以产品销售额和利润额的变化为根据的。在投入期，产品销售额和利润额增长缓慢，利润多为负数；当销售额迅速增长，利润由负变正并快速上升时，进入成长期；当销售额增长放慢，利润增长停滞时，则进入了成熟期；当销售额快速递减，利润也较快下降时，产品已经进入衰退期。

7.2.2 房地产产品生命周期各阶段的特点及其营销策略

房地产产品处于不同的生命周期阶段，其特点不同，企业采取的策略也会不同。

1. 投入期

投入期的主要特点是消费者对该产品不太了解，销售量小；单位产品生产成本和促销费用较高；企业利润少，甚至亏损；产品本身不够完善；市场竞争者较少。因此，在这个阶段，企业的经营风险最大，市场预测的失误可能使得投资的项目夭折。

这一阶段的策略要突出一个"短"字，即尽可能地缩短投入期，使房地产产品在短期内迅速进入和占领市场。要尽快进入成长期，以获取较高的利润，这一阶段的营销策略主要有以下几种。

（1）快速掠取策略。这种策略以高价格、高促销费用的形式进行经营，以求迅速扩大销售量，取得较高的市场占有率。采取这种策略必须有一定的市场环境，如大多数潜在消费者还不了解这种新产品，已经了解这种新产品的消费者急于求购，并且愿意按原价购买；企业面临潜在竞争者的威胁，应该迅速促使消费者建立对自己的产品的偏好。

（2）缓慢掠取策略。这种策略以高价格、低促销费用的形式进行经营，以求得到更多的利润。这种策略可以在市场面比较小、市场上大多数消费者已熟悉产品、购买者愿意出高价，并且潜在竞争威胁不大的市场环境下使用。

（3）快速渗透策略。这种策略以低价格、高促销费用的形式进行经营，迅速打入市场，取得尽可能高的市场占有率。在市场容量很大，消费者对这种产品不熟悉，但对价格非常敏感，潜在竞争激烈，企业随着销售量扩大可以降低成本的情况下适合采取这种策略。

（4）缓慢渗透策略。这种策略是以低价格、低促销费用的形式进行经营。这种策略适用于市场容量很大、消费者熟悉这种产品但对价格反应敏感，并且潜在竞争不激烈的市场环境。

2. 成长期

成长期的主要特点是销售量迅速增加；单位成本大幅度下降，利润增加；竞争者纷纷加入，市场竞争较为激烈。

这一阶段的策略要突出一个"好"字，重点放在创立名牌、提高偏爱度上，即抓好产品质量，树立良好的企业形象，扩大产品销售量，取得较高的市场占有率。从我国房地产市场特征来看，房地产产品的成长期是市场销售量迅速提高的时期，是房地产企业销售的最佳时期，企业要采取正确的营销策略把握住这一时机。在产品成长期，企业可以采取的策略有以下三种。

（1）改进产品质量。企业赋予产品新的特性，力求创出新的特色；根据消费者需求与建议，不断改进规划、设计，修正缺陷，提高产品质量，使整体产品优于同类产品。

（2）转移广告重心。企业将广告穿插的重心从介绍产品、建立产品的知名度转移到说服消费者接受并购买产品上来；加强企业形象和品牌的宣传，介绍产品的独特性和相对优点，提高消费者对本企业产品的信赖程度，培养消费者对本企业产品的偏爱，以促进销售的增长。

（3）适时变相降价。企业在适当的时机，可以采取变相降价策略，以激发那些对价格比较敏感的消费者产生购买动机和采取购买行为。同时，降低价格还能防止竞争者的加入，利于企业保持并扩大市场占有率。

3. 成熟期

成熟期的特点是销售额和利润额的增长达到顶峰后开始缓慢下降；竞争者增多，竞争最激烈。

这一阶段的策略要突出一个"改"字，即积极地改进产品、市场和营销组合，延长产品的成熟期。这一阶段的营销策略主要有以下两种。

（1）改进市场和改进产品，寻找新的消费者。企业可以通过进行市场细分，寻找新的细分市场，将产品引入新的目标市场，或者对房地产产品进行改造，即改进产品质量、产品结构、产品设计等，改变或扩大原有产品的用途和使用功能，吸引新的消费者。

（2）改进营销组合。通过改进营销组合的一个或几个要素来刺激销售，延长产品的市场成长期和成熟期，并在价格、渠道、促销、服务等营销组合工具上进行适当匹配。

4. 衰退期

衰退期的特点是销售量急剧下降；利润低甚至为零；大量竞争者退出市场；消费者的

消费习惯发生转移。

这一阶段的策略要突出一个"转"字，即要积极地、有计划地淘汰老产品，将企业的生产销售力量转向下一代新产品。在这一阶段，很多竞争者已纷纷退出市场，如果该产品在市场上还有一定的需要，有条件的企业可以适当地保留一部分老产品；反之，就要及时投放新产品、淘汰老产品。

7.3 房地产品牌策略

7.3.1 房地产品牌的概念

品牌是产品策略的一个重要组成部分。以品牌来建立产品在市场上的地位，树立良好的企业形象是企业提高竞争能力的重要手段。品牌是社会公众对产品认知度和认可度的积累，外化表现为商标或标识，也是企业信誉、企业文化的内在凝结。品牌是可以超越时空沉淀在社会公众心目中的无形资产，能给企业及其产品带来量化的附加值。

品牌是一种名称、术语、标记、符号或设计，或是它们的组合应用，其目的是借以辨认企业提供的产品或服务，并使之与竞争对手的产品和服务相区别。

品牌主要具备三个特征：一是消费忠诚度，任何一个品牌一定都有一批真诚的消费者，忠诚的消费者群体的形成来源于企业独特的企业文化和成功的市场营销；二是市场占有率，所谓品牌一定要在行业里有相当高的市场占有率和认知度，没有认知度就谈不上品牌；三是差异性，所谓品牌一定要有个性化的特征，多表现为独特的企业文化。

品牌内容主要包括以下四个方面。

（1）品牌名称。品牌名称是指品牌中能用语言称呼的部分，即可以念出来的词组、数字、字母、单词等。例如，万科四季花城、中街北苑、8栋洋房等。它主要产生听觉效果。

（2）品牌标记。品牌标记是指品牌中能被识别，但不能用语言直接称呼的部分，包括专门设计的符号、图案、色彩、文字等。例如，凤凰自行车的凤凰图案、迪士尼乐园的米老鼠和唐老鸭图案。它主要产生视觉效果。

（3）商业特征角色。商业特征角色是拟人化的品牌标记。例如，麦当劳的麦当劳叔叔、米其林轮胎的轮胎人等。

（4）商标。商标是指按法定程序向商标注册机构提出申请，经商标注册机构审查，予以核准，并授予商标专用权的品牌或品牌中的一部分。商标受法律保护，任何人未经商标注册人许可，皆不得仿效或使用。

商标与品牌间既有密切联系又有所区别，严格地说，商标是一个法律名词，而品牌是一种商业称谓。两者从不同角度指称同一事物，因此两者常常被混淆。

品牌之所以重要，是因为品牌具有方便顾客，提高品牌忠诚度，美化企业形象，降低营销成本，扩大销售，有助于企业经营战略的选择等作用。因此，产品是由企业生产并提供的，而品牌则是由市场认同所形成的。竞争者可以复制产品，但不能仿冒品牌，因为品牌是独一无二的；同时，产品可能会因为技术进步而更新换代，因使用而折旧，但品牌可以是永恒的。

7.3.2 房地产品牌设计

一个信誉良好的品牌是一种价值巨大的无形资产，如"华为""可口可乐""苹果"等，都是世界驰名品牌，具有很高的价值。据有关部门的最新统计，"苹果"的品牌价值超过1 700亿美元。因此，企业应重视品牌与商标的设计、管理和开发。

1. 品牌设计要求

根据国内外企业营销的实践经验，一个成功品牌的设计应符合以下四个基本要求。

（1）简明性。这是成功品牌的最基本要求。品牌的首要功能是它的识别功能和传播功能，要让顾客很容易地通过品牌来识别该产品，并且通过各种途径使该产品的名称在消费者当中广为流传。因此，品牌的设计要求简洁明了，易读、易认、易记。

为达到上述要求，在品牌名称设计上要做到语感好、短而精、特色化。所谓语感好，即容易发音、朗朗上口、语音响亮，避免出现拗口的字词。例如，可口可乐（CocaCola）、索尼（SONY）等就有很好的语感。所谓短而精，即音节、文字不能太长，以三四个音节为佳，如保利花园、成品家等。所谓特色化，即与众不同、特色鲜明，使人有一种过目不忘的感觉，如唯美品格、在水一方、8栋洋房，都是不落俗套的品牌名称。至于品牌标记的设计要做到简洁、凝练、清晰、醒目，以给人留下深刻的印象。

（2）暗示性。成功的品牌应向消费者暗示产品所具有的某些性能、用途或象征产品的某个特性。例如，奥林匹克花园、青年居易等都在一定程度上暗示了其产品的特性，容易引起消费者的好感。这里需要注意的是，勿使品牌名称太接近商品属类名称，即过于描述产品功能，就会成为通用的商品名称。

（3）新颖性。对于一个成功的品牌来说，标志独特、新颖比简单明了更为重要。在世界名牌中，我们找不到一般化和同质化的标志。尽管不少非名牌标志有意进行模仿，但都达不到世界名牌应有的意境和效果。因为著名品牌标记的独特性，不仅体现在视觉效果上，还体现在心理效果上，使人产生独特的联想。例如，有人戏称世界上最著名的老头品牌形象有三位——圣诞老人、麦当劳叔叔和肯德基上校。

（4）适应性。品牌的设计应考虑国家、宗教信仰、文化背景和语言的差异，根据不同的时间、空间采用不同的设计方案，以适应环境的变化，否则会产生沟通障碍。

2. 品牌名称设计

好的楼盘名称可以促进销售，以及获得买家的喜爱和认同，甚至可以成为名牌，经久不衰。特别是针对大规模分期开发的楼盘意义颇大。

房地产的名称分为以下几类。

（1）企业型。房地产企业直接用自己公司的名称作为房地产名称，如万科城、中原房产、SR新城等。

（2）地名型。直接在房地产名称中嵌入所在位置，如黄河大厦、天柱山庄、虹桥花园等。

（3）功能型。将房地产用途和特色通过名称表述出来，如外贸大厦、邮政大楼、金融大厦等。

（4）历史文化型。以古代帝王宫殿来命名，如大明御苑、颐和俪园等。

（5）名人型。以著名人物之名来命名楼盘，如中山花园。

（6）吉祥型。以中国民间吉祥如意的词语组合来命名，如凤凰花园、幸福居等。

（7）移情型。取风景优美、风光宜人的旅游胜地之名，具有移情的作用，如夏威夷山庄、瑞士花园等。

（8）意境型。以充满诗情画意的优美文句来命名，如唯美品格、锦绣江南、卧波苑等。

好的楼盘名称应具备如下几个特征。

（1）楼盘命名时不拘泥于"花园""广场""中心"等统一的楼盘命名惯例，不应落于俗套，不应过分雷同，应富有时代气息。

（2）楼盘名称作为一个标识性强、个性浓烈的自我标记，应与地块的地理环境、布局，楼盘产品的定位，客户的定位相吻合，体现楼盘的与众不同。

（3）考虑项目的大小、定位、品位，暗寓物业的风格和档次。

（4）考虑楼盘名称是否具有较强的人情亲和力、更具地方特色、更个性化。

（5）要从楼盘名称的音、形、义上进行多方面审视，应该发音响亮、书写美观、寓意美好、朗朗上口。

7.3.3 房地产品牌策略类型

企业的品牌策略，是指企业如何合理地使用品牌，以达到一定的营销目的。企业在进行品牌决策时，一般可以做以下选择。

1. 多品牌策略

多品牌策略又称个别品牌策略，是指一个企业同时经营两个以上相互独立、彼此没有联系的品牌的策略，即企业按产品的品种、用途和质量，分别采用不同的品牌。例如，银基房地产开发公司分别开发了东方威尼斯、皇城酒店公寓、地王国际花园、艾特国际公寓等项目。

采取这种策略，能够严格区分不同产品和品种，区别质量档次，反映了不同的特色，以适应市场上不同层次的消费水平，扩大市场容量，以取得规模效益。采取这种策略，企业承担的风险较小，因为即使有一两种品牌的商品不受市场欢迎，也不会影响到本企业其他品牌商品的销售，不会对企业整体形象造成不良影响。但企业要为每一个产品设计品牌，为每一个品牌做广告宣传，费用高，消费者也不易记住，难以树立企业的整体市场形象。

多品牌策略的实施有两个特点：一是不同的品牌针对不同的目标市场；二是品牌的经营具有相对的独立性（如银基旗下四个项目的营销企划都是由不同人员组成的）。实施多品牌策略可以最大限度地占有市场，对消费者实施交叉覆盖，且降低企业经营的风险，即使一个品牌失败，其他的品牌也不会受到多大的影响。

2. 单一品牌策略

单一品牌策略又称同一品牌策略，它是相对于多品牌策略而言的，是指企业所生产的所有产品同时使用一个品牌的情形。例如，奥林匹克花园在全国19座城市都使用统一品牌。

采取这种策略，有利于建立一整套"企业识别体系"和企业统一的品牌商标，广泛传播企业文化和特点，让产品具有强烈的识别性，提高企业的声誉和知名度；有利于树立产品的专业化形象；还可以利用市场上已知名的品牌推出新产品，有利于节省品牌设计费用和促销费用，增强广告效果。

采取这种策略，企业必须具备两个条件：①品牌已经在市场上获得了一定信誉；②采用统一品牌的各种产品具有相同的质量水平，否则会因某一产品质量不佳波及其他产品并影响整个企业形象。实施单一品牌策略的最大不利之处是某城市品牌项目出现问题，极有可能产生连锁反应。这就要求企业要有较高的经营管理水平。

3. 企业与品牌同名策略

企业与品牌同名策略是指企业下属产品所使用的品牌与企业名称相同的情形，如格林豪森、万达商业广场等。实施企业与品牌同名策略有利于减少传播费用；在宣传企业的同时宣传了品牌，互动的形式对品牌资产的积累将更加快速有效。

当然，实施企业与品牌同名策略也有不利的一面，由于企业行为就是品牌行为，对品牌的伤害也会造成对企业的直接伤害。

4. 副品牌策略

副品牌策略又称母子品牌策略。具体做法是以企业名作为主品牌，涵盖企业的系列产品，同时又给不同产品起一个生动活泼、富有魅力的名字作为副品牌，以突出产品的个性形象。例如，沈发展－水榭花都、沈发展－鸿基园、万科－金色花园、万科－四季花城等。

采取这种策略，可以节省新产品的宣传广告费用，利用消费者对企业品牌的信任感，使新产品迅速地进入市场。

5. 中间商品牌策略

中间商品牌策略是指采用中间商指定的名称作为品牌。在传统上，品牌是制造企业选择的标记，因为产品的设计、质量、特色都是由制造商决定的。但是，近年来，在西方国家，越来越多的中间商大力提高自己的声誉，树立企业的形象，创立品牌，即中间商把制造商生产的产品大批量地买进来，再使用自己的品牌将产品转卖出去，如美国著名的零售商西尔斯百货公司，90%以上的商品都用自己的牌子。

采取这种策略可以利用中间商良好的品牌声誉，以及庞大、完善的分销体系为生产企业在新的市场推销新的产品服务。但是，采取这种策略，要求中间商对制造商的产品质量严格控制，否则，不仅会影响产品销售，而且会砸掉中间商的牌子。

6. 使用商标策略

使用商标策略是指企业是否寻求商标保护的策略。商标化使房地产企业可以在以后的经营过程中始终独家使用某个词语、名称、符号、字母或数字的组合，使它们区别于其他开发企业的产品和服务。但是，商标保护属于自愿行为，需要商标保护，必须进行注册和履行一些程序。

7.3.4 房地产企业创名牌策略

1. 名牌的内涵

何谓名牌，目前尚无统一、公认的定义，但管理学界普遍认为，名牌的基本内涵应包括以下几项。

（1）名牌是高质量。国际经济竞争是牌子的竞争，其实质是质量的竞争。名牌是产品的质量证书，是市场的通行证。名牌效应来自上乘的产品和服务质量。企业奉行"顾客是上帝，质量是生命"的宗旨，是创名牌、保名牌的真谛。

（2）名牌是一种文化。纵观世界商标的发展趋势，驰名商标应该具备五个特点：显著的记忆性、广泛的适应性、巧妙的象征性、方便的宣传性和高超的艺术性。而要达到这五点，就必须注重内涵，追求品位，开展文化较量。

（3）名牌是一种商业信誉。各国企业家之所以认为"品牌就是事业"，就是因为品牌中内含的名牌商业信誉是人类智慧的结晶、现代科技的浓缩、占有市场的王牌。为了拥有名牌，很多企业付出了高额的代价。

（4）名牌是国家的标志。名牌不仅仅是一家企业的标志，同时也是一个民族、一个国家的标志。名牌代表着先进的生产力。一个国家只有拥有一大批国际知名企业和知名品牌产品，才能显示自己的经济实力，才能立足于世界经济强国之林。

美国和日本是世界公认的两大工业强国，它们拥有的名牌产品均占全球的20%左右。联合国工业计划署调查表明，名牌在整个产品品牌中所占比例不足3%，但名牌产品所占有的市场份额高达40%以上，销售额占50%左右。国际竞争实践证明，名牌产品所拥有的不仅仅是广阔的高层次市场，更主要的是创造了相当可观的商业利润。

2. 创名牌策略

名牌有地区性名牌、国家级名牌和世界名牌。名牌本身就是财富，具有极高的经济价值。一家企业或一件产品成为名牌，必然具有很强的市场吸引力，不仅吸引消费者购买，还吸引着投资者和人才，因此，创名牌就成为众多企业追求的发展战略目标。

创名牌是一项系统工程，涉及房地产企业经营管理工作的方方面面，其中应重点做好以下几个方面。

（1）创名牌最重要的是市场定位。房地产企业要想创名牌，首先必须找准市场定位。因为准确的市场定位是创名牌的基础。房地产企业必须在充分市场调研的基础上，根据目标市场上顾客的不同需求，结合市场竞争情况及对手的具体情况，还有企业自身的竞争优势，科学合理地进行企业产品的市场定位。

对于房地产企业而言，如果将创立名牌仅定位在高档次物业上是不科学的，它只会导致事实上的定位结构失衡和资产的大量闲置。这种所谓的名牌产品是无法成为真正的消费品的。成功的品牌不在乎档次的高低，而在于其价格与质量定位是否在同一层面上，即创立适销对路的、价格合理的物业品牌才能取得成功。

（2）质量是创名牌的核心。名牌战略的实质是质量战略，获得名牌的决定性因素是质量，没有质量就没有名牌。企业名牌战略的起点就是不断创造出质量优异、性能卓越、外观优美的产品，即创造产品的质量优势。高质量的产品本身是一种品牌在市场上形成高知名度、高美誉度、高市场占有率的内在基础条件。如果失去了高质量，消费者在使用后感到失望，不仅自身将抵制对这一品牌的购买，而且还会影响其周围相关人员对该品牌的态度。对房地产企业而言，质量是一个综合性概念，既包括房地产作为建筑物的建筑质量，也包括规划设计质量和交工后的服务质量。所以房地产企业必须在规划设计、功能配置、环境美化等方面综合考虑，从图纸审查、施工监督到工程验收每个环节都以质量为中心去进行管理。只有这样才能生产出优质产品，这是赢得消费者的最基本保证。

房地产的开发涉及面广、周期长，企业要创造优质产品，仅有强烈的质量意识还不行，还必须建立完善、高效、合理的组织管理系统，建立新的管理模式，即实行品牌质量管理。这是企业创名牌的重要保证。

（3）优质服务是创名牌的保证。房地产业的服务一般分为售前服务与售后服务。售前服务指的是房地产企业加强与金融信贷机构的联系，便于消费者进行住房按揭贷款，为购房者提供尽可能多的方便，确立良好的服务形象。这也是名牌建设的一部分。

完善的售后服务和良好的物业管理在创名牌中有特殊的重要作用。物业管理是使用环节中感受最直接的一环，这对于品牌良好口碑的形成、再开发有极大的作用。售后服务是优良品牌的延伸。对房地产业来说，完成开发、实现销售仅仅是品牌建设的开端。在产品漫长的使用阶段，物业管理状况如何，在很大程度上决定着品牌的命运。有不少房地产项目设计精良，环境很好，但投入使用后，由于物业管理落后，很快就损害了项目的声誉。在现实中，许多消费者在选择房屋时，对物业管理的选择甚至先于对房价等因素的选择。因此，强化商品售后服务，提高物业管理水平，已经成为房地产品牌建设必不可少的条件。

（4）文化内涵是房地产名牌的灵魂。人类学家赫斯科维茨指出："文化是环境的人为部分。"由于地域空间的阻隔，地球上存在着一定文化特征的地区，拥有一定行为系统明显不同的居住形式、特定的语言、一定的经济体系和社会组织。住房是人为劳动的结晶，会明显折射出不同地区的文化环境差异。因此，一定地区的住房生产、流通和消费行为方式就会构成该地区"住文化"的特色。

房地产在分类上叫作"不动产"，与土地的结合使房地产业与其他行业相比具有了本质的区别。房地产具有鲜明的本土化特征，如果房地产开发商做出的房地产产品"水土不服"，那么就会出问题。文化上的差异很微妙，但又很鲜明，如民族风俗、地域特色、心理喜好等都不尽相同。上海外滩的建筑是典型的西洋建筑风格，首都北京多的是四合院建筑，而闽南人则特别喜欢红色，从砖瓦到地板都大量使用红色，这就是文化。有一定经验的开发商只要认真地进行调查，提升房地产的品位文化，不愁推不出有特色的楼房。

（5）创立房地产名牌必须实施高效的营销策略。市场营销被誉为房地产企业经营和运作的生命线，是其最终获得利润并在激烈的市场竞争中立足的制胜法宝。营销策略则是为了实现各种各样的企业目标，保持并扩大市场占有率，树立企业良好形象，提高品牌知名度，保有并不断取得忠诚顾客等而采取的各种行动。一个名牌的问世和生存必须以高质量和适销对路的产品为前提，但仅仅如此是不足以使其成为名牌的，还必须依赖高效的营销策略。房地产名牌的营销策略应重点研究其品牌设计、品牌推广和品牌保护。

| 案例 |

房企品牌建设

2022年，面对房地产业格局的变化，房地产企业如何才能经受住考验，在行业中不断前进，稳步发展？打造品牌，成为大部分房地产企业的选择。2022年5月10日是第六个中国品牌日，在监管政策约束之下，房地产业的"安全"发展边界明晰，房地产企业走向健康、可持续发展的新模式，新阶段房企的核心竞争力打造对品牌建设提出了新要求。中国房地产业新的发展环境下，品牌房企开启对于服务力的深度探索，企业以业主的切实利益为核心出发点，洞察和挖掘潜在圈层客户的服务需求，以客户视角深刻解构服务场景。通过高品质服务增强业主对品牌的感知力，已经成为企业品牌建设和强化的新路径。

2022年8月，第四届中国商业地产品牌建设论坛在北京成功举办，以"商办新世代 携手赢未来"为主题，聚焦新时代商业地产行业品牌建设和品牌引领，以品牌力量推动中国商业地产行业创新进步。在经济高质量发展的当下，品牌已然成为企业综合竞争力的体现，代表着生产者和消费者共同的追求。房地产业作为拉动中国经济增长的重要力量，对于加强品牌建设具有重要意义。而在商业地产领域，商场、写字楼等诸多业态关乎人们美好生活与工作的多个方面，虽然受到了疫情的冲击和影响，但整体行业以品牌引领不断创新求变，在积极抗疫的同时实现了涅槃重生。

如今的楼市，已经迎来了"改需时代"，一个优质的品牌，往往能成为消费者再度选择的关键要素。品质是基石，品牌是价值，也是溢价力。

结合案例谈一谈品牌建设的重要性。

| 思考题 |

1. 如何理解房地产产品的整体概念?
2. 何谓房地产产品生命周期？简述其不同阶段的营销策略。
3. 房地产企业开发新产品的策略有哪些？
4. 简述品牌设计的基本要求。
5. 房地产企业应如何选择品牌策略？
6. 房地产企业为什么要创名牌？
7. 创名牌应重点关注哪些方面？

| 实训 |

1. 从当地的楼盘中选择一个你欣赏的楼盘名称或楼盘标识，说明欣赏点。
2. 为本组研究的楼盘重新设计品牌名称和品牌标识。附设计说明，并进行设计作品展示、介绍和选优。

| 附录 |

附录7-1：品牌设计实训指导

1. 实训目的

通过为小组所选楼盘设计品牌，掌握品牌设计的基本要求及设计技巧，从而提高学生的动手能力，培养学生浓厚的学习兴趣，以强化理论与实际的结合、学习知识与开发智力的结合、动脑思考与动手操作的结合。通过作品展示，促使学生注重全面发展，有利于提高学生的综合素质。

2. 实训形式

校内实训、独立设计。

3. 考核要求

（1）品牌设计：符合品牌设计的基本要求，即简明性、暗示性、新颖性、适应性。须附设计说明。

（2）设计作品展示和介绍：语言流畅、举止得体。

（3）实训结束后，每位学生需要完成一份品牌设计图、一份设计说明、一份实训报告。

4. 实训步骤

（1）分析该楼盘的有关资料。

（2）设计品牌名称、品牌标识。

（3）设计作品展示和介绍。

（4）作品评析、选优。

附录 7-2：实训报告

1. 实训项目。
2. 实训目的。
3. 实训小结。

第 8 章

房地产定价策略

学习目标

1. 了解房地产价格的概念和构成。
2. 了解影响房地产定价的因素。
3. 掌握房地产定价方法和定价策略。

技能要求

1. 掌握各种定价方法和定价技巧。
2. 能够在分析影响项目定价因素的基础上，进行房地产销售定价。

本章概览

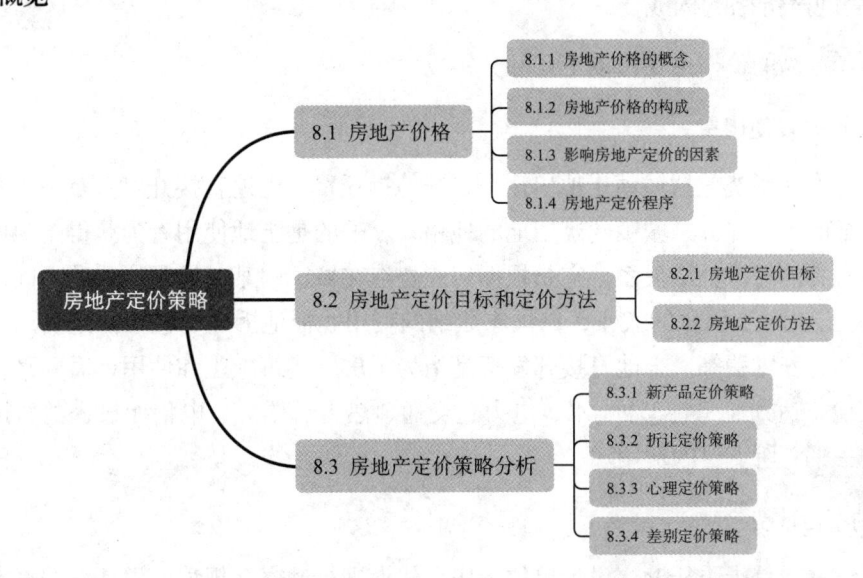

房地产定价策略
- 8.1 房地产价格
  - 8.1.1 房地产价格的概念
  - 8.1.2 房地产价格的构成
  - 8.1.3 影响房地产定价的因素
  - 8.1.4 房地产定价程序
- 8.2 房地产定价目标和定价方法
  - 8.2.1 房地产定价目标
  - 8.2.2 房地产定价方法
- 8.3 房地产定价策略分析
  - 8.3.1 新产品定价策略
  - 8.3.2 折让定价策略
  - 8.3.3 心理定价策略
  - 8.3.4 差别定价策略

8.1 房地产价格

8.1.1 房地产价格的概念

房地产价格是指在房屋建造、建设用地开发及经营过程中，凝结在房地产产品中的物化劳动和活劳动价值量的货币表现形式。房产和地产的不可分割性决定了房地产价格是房产价格和地产价格的统一，地价寓于房价之中，是房地产价格的重要组成部分。

房地产价格与一般物价有共同之处，具体表现为：

第一，都是价格，用货币表示。

第二，都有波动性，都受供求等因素的影响。

第三，都是按质论价、优质优价，但不同地区不同的房地产价格是有所差别的。

房地产价格与一般物价相比，更有其特殊性，具体表现为：

第一，房地产价格一般表示为交换代价的价格，同时也可表示为使用与收益代价和租金。房地产价格与租金的关系，犹如本金与利息的关系。若要求取价格，只要能把握纯收益与还原利率，就可以依照收益还原法，求得价格，即房地产价格＝纯收益÷利率。

第二，房地产价格是关于房地产权利的价格。由于房地产的自然地理位置有不可移动性，因而可以转移的并非房地产实物本身，而是有关该房地产的所有权、使用权及其他权利，所以房地产价格实质上是这些无形的权利的价格。

第三，房地产价格是长期形成的。房地产通常与其他房地产构成某一区域，但该区域并非固定不变，其社会经济位置经常处在扩大、缩小、集中、扩散、发展、衰退等变化过程中，所以确定房地产价格时只有在考虑该房地产过去如何使用、将来能做何种用途，综合考虑结果后才能形成房地产的今日价格。要特别注意与房屋紧密联系的地产价格的变化。

8.1.2 房地产价格的构成

房地产产品的价格主要由以下几部分构成。

1. 土地开发使用费

土地开发使用费包括城镇土地出让金、征地拆迁费、土地直接开发费三项内容。城镇土地出让金的主体部分是城镇建筑用地的地租，反映的是土地使用者为获得土地使用权而对土地所有者的经济补偿关系。它是根据房屋建造在城镇内某一地理位置的不同，以及使用土地（建设用地）面积的大小，向国家缴纳的费用。征地拆迁费包括征地费用、安置补助费和劳动力安置费等。土地直接开发费是指为了房屋建筑施工和使用，需要平整建筑地段上的土地，达到通（上、下）水、电力、交通、热力、燃气、电信而投入的费用，即完成"七通一平"所支付的费用。

2. 勘察设计费

勘察设计费是指委托勘察设计单位为房屋建设进行勘察、规划、设计，按规定支付的工程勘察、设计费用；为房屋建设进行可行性研究等支付的前期工作费用；在规定范围内由建设单位自行完成勘察、设计工作所需要支付的费用。

3. 房屋建筑安装工程费

房屋建筑安装工程费又称为主体工程费。它主要包括建筑安装工程施工预算费用和开发企业直接支付的应计入项目成本的工程费用。它包括建造房屋过程中所耗费的各种材料、构配件、零件和半成品的用量，以及周转材料的摊销量按相应的预算价格计算的材料费，施工机械使用费、人工费等直接费用，施工管理费和其他间接费用。

4. 经营管理费

经营管理费是指在房屋由建成、交付使用到出售的过程中，房屋开发经营单位的管理人员所消耗的一切费用和上缴的管理费，属流通领域中的间接费，包括营销宣传费、职工福利费、修理折旧费、家具用具摊销费等。

5. 利润和税金

利润是指开发经营单位销售房地产产品后的销售收入扣除全部生产、销售成本，并缴纳税金之后的净利润，是房地产开发经营单位应得到的收益，是在经营活动中实现的剩余价值的货币表现，是企业扩大再生产的资金来源。税金是政府向房地产企业征集的列入商品住宅价格构成的增值税、城市维护建设税和教育费附加等项，反映了单位或个人对国家的贡献，在房屋生产建造和进入流通的全过程中，所涉及的生产者或经营者，都应该因获得利润向国家缴纳税金。

8.1.3 影响房地产定价的因素

企业在制定房地产价格时，必须考虑以下因素。

1. 产品成本

产品成本是指房地产产品在生产和流通过程中所耗费的物资成本和所支付的劳动报酬的总和。

产品成本是房地产价格构成中最基本、最重要的因素，也是房地产价格的最低经济界限。产品成本是房地产企业经济核算的盈利临界点，定价大于成本，企业才能获利；反之，则亏损。因此，房地产定价必须能够补偿房地产成本，这是保证房地产企业扩大再生产的基本条件。

房地产成本有个别成本和社会成本之分。个别成本是指某个房地产企业生产某种房地产时所耗费的实际费用；社会成本是指在房地产部门内部，不同房地产企业生产同种房地产产品所耗费的平均成本。如果企业的个别成本低于社会成本，则可获得高额利润并有充分的调价余地，企业的竞争力也随之增强。

就单个房地产企业而言，其个别成本又由固定成本和变动成本组成。固定成本是指不随产量变化而变化的成本，如固定资产折旧、机器设备的租金、管理人员的费用等。变动成本是指随着产量变化而变化的成本，如原材料费用、直接营销费用、一线人员的工资等。为了使总成本得到补偿，要求房地产的价格不能低于平均成本，即平均固定成本和平均变动成本之和。

2. 市场需求

如果说产品成本是制定房地产价格的下限，那么市场需求就是制定房地产价格的上限。房地产企业在制定房地产价格时，首先要了解价格与需求之间的关系。企业制定的每种价格都会引起不同的需求水平，在一般情况下，房地产价格与需求成反比，价格越高，需求越少。如果房地产定价过高，消费者由于资金有限，会减少或推迟购买行为。但是也有例外，某种房地产产品价格在一定限度内上升，反而会刺激需求量的增加。原因就在于消费者往往认为该产品价格高，其质量就更好。房地产企业在定价时，还要测定其产品需求价格弹性的大小。需求价格弹性是指房地产商品需求量的变动对价格变动的敏感程度。需求价格弹性＝需求量变动的百分比/价格变动的百分比。如果需求价格弹性大，即需求量变动的幅度大于价格变动的幅度，房地产企业就要用低价刺激消费者的需求；如果需求价格弹性小，即需求量变动的幅度小于价格变动的幅度，企业则可以定较高的价格。

3. 竞争状况

房地产产品的最高价格取决于市场需求，最低价格取决于产品成本，而在最高和最低价格的幅度内，具体价格则取决于同类竞争产品的价格水平。因此，房地产企业在制定价格时，首先，必须了解竞争产品的成本、价格和质量，以此作为自己定价的出发点。如果本企业的产品与竞争者的产品相似，就要制定与之相近的价格；如果本企业的产品优于竞争者的产品，就可以制定较高的价格；如果本企业的产品劣于竞争者的产品，就要制定较低的价格。同时，房地产企业还要针对竞争产品价格的变动及时调整自己的定价。其次，还要了解竞争环境。市场竞争越激烈，对企业定价的影响就越大。在垄断竞争的市场中，由于房地产企业提供的产品存在一定的差异，房地产企业就拥有了定价的自主权。而且，房地产企业的产品与竞争者的产品之间的差异越大，企业定价的主动权就越大。

4. 产品特点

房地产价格是建筑物价格和土地价格的统一，土地和建筑物自身的因素都会影响房地产价格。从土地本身看，土地的位置、面积、地质、地势、宗地形状、日照、通风、干湿程度、临街状况、与公共设施和商业设施的接近程度、基础设施的完善程度等因素都会影响土地的价格；从建筑物本身看，其建筑面积、建材质量、造型、结构、颜色、施工质量、用途、私密性、周围环境、物业管理水平等都会影响房地产价格。

5. 企业营销目标

房地产企业的营销目标不同，定价也不同。如果房地产企业为了尽早通过营销活动收回投资，那么其往往把盈利作为营销的主要目标，所确定的房地产价格就会远远高于成本；如果房地产企业为了在目标市场上拥有较大的市场覆盖面，能在较长时期内有更大的发展，那么其往往把提高市场占有率作为企业的营销目标，房地产价格就要定得低一些；如果房地产企业为了树立其产品优质名牌的形象，那么其往往又会把价格定得高一些。

6. 宏观环境

任何一家房地产企业都生存在一定的外部环境中，企业的生产经营活动，以及产品定价就不可避免地受到宏观环境的影响。前面我们在讲述间接影响房地产企业市场营销活动的宏观环境时已经提到了这些环境因素。其中，对房地产定价影响较大的因素主要包括政治法律环境、经济环境、社会人口环境。

7. 区域环境

区域环境会影响不同地区的房地产价格水平。影响住宅区域价格水平的主要因素包括：商品房离市中心的距离及交通便利程度，居住环境的好坏，商业、学校、医院等设施的配套情况，等等。区域环境好，则商品住宅价格高；反之，则低。

影响商业物业价格水平的主要因素是商业物业带来的收益水平，其他因素还有客流量大小、交通便利程度、竞争状况、繁荣程度，以及商业物业是否处于商圈中等。

8. 消费者心理因素

每位消费者在购房的过程中都会产生复杂的心理活动，这些心理活动支配着购房的全过程。房地产企业在定价时，要充分考虑消费者的心理，定价不仅要适合不同消费者的心理，还要能促使消费者改变消费行为，使其向着有利于企业的营销方向发展。

（1）消费者对房地产价格的预期心理。当消费者预测商品房在未来是涨价趋势时，就会争相购买，从而导致房地产价格上涨；当消费者预测商品房在未来是降价趋势时，就会持币待购，从而导致房地产价格下降。

（2）消费者对房地产的认知价值。不同消费者对商品房的认知价值不同，对于消费者认知价值大的房地产可以定高价，反之，则定低价。此外，消费者还存在求实、求名、求廉、求便、求新、求异、求美等心理，这些都是房地产企业在定价时要考虑的因素。

8.1.4 房地产定价程序

所谓定价程序，是指根据企业的营销目标，确定适当的定价目标，综合考虑各种定价因素，选择适当的定价方法，具体确定企业商品价格的过程。一般来说，企业定价程序可分为六个步骤。

1. 确定定价目标

房地产企业的定价目标大致可以分为追求利润、追求销量、保证生存和应付竞争。每一种定价目标都有其适用的情况，营销人员必须视本企业所处的情况与条件，选择适当的定价目标。例如，房地产企业管理人员经过慎重考虑，决定为收入水平高的消费者设计、开发一种豪华高档的商品房，这样选择的目标市场及市场定位就决定了该产品的价格要高。此外，企业管理人员还要制定一些具体的经营目标，如利润额、销售额、市场占有率等，这些都对企业定价具有重要影响。

2. 估算成本

成本是制定房地产价格的下限，房地产价格必须高于成本，企业才能盈利。企业在制定价格时必须估算成本。

成本是房地产企业确定价格的基础，从长远来看，房地产价格应高于平均总成本；否则，企业就难以生存。但从短期来看，在特殊情况下，产品的价格可以低于平均总成本，但必须高于平均变动成本；否则，企业开发量越大，亏损就越严重。

3. 估计需求

需求是制定房地产价格的上限，房地产企业在制定价格时，必须估计需求。

在正常情况下，市场需求与房地产价格成反方向变化，即价格提高，市场需求减少；反之，价格下降，市场需求增加。房地产价格影响房地产需求，而房地产需求的变化又会影响企业产品销售，进而影响企业营销目标的实现。因此，估计市场需求状况是正确制定房地产价格的重要步骤。

估计需求，首先要估计需求价格弹性，了解市场需求对价格变动的反应。需求价格弹性是指因价格变动而引起需求量变动的比率，它反映了需求变动对价格变动的敏感程度。需求价格弹性可用公式表示为

$$需求价格弹性(E) = 需求变动百分比 \div 价格变动百分比$$

当 $E > 1$ 时，即需求变动的幅度大于价格变动的幅度，称为需求价格弹性大或需求有弹性；当 $E < 1$ 时，即需求变动的幅度小于价格变动的幅度，称为需求价格弹性小或需求无弹性；当 $E = 1$ 时，即需求变动的幅度与价格变动的幅度相等，称为单一弹性。

房地产企业估计产品需求价格弹性的目的，是根据房地产需求价格弹性的大小，制定出适宜的价格。如果某一房地产需求价格弹性大，则说明该产品价格稍微下降，需求量就会明显增加，房地产企业的总收入也会随之增加；相反，如果价格稍微上涨，需求量就会明显减少，房地产企业的总收入就会随之减少。对于这类需求价格弹性大的房地产，采取低价销售有利。如果某种房地产具有单一弹性，即价格变动的幅度与需求量的变动幅度一样，方向相反，这样，企业的总收入不变。对于这类房地产产品，不宜采用价格手段进行竞争。如果某种房地产需求价格弹性小，即价格下降很多，需求量增加较少，则企业总收入减少。相反，价格上涨很多，销售量下降较少，企业总收入增加，对于这类房地产产品制定较高的价格对企业有利。

4. 分析竞争状况

营销人员必须熟知竞争者产品的价格，并对其产品特性与品质加以分析，以便作为企

业定价的参考。纯粹站在竞争性比较的角度来看，如果企业的产品与竞争者的产品类似，且在品质上没有太大的差异，则价格应该定在竞争者的价格附近，否则可能受到消费者的排斥。若本企业产品品质较竞争者差，则价格就应该比竞争者的价格低一些，以便争取消费者的青睐；若品质较好，则价格可以比竞争者的价格高一些。

5. 选择定价方法和定价策略

在分析测定以上各种因素之后，就应选择适当的定价方法和策略以实现企业的定价目标。企业营销的商品价格要受商品成本与费用、市场需求和竞争状况的影响。企业制定商品价格时，要考虑这三方面的因素，结合本企业营销商品的实际情况，选择适当的定价方法和策略。

6. 选定最后价格

选定最后价格是房地产定价的最后一个步骤。企业在确定最后价格时，还必须考虑四个因素：一是必须符合国家有关方针政策、法律法规的规定；二是制定出来的价格必须符合企业的总体战略目标和企业的定价目标；三是与企业营销组合中的非价格因素协调一致；四是符合消费者利益。

8.2 房地产定价目标和定价方法

8.2.1 房地产定价目标

科学地确定定价目标是选择定价方法与确定定价策略的前提和依据。定价目标是在一段时间内为实现企业战略目标对价格制定提出的总的目的和要求。由于各企业的内部条件和外部条件各不相同，在房地产营销活动中，企业的生产经营实力在不断发生变化，每一时期企业的营销目标会有所不同，因此，不同企业会有不同的定价目标，同一企业在不同时期定价目标也会有所不同。企业应慎重对待定价目标的选择。在确定定价目标时，一方面要考虑目标的经济性，所确定的目标能给企业带来一定的经济效益；另一方面要考虑目标的可行性，所确定的目标应是在企业目前的内外条件下经过努力能够达到的。归纳起来，定价目标主要有以下几种。

1. 利润导向的定价目标

利润是企业生存和发展的必要条件，是企业营销的直接动力和追求的基本目标之一。因此，许多企业都把利润作为重要的定价目标。常用的有利润最大化目标、预期利润目标和适当利润目标三种。

2. 销量导向的定价目标

以销量导向定价崇尚市场占有率理论，特别是日本企业十分重视制造强大的销售声势，这在企业制定市场营销战略和策略时，确实是一个值得研究的问题。先打入与占领市场,然后极力扩大市场范围,再者巩固已有的市场份额。要实现以上各目标,必须配合适当的价格策略。所以,增加销售量或扩大市场占有率就成为企业常用的定价目标。

3. 竞争导向的定价目标

提供同类产品的企业,关注竞争对手的定价策略和价格策略是十分自然的。企业往往着眼于在竞争激烈的市场上应付和避免价格竞争,大多数企业对其竞争对手的价格很敏感,在定价以前,一般要广泛搜集资料,把本企业产品的质量、特点和成本同竞争对手的产品进行权衡比较,然后再制定产品价格,以对产品价格有决定影响的竞争对手或市场领导者的价格为基础,采用高于、等于或低于竞争对手的价格出售本企业的产品。

许多企业愿意追随市场领导者的价格,随行就市,缓和或避免竞争,稳定市场。当市场存在价格领导者时,新的加入者要想把产品打入市场,争得一席之地,只能采用与竞争者相同的价格。而一些小企业因市场营销费用较低,或者某些企业为扩大市场份额,定价可低于竞争对手。只有企业具备特殊优越条件,诸如资金雄厚、拥有专有技术、产品质量优良、服务水平高等,才可能把价格定得高于竞争对手。

4. 生存导向的定价目标

如果企业生产能力过剩,或面临激烈的市场竞争,或试图改变顾客的需求,或由于经营管理不善等原因,产品销路不畅,大量积压,企业甚至濒临倒闭,则需要把维持生存作为企业的基本定价目标,生存比获得利润更为重要。为了保持企业继续开工和使存货减少,企业必须制定一个较低的价格,并希望市场是价格敏感型的。许多企业通过大规模的价格折扣,来保持企业的活力。对于这类企业来讲,只要它们的价格能够弥补变动成本和一部分固定成本,即单价大于单位变动成本,企业就能够维持生存。这种定价目标,只是在企业面临困难时的短期目标,长期目标还是要获得发展,没有长远发展企业终将破产倒闭。

8.2.2 房地产定价方法

房地产企业在确定了楼盘的定价目标以后,便需要选择达成这些目标的方法。产品价格的高低要受市场需求、产品成本费用和竞争状况的影响,在实际定价过程中,企业往往侧重于对价格产生重要影响的一个或几个因素来选定定价方法。房地产企业的定价方法通常有成本导向定价法、需求导向定价法、竞争导向定价法三种。

1. 成本导向定价法

成本导向定价法是企业定价首先需要考虑的方法。成本是企业生产经营过程中所发生的实际耗费,客观上要求通过商品的销售而得到补偿,并且要获得大于其支出的收入,超出的部分表现为企业利润。成本导向定价法是以产品单位成本为基本依据,再加入预期利润来确定价格的定价方法,是房地产企业最常用、最基本的定价方法。

(1) 成本加成定价法。这种方法又称完全成本定价法,它是一种最简单的定价方法,是在单位产品成本的基础上,加上一定比例的预期利润作为产品售价的定价方法。售价与成本之间的差额即为利润。这里所指的成本包含了税金。由于利润的多少是按成本的一定比例计算的,习惯上将这种比例的多少称为"几成",因此这种方法被称为成本加成定价法。它的计算公式为

$$售价 = 单位产品成本 \times (1 + 加成率)$$

其中,加成率为预期利润占产品成本的百分比。

例如,某房地产企业开发某一楼盘,每平方米的开发成本为6 500元,加成率为14%,则该楼盘每平方米售价为6 500×(1+14%)=7 410元。

这种方法的优点是计算方便,因为确定成本要比确定需求容易得多,定价时着眼于成本,企业可以简化定价工作,也不必经常依据需求情况而做调整。在市场环境诸因素基本稳定的情况下,采用这种方法可以保证房地产企业获得正常的利润,从而保障企业经营的正常进行。

(2)目标收益定价法。这种方法又称目标利润定价法或投资收益率定价法,是在成本的基础上,按照目标收益率的高低计算售价的方法。其计算步骤如下所示。

1)确定目标收益率。目标收益率可表现为投资利润率、成本利润率、销售利润率、资金利润率等多种不同的形式。

2)确定目标利润。由于目标收益率的表现形式各不相同,因此目标利润的计算也不同,其计算公式有:

$$目标利润 = 总投资额 \times 目标投资利润率$$

$$目标利润 = 总成本 \times 目标成本利润率$$

$$目标利润 = 销售收入 \times 目标销售利润率$$

$$目标利润 = 资金平均占用额 \times 目标资金利润率$$

3)计算售价。其计算公式为:

$$售价 = \frac{总成本 + 目标利润}{预计销售量}$$

例如,某房地产企业开发一总建筑面积为21万平方米的小区,估计未来在市场上可实现销售18万平方米,其总开发成本为8亿元,企业的目标收益率为成本利润率的16%,问该小区的售价为多少?

解:目标利润 = 总成本 × 目标成本利润率 = 8×16% = 1.28(亿元)

$$每平方米售价 = \frac{总成本 + 目标利润}{预计销售量}$$

$$= \frac{8+1.28}{0.001\ 8} = 5\ 156(元)$$

因此,该企业的定价应为每平方米5 156元。

目标收益定价法的优点是可以保证企业既定目标利润的实现。这种方法一般适用于在市场上具有一定影响力的企业,以及市场占有率较高或具有垄断性质的企业。

（3）盈亏临界点定价法。这种方法又称损益平衡定价法，是指房地产企业按照生产某种产品的总成本和销售收入维持平衡的原则来制定产品价格的一种方法，即利用盈亏平衡分析原理来确定房地产价格的方法，是一种保本的定价方法。盈亏平衡原理如图 8-1 所示。

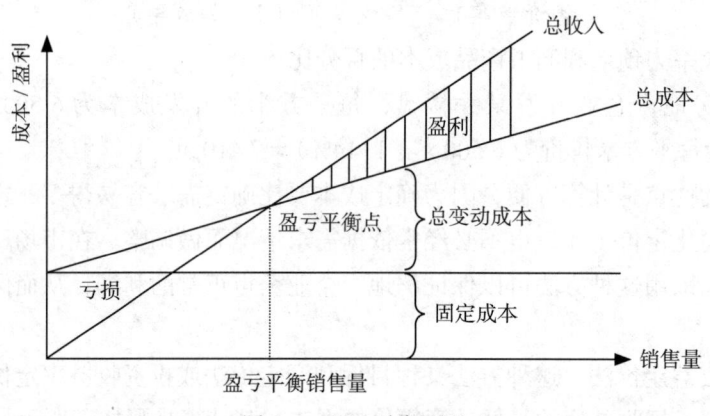

图 8-1 盈亏平衡原理

从图 8-1 中可以看出，当实际销售量小于盈亏平衡点销售量时，总收入＜总成本，企业发生亏损；当实际销售量大于盈亏平衡点销售量时，总收入＞总成本，企业可以获得利润；当实际销售量与盈亏平衡点销售量相等时，总收入＝总成本，企业不亏不盈，即保本。从图 8-1 中可以得出盈亏平衡点产（销）量的计算公式，即

$$盈亏平衡点产（销）量 = \frac{固定成本}{售价 - 单位变动成本}$$

由盈亏平衡点产（销）量的计算公式可以推导出保本价格，即

$$保本价格 = \frac{固定成本}{预计销售量} + 单位变动成本$$

例如：某房地产开发项目固定成本为 900 万元，单位建筑面积的变动成本为 6 800 元，项目完工后可供出售的建筑面积为 10 000 平方米，则该项目每平方米建筑面积的保本价格为

$$保本价格 = \frac{9\,000\,000}{10\,000} + 6\,800 = 7\,700（元／平方米）$$

即每平方米建筑面积售价为 7 700 元时，该项目不盈不亏。

保本价格是房地产价格的下限。在正常情况下，房地产定价要高于保本价格，这样，企业才能获取利润。因此，在市场不景气的情况下采用这种定价方法比较合适，因为保本经营总比停业的损失要小，而且企业有较灵活的回旋余地。

（4）边际贡献定价法。这种方法又称变动成本定价法，是房地产企业在定价时只计算变动成本而不计算固定成本，在变动成本的基础上加上预期的边际贡献来制定价格的方法。用公式表示为

$$边际贡献 = 预计销售收入 - 总变动成本$$

当边际贡献等于固定成本时，企业即可实现保本；当边际贡献大于固定成本时，企业即可实现盈利；当边际贡献小于固定成本时，企业就要亏损。边际贡献定价法的价格计算公式如下：

$$售价 = 单位变动成本 + 单位边际贡献$$

在正常情况下，房地产价格要高于平均总成本，即平均固定成本和平均变动成本之和。但在一些特殊情况下，如市场竞争十分激烈、市场形势严重恶化等，房地产企业为了维持生产和市场需求，有时不得不使价格低于平均总成本，但只要是高于单位变动成本的价格，便是企业可以接受的价格，这实际上是一种减少损失的方法。

以上几种成本导向定价法的共同点是：均以产品成本为制定价格的基础，在成本的基础上加上一定的利润来定价。不同的是它们对利润的确定方法略有差异。虽然这些方法较容易计算，但它们存在共同的缺点，即没有考虑市场需求和市场竞争情况。

2. 需求导向定价法

需求导向定价法是指以需求为中心，依据买方对产品价值的理解和需求强度来定价，而非依据卖方的成本定价。具体方法有理解价值定价法和区分需求定价法。

（1）理解价值定价法。理解价值也称感受价值或认识价值，是消费者对于商品的一种价值观念，这种价值观念实际上是消费者对房地产的质量、地段、小区规划和服务质量的评估。理解价值定价法的基本指导思想是认为决定商品价格的关键因素在于消费者对商品价值的认识水平，而非卖方的成本。房地产企业在运用理解价值定价法定价时，首先要估计和测量在营销组合中的非价格因素变量在消费者心目中建立起来的认识价值，然后按消费者的可接受程度来确定楼盘的售价，由于理解价值定价法可以与现代产品定位思路很好地结合起来，成为市场经济条件下的一种全新的定价方法，因此为越来越多的企业所接受。其主要步骤是：①确定顾客的认识价值；②根据确定的认识价值，决定商品的初始价格；③预测商品的销售量；④预测目标成本；⑤决策。

理解价值定价法的关键是准确地掌握消费者对商品价值的认知程度。对自身产品的消费者认识价值估计过高的企业，会令它们的产品定价过高；而对自身产品的消费者认识价值估计过低的企业，定价就可能低于它们能够达到的价值。因此，为了准确判断市场的认识价值，进行市场调查是必不可少的。

（2）区分需求定价法。这种方法又称差别定价法，是指某一产品可根据不同需求强度、不同购买力、不同购买地点和不同购买时间等因素，采用不同的售价。例如，消费者在小卖部喝一杯咖啡、吃一块点心要付10元，在一家小餐厅要付12元，而在大旅馆的咖啡厅就要付14元，如果要送到旅馆的房间内食用则要付20元。价格一级比一级高并非产品的成本所决定的，而是附加服务和环境氛围为产品增添了价值。同样，对于房地产来说，同一种标准、同一种规格、同一种外部环境的商品房，可以根据楼层数的相应变化而使销售价格相应变化。区分需求定价法的主要形式有：以消费群体的差异为基础的差别定价；以数量差异为基础的差别定价；以产品类型、位置等差异为基础的差别定价；以产品稀缺性为基础的差别定价；以地域差异或时间差异为基础的差别定价；等等。

3. 竞争导向定价法

竞争导向定价法是企业为了应付市场竞争的需要而采用的特殊的定价方法。它是以竞争者的价格为基础，根据竞争双方的力量等情况，制定较竞争者价格为低、高或与之相同的价格，以达到增加利润、扩大销售量或提高市场占有率等目标的定价方法。对于房地产企业而言，当本企业所开发的项目在市场上有较多的竞争者时，适宜采用竞争导向定价法确定楼盘售价，以促进销售，尽快收回投资，降低风险。竞争导向定价法有随行就市定价法、追随领导者企业定价法两种方法。

（1）随行就市定价法。这种定价方法就是企业使自己的商品价格与同行业的平均价格水平相一致。一般来说，在基于产品成本预测比较困难，竞争对手不确定，以及企业希望得到一种公平的报酬和不愿打乱市场现有正常秩序的情况下，这种定价方法较为行之有效。在竞争激烈而产品弹性较小或供需基本平衡的市场上，这是一种比较稳妥的定价方法，在房地产业应用比较普遍。因为在竞争的现代市场条件下，销售同种商品房的各家房地产企业在定价时实际上没有选择余地，只能按现行市场价格来定价。若价格定得过高，其商品房将难以售出，而价格定得过低，一方面企业自身的目标利润难以实现，另一方面会促使其他房地产企业降价，从而引发价格战。因此，这种定价方法比较受一些中小型房地产企业的欢迎。

（2）追随领导者企业定价法。使用这种定价方法的房地产企业一般拥有较为丰富的后备资源，为了应付或避免竞争，或者为了稳定市场以利于其长期经营，往往以同行中对市场影响最大的房地产企业的价格为标准，来制定本企业的商品房价格。

8.3 房地产定价策略分析

房地产定价策略是指企业为了在目标市场上实现自己的定价目标所规定的定价指导思想和定价原则。定价策略应根据商品房本身的情况、市场情况、成本状况、消费构成及消费心理等多方面因素来制定。不同房地产在不同时间、不同地点可采取不同的定价策略。

8.3.1 新产品定价策略

新产品定价是房地产企业价格策略的一个关键环节，它关系到开发建设的房地产产品能否顺利进入市场，并为以后占领市场打下基础。房地产企业开发出新产品并投放市场时，可以选择撇脂定价策略、渗透定价策略和满意定价策略。

1. 撇脂定价策略

这是一种高价策略，是指在产品生命周期的最初阶段，将新产品价格定得较高，在短期内获取丰厚利润，尽快收回投资。这种定价策略犹如从鲜奶中撇取奶油，取其精华，所以称为"撇脂"定价策略。

此种定价策略的优点包括：①在新产品上市之初，竞争对手尚未进入，顾客对新产品尚无理性的认识，利用顾客求新、求异心理，以较高的价格刺激消费，以提高产品规格，创造高价、优质、名牌的印象，开拓市场；②由于价格较高，可在短期内获得较大的利润，回收资金也较快，使企业有充足的资金开拓市场；③在新产品开发之初定价较高，当竞争对手大量进入市场时主动降价，增强竞争能力。

当然，撇脂定价策略也存在着某些缺点：①高价不利于开拓市场和增加销量，不利于占领和稳定市场，容易导致新产品开发失败；②高价、高利容易引来竞争对手的涌入，加速行业竞争，仿制品、替代品迅速出现，迫使价格下跌；③此时若无其他有效策略相配合，则企业苦心营造的高价、优质形象可能会受到损害，失去部分顾客；④价格远远高于价值，在某种程度上损害了消费者利益，容易招致公众的反对和消费者的抵制，甚至被当作暴利加以取缔，诱发公共关系问题。

2. 渗透定价策略

这是一种与撇脂定价策略相反的低价策略，即在新产品上市之初，企业将新产品的价格定得相对较低，吸引大量的购买者，以利于为市场所接受，迅速打开销路，提高市场占有率。

此种定价策略有两个优点：①低价可以使新产品尽快为市场所接受，并借助大批量销售来降低成本，获得长期稳定的市场地位；②微利可以阻止竞争对手的进入，有利于企业控制市场。

值得注意的是，采取此种定价策略，企业的投资回收期较长，见效慢，风险大，一旦渗透失利，企业将一败涂地。

采取此种定价策略，应具备三个条件：①产品的市场规模估计较大，存在强大的潜在竞争对手；②产品的需求价格弹性较大，消费者对此类产品的价格较为敏感；③大规模开发能显著降低成本，薄利多销可获得长期稳定的利润。

3. 满意定价策略

这是一种介于撇脂定价策略和渗透定价策略之间的定价策略，以获取社会平均利润为目标。所定的价格比"撇脂价格"低，比"渗透价格"高，是一种中间价格。制定不低不高的价格，既保证企业有稳定的收入，又对消费者有一定的吸引力，使企业和消费者双方对价格都满意。

此种定价策略的优点包括：①产品能较快为市场所接受，且不会引起竞争对手的对抗；②可以适当延长产品的生命周期；③有利于企业树立信誉，稳步调价，并使消费者满意。

满意定价策略的缺点是定价比较保守，盈利率和市场占有率均不高，不适用于需求复杂多变或竞争激烈的市场环境。

对于房地产企业来说，撇脂定价策略、渗透定价策略及满意定价策略分别适应不同的市场条件，何者为优，不能一概而论，需要综合考虑市场需求、供给、竞争、市场潜力、价格弹性、产品特性、企业发展战略等因素才能确定。一般而言，房地产企业可以根据企业实力、新产品特点和市场条件灵活运用。在企业实力雄厚，开发能力强且市场上类似产品多的情况下，可采取渗透定价策略或满意定价策略，以扩大销售量，争取更大的市场占有率。如果企业的生产能力有限，新产品又极具特色，则采取撇脂定价策略更为有利。

8.3.2 折让定价策略

折让定价策略就是降低商品价格，给购房者一定的价格折扣，以争取消费者，扩大销售。灵活运用折让定价策略，是房地产企业鼓励购买、争取消费者、扩大销售的一种有效方法。常用的折让定价策略主要有现金折扣策略、数量折扣策略、季节折扣策略和职能折扣策略。

1. 现金折扣策略

这是一种房地产开发企业经常运用的价格策略，对按约定付款日付款的购房者给予一定的折扣，对提前付款的购房者给予更大的折扣。例如，对在两个月内支付全部购房款的客户给予1%的折扣优惠，对在一个月内支付全部购房款的客户给予2%的折扣优惠。

采用这种策略能使房地产企业及时收回货款，加速资金周转，降低利息负担，对房地产企业和客户都有好处。

2. 数量折扣策略

这是一种根据消费者购买房地产产品面积或金额的多少，按其达到的标准给予一定折扣的策略。折扣数额可以按购买产品数量，也可以按购买金额计算。购买的数量或金额越大，价格优惠幅度就越大。

房地产企业为了鼓励团体客户批量购买，也经常给予数量折扣。例如，对购买20个居住单元者给予8%的优惠，对购买金额达500万元者给予5%的优惠。

3. 季节折扣策略

季节折扣是指对在消费旺季或淡季购买房地产产品的消费者提供的价格优惠。例如，在旅游旺季，各酒店、宾馆竞相降价吸引游客，这不仅有利于游客减少支出，还有利于投资者增加收入。又如，在春节前后或隆冬季节等购房淡季，对购房者给予一定的价格优惠。

4. 职能折扣策略

职能折扣又称贸易折扣，是房地产企业根据中间商所负担的不同功能而给予的不同折扣。例如，从事房地产销售的中间商，有的只负责收集信息，联系客户；有的不仅联系客户，出售房产，还负责办理有关产权登记等工作。因此，房地产开发商可根据不同的中间商采用不同的折扣，这样才能调动中间商的积极性，以促进本企业商品房的销售。对于不同的中间商可给予不同的折扣,但对于同一类型的中间商,应给予同样的折扣。

8.3.3 心理定价策略

心理定价策略是为适应和满足消费者的购买心理所采取的价格决定策略。每一件产品都能满足消费者某一方面的需求,其价值与消费者的心理感受有着很大的关系。这就为心理定价策略的运用提供了基础,使得企业在定价时可以利用消费者的心理因素,有意识地将产品价格定得高些或低些,以满足消费者物质和精神的多方面需求,利用消费者对企业产品的偏爱或忠诚,引导消费者增加购买,扩大市场销售,获得最大效益。心理定价策略具体包括尾数定价策略、整数定价策略、声望定价策略和招徕定价策略。

1. 尾数定价策略

这是一种依据消费者通常认为零数价格比整数价格便宜的消费心理而采取的定价策略,这种策略又称奇数或非整数定价策略。商品房由于价值量巨大,其价格要比普通商品高得多,所以一般不会精确到小数点后面的位数,但有的会精确到十位数或个位数。例如,每平方米 8 230 元、每平方米 8 288 元等。消费者会接受这样的价格,原因主要有两点。一是尾数定价会给人便宜很多的感觉。例如,开发商定价为每平方米 9 980 元,消费者会产生还不到 10 000 元的感觉,虽然事实上只相差 20 元,但会使消费者产生差距相当大的感觉。二是有些消费者会认为整数定价是粗略性的定价,不够准确,非整数定价会让消费者产生此定价经过深思熟虑的感觉,使消费者在心理上产生对企业的信任感。

2. 整数定价策略

这是一种把房地产商品价格定为一个整数、不带尾数的定价策略。对于同种类型的商品房,往往有许多房地产企业开发建设,但其设计方案、内外装修等各有特色,消费者往往以价格作为辨别质量的"指示器"。特别是对于一些高档别墅来说,其消费对象多是高收入者,他们往往更关注楼盘的档次是否符合自己的要求,而对其单价并不十分关心。所以对于这类商品房,采用整数定价反而会比尾数定价更合适。例如,一些装修豪华、外观别致、气派不凡的高档别墅开价往往是一套 800 万元、1 000 万元不等。因为这类消费者购买高档商品房的目的除了自我享受以外,还有一个重要的心理因素,就是显示自己的财富或地位。因此,在这里采取整数定价策略可能比采取尾数定价策略销路要好。

3. 声望定价策略

这是一种针对消费者"价高质必优"的心理,利用本企业的声誉对产品定价的定价策略。采用这种策略时,房地产价格一般比市场同类房地产产品的价格要高一些。因此,高价与品牌商品房相结合,更容易显示特色,增强产品的吸引力,从而产生扩大销路的积极效果。因此,这一策略适用于一些房地产产品质量好、房地产开发商有良好声誉和威望的情形。例如,万科开发的楼盘,其价格均比周边楼盘要高一些。

4. 招徕定价策略

这种定价策略是指企业将某几种产品的价格定得非常高或非常低，以引起消费者的好奇心理和观望行为，带动其他商品的销售，加速资金周转。

招徕定价策略主要是利用消费者的求廉心理，运用较多的是将少数产品价格定得较低，吸引消费者在关注"便宜"的同时，能购买其他价格比较正常的产品。

将某种产品的价格定得较低，甚至亏本销售，而将其相关产品的价格定得较高，这也属于招徕定价策略的一种运用。前几年某一房地产公司为形成购买人气，曾以低于市场价格500元的价格开盘先招徕人气，然后以低开高走策略创下了所在区域房地产销售的奇迹。

8.3.4 差别定价策略

差别定价策略是指企业在销售商品时，根据商品的不同用途、不同交易对象等采用不同价格的一种定价策略。差别定价策略一般有以下几种形式。

1. 根据同一楼盘中不同单元的差异制定不同价格

在同一栋商品房中，虽然设计方案、施工质量、各种设备等都一样，但各单元之间存在着层次、朝向、房型、采光条件等方面的差异。开发商可根据上述情况来综合评定各单元的等级，从而从高到低确定价格序列。

以多层商品房为例，在确定基价后，可根据楼层对售价进行修正。在一幢7层的楼房中，一般可以将2层楼的售价定为基价，3~5层由于位置居中，采光条件较好，通行也较为方便，其售价一般可达到基价的104%~106%；底层虽然采光条件略差，但往往由于有附送天井，其售价也可达到基价的102%。6层虽然采光条件不错，但由于位置较高，通行不便，售价往往只能达到基价的95%；而顶层除了通行不便外，还有因楼顶直接与外界接触，容易受到日照、降水等自然侵袭而受损的缺点，因此，其售价一般可定为基价的90%左右。对于底层和顶层不好卖的问题，开发商针对不同客群进行改进，例如，现在多数底层附带地下室和庭院，顶层附带阁楼等，这样一来不仅提高了底层和顶层的售价，销售效果也十分好，使底层和顶层从"滞销楼层"变成了"畅销楼层"。

2. 对不同的消费群体定不同的价格

某些楼盘所面对的消费群体的范围可能比较大，开发商可以针对不同的消费群体制定不同的售价，对于特定消费群体给予优惠，即根据具体情况灵活掌握，差别定价。例如，对于教师购房给予九七折优惠等。施行这种策略，可以体现房地产企业重视教育、尊重教师，有助于在特定群体中提高企业的知名度，从而提高企业的竞争力。

3. 对不同用途的商品房定不同的价格

房地产开发商可根据购房者购房后的不同用途制定不同的价格。例如，有的购房者将所购房作为办公楼、职工宿舍或商业用房等，对于不同的用途，可制定不同的价格。

| 案例 |

市场需求是确定楼盘开盘价格的试金石

制定开盘价格是门很高超的技术活,价格不小心定高了,超过了客户心理承受价格,销售会受阻,容易导致开盘失败;价格定低了,就算实现了开盘即清盘的好局面,也未必实现利润最大化。

所以说,营销总监压力很大,很多项目价格都是开盘的那一刻才出来的。开盘价格怎么定出来?不管是成本+预期利润定价法,还是以市场竞争为主的市场比较法,抑或是混合定价法,在制定价格过程中,对客户心理价格的摸底非常重要,在项目均价定下后,开盘前进行客户价格测试与定位也是非常有必要的。

其实,在销售中心开放后,房地产企业就可以通过多个营销环节制造了解客户、引导客户的机会,在客户逐步了解、认可项目价值的过程中,逐步试探客户价格底线。价格摸排从初步到细化,进行多轮客户意向排查,实现项目高价值。

在整体均价及整栋均价确定好之后,应再次在开盘前进行客户调研,调查价格是否合理。具体可以采用以下方式进行价格测试。

(1)直接试探来访客户的心理价位。置业顾问在与强意向客户交流的过程中,在明确客户的意向购买户型、明确告知项目的特点和价值之后,以适当的技巧向客户询价。询价的时机和技巧非常重要,既要引导客户在仔细思考后给出准确的答案,又不能让客户太明了营销人员的意图进而给出误导价格。

另外,也可以让来访的客户填写客户意向单与承受价格调查表,但客户可能会隐藏自己真实的心理价格,完全依赖这种方式在某些情况下可能带来较高风险。

(2)第三方电话访问价格测试。第三方调查公司以对城市市民进行热点经济问题调查的名义进行"随机"电话访问,合理隐藏真实价格测试目的,保证客户回答时能够给出真实的想法,同时可以了解客户对项目优缺点的真实评价,但不能问得太仔细。运用这种方法,客户给出的价格区间多以1 000元为单位变动,同时成本也相对较高。

(3)根据项目实际情况适当向市场放风,向市场投放一个比实际价格稍高的价位。例如,项目准备以每平方米9 000元为均价,当客户询价时,可以向客户报一个每平方米10 000元以上的模糊均价,同时在报价时观察客户的面部表情,观察客户的反应,统计能接受这个价格的来访客户的数量。此种方案虽然比较好,但容易吓跑很多潜在客户,造成客户流失。

结合案例分析影响房价的主要因素。

| 思考题 |

1. 简述房地产价格与一般物价的异同点。
2. 房地产的价格是由哪几部分构成的?
3. 影响房地产定价的因素有哪些?

4. 简述房地产的定价程序。
5. 房地产有哪几种定价目标?
6. 简述房地产的几种定价方法。
7. 分析三种新产品定价策略的优缺点。

| 实训 |

为小组研究的楼盘确定不同阶段的价格,并说明定价依据。

第 9 章

房地产分销渠道策略

⏱ 学习目标

1. 了解房地产分销渠道的类型及其特点。
2. 掌握房地产中间商的选择条件。
3. 了解影响房地产分销渠道选择的主要因素。
4. 掌握房地产分销渠道成员的管理策略和评价方法。

📖 技能要求

1. 基本能够依据所依赖的环境、企业和产品特点选择分销渠道。
2. 能够结合实际制定分销渠道策略。

📖 本章概览

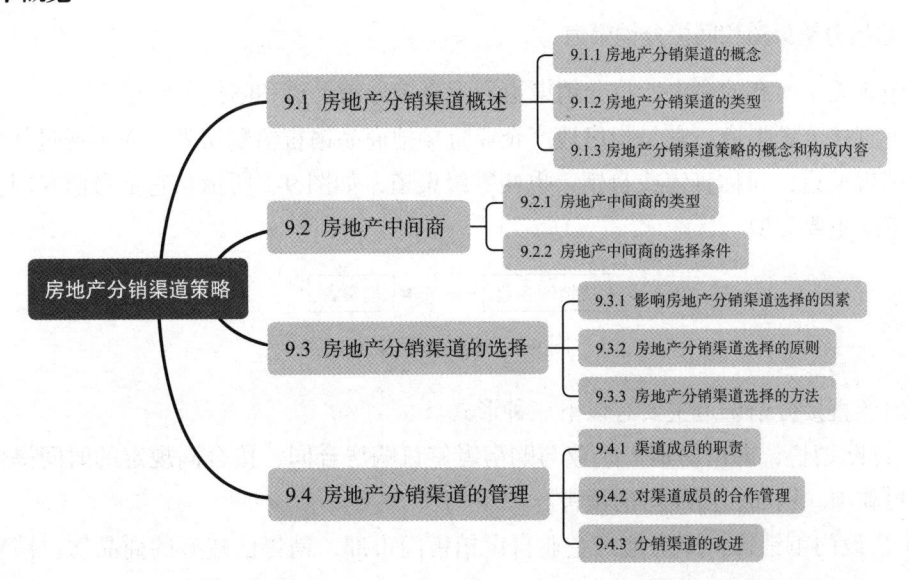

```
                              ┌─ 9.1.1 房地产分销渠道的概念
              ┌─ 9.1 房地产分销渠道概述 ─┼─ 9.1.2 房地产分销渠道的类型
              │               └─ 9.1.3 房地产分销渠道策略的概念和构成内容
              │
              │               ┌─ 9.2.1 房地产中间商的类型
              ├─ 9.2 房地产中间商 ─────┤
              │               └─ 9.2.2 房地产中间商的选择条件
房地产分销渠道策略 ─┤
              │               ┌─ 9.3.1 影响房地产分销渠道选择的因素
              ├─ 9.3 房地产分销渠道的选择 ─┼─ 9.3.2 房地产分销渠道选择的原则
              │               └─ 9.3.3 房地产分销渠道选择的方法
              │
              │               ┌─ 9.4.1 渠道成员的职责
              └─ 9.4 房地产分销渠道的管理 ─┼─ 9.4.2 对渠道成员的合作管理
                              └─ 9.4.3 分销渠道的改进
```

9.1 房地产分销渠道概述

9.1.1 房地产分销渠道的概念

分销渠道又称销售渠道。现代营销学之父菲利普·科特勒认为，分销渠道是某种货物或劳务从生产者向消费者移动时，取得这种货物或劳务所有权的所有企业和个人；营销学家斯特恩和艾尔·安塞利认为，分销渠道是促使产品或服务顺利地被使用或消费的一整套相互依存的组织；美国市场营销学会则认为，分销渠道是所有企业内部与外部的代理商和经销商的组织机构，通过这些组织，商品（产品或劳务）才得以上市行销。

上述几种概念虽然表达各异，但其本质是一致的，即分销渠道是指产品或服务在其所有权转移过程中从生产者到达消费者的途径或通道，也就是产品从生产者手中传至消费者手中所经过的各中间商联结起来的通道。其中，转移的产品，既可以是有形产品，也可以是无形产品，即服务；既可以是产品所有权的转移，也可以是产品使用权的变动。

在市场营销理论中，还有一个概念与分销渠道经常不加区分地交替使用，这就是营销渠道。所谓营销渠道是指配合起来生产、分销和消费某一生产者的产品或服务的所有相关企业和个人，包括供应商、生产者、中间商、辅助商和最终消费者等。营销渠道与分销渠道等同起来使用时，可将其理解为广义的分销渠道。

从分销渠道的概念中我们已经了解到，生产者是分销渠道的起点，消费者是分销渠道的终点，中间商是职能不同的中介机构。在分销渠道的这一流程中，产品的所有权每转移一次，就构成一个分销渠道层次。

9.1.2 房地产分销渠道的类型

房地产分销渠道根据其在房地产所有者和消费者之间是否使用中间商，或者使用中间商的类型和多少，可以分为不同的分销渠道类型。

1. 直接分销渠道和间接分销渠道

按照有无中间商的介入，将分销渠道分为直接分销渠道和间接分销渠道。

（1）直接分销渠道。它是指房地产企业直接把商品销售给购房者，而不通过任何中间环节的销售渠道，简称直销或自销，也叫零级渠道，如图9-1所示。它是目前我国房地产分销渠道的主要类型。

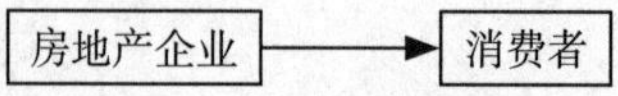

房地产企业 → 消费者

图9-1 直接分销渠道

房地产直接分销渠道主要有以下三种形式。

1）订购销售，即由房地产企业与购房者签订购房合同，按合同规定的时间提供商品房、交付款项。例如，商品房的预售。

2）自设门市销售，即房地产企业自设销售门市部，销售已建好的商品房。销售门市部就设在商品房的销售现场，以便消费者选购。例如，项目所在处的售楼中心。

3）推销员推销，即由房地产企业派出推销员或通过电话访问等方式，直接向购房者推销房地产商品。

房地产直接分销渠道的优点主要体现在以下三个方面。

1）直接面对市场。房地产直接分销渠道便于房地产企业直接了解消费者的需求、购买特点和变化趋势，由此可以及时做出相应的经营决策，更好地满足消费者的需求。

2）降低营销成本。房地产直接分销渠道可以压缩商品的流通环节，减少流通费用，降低营销成本。

3）保证服务质量。房地产直接分销渠道便于企业为消费者提供更加快捷、准确的购房信息。同时，提供良好的售前及售后服务，有利于扩大企业在市场上的影响，提高企业声誉和树立良好的企业形象。

房地产直接分销渠道也有其不可避免的缺点，也主要体现在三个方面。

1）占用一定的企业资源。房地产直接分销，会分散企业的人力、物力和财力，分散企业决策层的精力。搞不好会使企业顾此失彼，开发建设和销售两方面都受影响。

2）风险较高。如果采用直接分销渠道，那么房地产企业要独自承担全部风险，例如房地产在租售阶段存在着需求下降、价格变动和其他市场风险；若由经销商负责分销，则有利于风险分摊或风险转移。

3）影响营销效率。分销能力限制，可能给销售带来不利影响。房地产企业的特长是组织项目开发，往往不具备广泛的营销网络，对市场需求信息的了解也不如经销商充分。因此，直接分销必然影响销售速度，延长项目周期，不利于企业的资金周转。

（2）间接分销渠道。它是房地产企业通过中间商销售房地产的渠道。常用的间接分销渠道主要是由代理商和经销商等中间商承担商品的流通职能，如图9-2所示。间接分销渠道根据层次的不同，又可以细分为一层渠道、二层渠道、三层渠道和四层渠道。

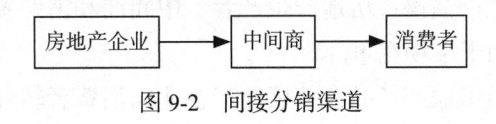

房地产企业 → 中间商 → 消费者

图 9-2　间接分销渠道

房地产间接分销渠道的优点主要体现在以下四个方面。

1）提高效益。有了中间商的协作，房地产企业可以从繁杂的分销业务中解脱出来，集中精力，专心致力于房地产开发，从而有助于加强市场研究和开发项目的可行性论证及决策分析，不断提高开发经营的效益。

2）缓解资源不足的矛盾。房地产间接分销渠道可以缓解房地产企业人、财、物等资源不足的矛盾。中间商介入房地产产品流通，使房地产企业提前实现产品价值，加速了房地产企业资金的周转速度。同时也减少了人力、物力、财力的分散，从而保证房地产企业以较少的资源开发建设较多的房地产产品。

3）分散风险。经销商的介入，虽然分享了部分利润，但也分散了很大一部分风险，从而有助于企业获得合理的开发利润。即使是代理中间商，由于加快了房地产产品的销售速度，也相当于降低了房地产企业的风险。

4）满足消费者的不同要求。由于流通职能的专门化，房地产中间商能汇集大量的待销房地产产品，从而有助于消费者选购其所要求的产品。同时，中间商还可为消费者提供各种相关服务，简化手续，这有利于促进分销效率的提高。

与直接分销渠道一样，房地产间接分销渠道也存在着自身的缺点，主要体现在以下三个方面。

1）提高了房地产产品的价格。由于中间商的介入，相应地要增加商品的经营费用，由此增加了商品的成本，提高了价格，容易引起消费者的反感。

2）容易降低售前和售后服务的质量。房地产产品在使用过程中离不开各项服务，中间商的服务往往不如房地产企业那样及时和周到，也容易引起购房者的不满。

3）不便于直接沟通信息。房地产企业如果与中间商协作不好，很难准确获取消费者需求信息和竞争对手信息，不容易把握市场变化的趋势，最终会影响企业的经营效益。

2. 长渠道和短渠道

按照流通环节或流通层次的多少，可将房地产分销渠道分为长渠道和短渠道。

（1）长渠道。它是指房地产企业利用两个或两个以上的流通环节来销售自己产品的渠道，如图9-3所示。

房地产企业 → 经销商 → 代理商 → 消费者

图9-3 长渠道

长渠道的优点是能有效地扩大市场覆盖面，扩大商品销售；能充分利用中间商的职能，降低市场风险。

长渠道的缺点是信息反馈慢；房地产生产者、中间商和消费者之间关系复杂、难以协调；商品价格较高，不利于市场竞争。

（2）短渠道。它是指房地产产品在从房地产企业向消费者转移的过程中，不经过中间商环节或只经过一个中间商环节的渠道，如图9-4所示。

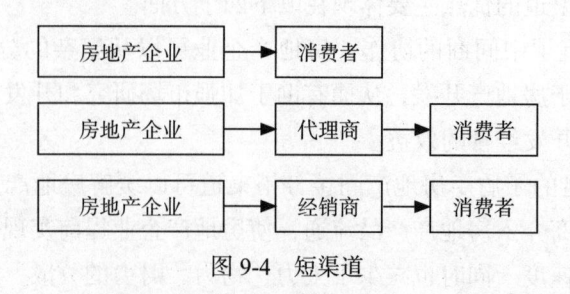

房地产企业 → 消费者

房地产企业 → 代理商 → 消费者

房地产企业 → 经销商 → 消费者

图9-4 短渠道

短渠道的优点是能减少流通环节，节省流通时间，降低流通费用；房地产产品最终价格较低，能增强市场竞争力；信息传播和反馈速度快。

短渠道的缺点是迫使房地产企业承担更多的流通职能。

3. 宽渠道和窄渠道

按照渠道中每个层次或环节使用的同类中间商数目的多少，将分销渠道分为宽渠道和窄渠道。

房地产企业在分销渠道的同一层次或环节使用的中间商越多，分销渠道就越宽；反之，分销渠道就越窄。根据分销渠道宽窄的不同，房地产企业可以做出以下三种选择。

（1）密集分销。它又叫广泛分销，是指房地产企业尽可能通过较多的中间商来销售自己的产品。密集分销的优点是市场覆盖面广。但是，房地产企业付出的销售成本高，中间商的积极性较低。

（2）选择分销。它是指房地产企业从愿意合作的中间商中选择一些条件较好的中间商来销售其产品。选择分销的优缺点介于密集分销和独家分销之间。

（3）独家分销。它是指房地产企业在一定的市场区域内仅选用一家经验丰富、信誉卓越的中间商销售本企业的产品。

独家分销的优点是有利于房地产企业控制产品价格；有利于提高中间商的积极性和销售效率；有利于产销双方互相支持与合作。独家分销的缺点是房地产企业过分依赖中间商，如果中间商选择不当或与中间商关系恶化，其可能会完全失去市场；只用一个中间商，可能因销售力量不足而失去很多潜在客户。

4. 单渠道和多渠道

按照房地产企业采用的渠道类型的多少，将分销渠道分为单渠道和多渠道。单渠道是指房地产企业只采用一种类型的销售渠道销售其产品。多渠道是指房地产企业选用不同类型的销售渠道销售其产品。

房地产企业对销售渠道进行分类，目的在于选择有利于企业产品销售的分销渠道。

9.1.3　房地产分销渠道策略的概念和构成内容

1. 房地产分销渠道策略的概念

所谓房地产分销渠道策略，是指房地产企业为了实现企业的经营目标和营销目标，使房地产产品快速、高效地从开发建设领域流向消费和使用领域而采取的一系列措施。

分销渠道策略是市场营销组合的一个重要组成部分。产品从生产者转移到消费者，须经由功能不同的营销中间机构。分销渠道策略同产品策略、价格策略和促销策略一样，是企业成功地将产品打入市场、扩大销售、实现企业经营目标的重要手段。它不仅影响着整个营销策略和其他营销决策，还影响着本企业与其他企业的长期协作关系。因而，建立分销渠道是企业面临的重要决策。一家企业制定了正确的分销渠道策略，就等于拥有了决胜市场的控制权。

2. 房地产分销渠道策略的构成内容

房地产企业开发出来的房地产商品，如何以最快的速度、最低的费用传送到消费者手中，是房地产企业缩短项目周期、加速资金周转和提高经济效益的重要环节。因此，房地产分销渠道的网络布局、分销渠道的选择和分销渠道的管理都是分销渠道策略的重要组成部分。

所谓分销渠道的网络布局，实际上是如何选择分销渠道成员的问题。在进行选择之前，我们有必要了解中间商的不同特点和不同职能。企业如何选择中间商，并且与中间商建立良好的合作关系，对产品的营销具有重大的影响。在对中间商的特征和职能都有了一定的了解以后，房地产企业可以结合企业的实际情况，选择适合本企业规模和能力的分销渠道。对于房地产企业来说，它不能满足于只设计一个良好的渠道系统，还必须对其进行系统的管理。房地产分销渠道管理是指房地产企业为实现企业营销目标而对现有渠道进行管理，以确保渠道成员间、企业与渠道成员间相互协调和通力合作的一切活动。分销渠道管理主要包括渠道的控制和协调两个方面。

9.2 房地产中间商

9.2.1 房地产中间商的类型

房地产中间商在房地产间接分销渠道中发挥着核心作用，企业如何选择中间商、如何与中间商建立良好的合作关系，对产品营销具有重大意义。

房地产中间商是指处在房地产企业和消费者之间，参与房地产流通服务，促进买卖行为发生的组织和个人。按照营销过程中是否拥有房地产产品的所有权，可将房地产中间商划分为房地产经销商和房地产代理商两种。

1. 房地产经销商

房地产经销商是指拥有房地产产品所有权的中间商。由于房地产产品价值大，经营风险高，房地产经销商具有区别于一般产品批发商和零售商的独特属性。这种独特属性体现在以下三个方面。

首先，房地产经销商业务上的兼容性强。许多房地产经销商既经销其他房地产企业开发的房地产，同时也从事房地产开发业务。这种情况在我国比较普遍，我国的房地产经销商大多隶属于国营房地产大企业。另外，我国还有一些房地产经销商也从事房地产经营以外的商务活动。

其次，房地产经销商的经销形式具有多样性。一般商品的经销商分为批发商和零售商，它们或者经营批发业务，或者从事商品零售。而房地产经销商一般没有批发和零售之分，它们既向房地产代理商和团体客户批量提供房地产商品，也向社会零散的个人消费者提供单元房地产商品；更具有特色的是，房地产经销商既向用户销售房地产商品，也经营房地产租赁业务。由于房地产价格昂贵，以转卖为主的经销业务一般都带有投机性质，经销商较少开展这种业务，而以经营（出租）为主的经销业务则是经销商的主营业务，这是房地产经销商与其他经销商在业务性质上的又一主要区别。

最后，房地产经销商需要拥有较强的经济实力。由于房地产经营需要巨额资金，无论这巨额资金来源于企业自有资金，还是银行抵押贷款，都需要经销商具有较强的经济实力；否则，难以进行规模经营，获得较好的经济效益。

2. 房地产代理商

房地产代理商是指接受房地产企业、用户或经销商的委托，从事房地产销售或租赁业务，但不拥有房地产产品所有权的中间商。经销商的目的是获取投资收益（经营收益）和转卖差价；而代理商只为房地产企业、经销商、购买者和承租者提供咨询、代办业务，其目的是向交易双方或单方（多为卖方）收取一定数额或一定比例的佣金。因此，虽然二者都是中间商，但因其目的差异较大，所以二者的市场行为也有明显区别。

房地产代理商按组织形式可分为企业代理商和个人代理商（房地产经纪人）两种。二者的业务性质相同，它们与房地产企业之间的关系都是合同契约关系，其实质是建立在相互信任基础上的委托关系。但由于经纪人的经营实力和经济实力有限，其业务范围和业务规模一般较小。

9.2.2 房地产中间商的选择条件

1. 中间商的实力和品牌

房地产中间商的实力和品牌不仅仅体现于它的规模大、资金雄厚，更体现于它具有专业的销售技术和一支高素质的销售队伍，对市场与消费者有深入的调查和了解。房地产中间商以前成功的代理业绩也往往能够体现它的品牌价值。

2. 中间商的市场范围

市场范围也是选择中间商的关键条件，所谓市场范围既包括地理概念上市场的大小，也包括市场中消费者数量的多少，一般每个具体的房地产产品的目标市场不会太大，比较单一。例如，上海的高档外销别墅的目标市场基本上是欧美大公司的驻沪工作人员及其他地区的投资者。一个特定的目标市场并不是每一个中间商的市场范围可以包括的，像我国港台地区的一些代理公司的市场范围主要包括海外公司和海外投资者，而众多大陆房地产中间商，对这方面的市场就不是很熟悉。所以房地产企业都希望选择可以打入自己已确定的目标市场的房地产中间商。

3. 中间商的综合服务能力

房地产商品由于其特殊性，因而十分重视房地产中间商提供的各种服务，如各种信息咨询服务、财务金融服务（帮助办理分期付款或按揭等）、法律服务（合同的修改、签订等）；在销售过程中还要提供关于建筑工程等方面的技术指导，合适的中间商提供的综合服务项目与服务能力应与房地产租售所需要的服务要求相一致。

4. 中间商的促销策略和技术

房地产产品的促销往往需要通过广告促销、人员推销、营业推广和公共关系等促销策略的综合运用,促销策略的组合和促销水平的高低在很大程度上影响房地产的租售水平。因此,选择中间商前必须对其市场营销策略和技术的现实可能程度做全面评价。

5. 预期合作程度

由于房地产中间商大多为代理商,不存在垫付资金的情况,促销压力相对较小。若中间商与房地产企业合作得好会积极主动地推销房地产产品;若合作程度一般则中间商可能不会积极地拓展市场、精心促销。因此,与中间商的预期合作程度也是房地产企业在选择中间商时要考虑的条件之一。

9.3 房地产分销渠道的选择

9.3.1 影响房地产分销渠道选择的因素

1. 市场因素

市场是房地产企业做分销渠道决策时所要考虑的最重要的因素之一。影响分销渠道选择的市场因素主要有以下四项。

(1) 潜在顾客规模。潜在顾客越多,市场范围越大,这就越需要中间商来提供服务。如果潜在顾客比较少,那么房地产开发企业可以利用自己的营销力量,直接向顾客销售。

(2) 顾客的分布范围和密度。如果顾客分布范围广且密度小,就可以选择长而宽的分销渠道;如果顾客分布范围集中且密度大,就可以选择短而宽的分销渠道。这样既能加速资金的运转,又能方便顾客购买。

(3) 需求量的影响。需求量大的房地产,一般应减少中间环节,由开发商直接销售,如普通居民住宅。对于需求量较小的房地产,开发商为了打开销路,往往需要房地产中间商等中间环节,如高级别墅等。

(4) 营销的阶段性。房地产产品从预售阶段到工程完成一般需要 $1 \sim 2$ 年的时间。通常在预售阶段采用间接分销渠道,即利用代理商进行分销;而在竣工后,则采用直接分销渠道。

2. 企业因素

企业本身的因素对分销渠道的选择也有重大的影响。这种影响主要表现在以下几个方面。

(1) 自身资源。房地产企业的规模大、资金雄厚、实力强,并有长远发展的要求,则选择分销渠道的自由度要相对高一些,可以不依赖中间商的服务,建立自己的营销网络。

但实力较小的企业,则比较依赖中间商的服务。

（2）管理能力。房地产企业在分销方面的管理能力与经验直接影响着分销渠道的选择。许多房地产企业在开发建设方面极其内行,但在分销方面却略逊一筹,需要借助中间商的配合。

（3）对渠道控制的要求。如果房地产企业采用间接渠道,则要与中间商协调配合;如果房地产企业有较强的控制渠道欲望,一般就选择直接分销渠道或较短的分销渠道。

（4）企业的经营策略和目标。以为消费者提供最满意服务、最优质楼盘为经营目标的房地产企业,一般选择直接分销渠道。

（5）房地产企业所提供的服务。房地产企业所提供的服务越多、越完善,越可以提升中间商的兴趣和信心。如果房地产企业能将规划好的公共设施（如园区亮点景观、配套公园及健身设施等）预先完工,则能大大提高房地产代理商的信心和分销业绩。

3. 房地产产品本身的因素

不同的房地产企业选择的分销渠道也不同,房地产产品本身的许多因素,如价格、开发量、利润等,都会影响房地产分销渠道的选择。

（1）房地产价格。在一般情况下,房地产价格越高,就越可能采用房地产间接分销渠道,即通过房地产中间商向消费者转移房地产;而房地产价格越低,就越可能采用房地产直接分销渠道,即房地产所有者直接租售给消费者。这是因为房地产价格越高,其价格弹性就越小,而价格越低,则价格弹性就越大。原本 1 000 万元的高级别墅若卖 1 020 万元（即增加 2% 的代理费）,并不会较大影响消费者的需求,而 50 万元的普通住宅若增加 2% 的代理费就将在很大程度上影响消费者的需求。

（2）房地产开发量。房地产开发量大小也会影响房地产分销渠道的选择。开发量大的往往要通过房地产中间商,以扩大房地产的租售面,如那些开发量超过 10 万平方米的楼盘大多都委托房地产中间商代理,有的还同时委托多家中间商帮助租售。而开发量仅为一两万平方米的楼盘则大多采用开发商直销的方式。

（3）房地产利润。安居房、微利房等一般利润率低,多采用开发商直销的直接分销渠道。而豪华住宅、高级商办楼利润率相对较高,有条件也有能力支付中介代理费用委托房地产中间商代理租售。

4. 竞争因素

分销渠道竞争已成为市场竞争的重要因素。房地产企业在选择分销渠道时,必须考虑竞争因素:一是可以借鉴竞争者成功使用的分销渠道,选择与竞争者相同的分销渠道,以降低分销渠道选择的风险;二是根据企业的优势和目标顾客的特点,选择与竞争者不同但更有效的分销渠道以取得渠道竞争优势。

5. 政治经济因素

房地产企业在选择分销渠道时,要考虑国家的政策法规和经济因素。经济的景气程度、宏观经济走势和政策法规的完善情况也会对分销渠道的选择有一定的影响。经济状况不佳时，渠道的成本约束就更强，应该采用最经济的方法。此外，政策法规如反对垄断法等对渠道的选择也有严格的制约作用。

9.3.2 房地产分销渠道选择的原则

1. 效益原则

在选择房地产分销渠道时，首先应考虑效益。也就是说，能做到以最小的投入获得最大的产出。效益是决定和选择分销渠道的关键因素。不同的分销渠道，营销效果和费用都不一样。一般来讲，从费用方面看，直接分销渠道费用最低，经销商营销费用居中，委托代理商的费用最高。从营销效果看，直接分销渠道的营销人员完全致力于本企业产品，对产品的了解较为深刻，其得失与企业的发展密切相关。同时，消费者一般直接与开发商打交道，营销量有可能提高。而间接分销渠道的营销效果则完全取决于中间商的实力和营销经验。

利用中间商营销必然比房地产企业组建自己的营销网络的成本要低，但其费用的增长很快。因为中间商的佣金往往比房地产企业自己推销员的佣金高。

如图 9-5 所示，在某一个营销水平 S_B 上，两种渠道的营销成本相等。当销售量低于 S_B 时，企业自己营销较为不利。因此，从成本上来看，房地产产品的销售量较小时，企业可委托中间商进行分销，没有必要组建自己的分销网络。

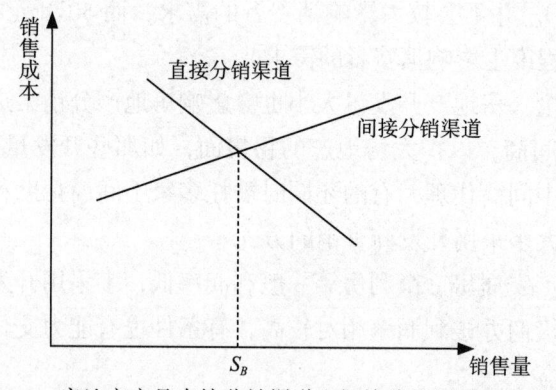

图 9-5　房地产产品直接分销渠道和间接分销渠道成本比较

2. 优质原则

具有优良资质的分销中间商代表着其具有良好的经济实力、管理能力、商业信誉和丰富的经验。在选择中间商时，应该选择资质较高的、有良好分销经验的中间商。

3. 协同原则

分销中间商要与房地产企业密切合作，形成一条流畅的价值链，使房地产产品在营销过程中实现其应有的价值。要做到真诚合作，哪一类中间商能与房地产企业密切合作，能够在兼顾两方利益的前提下灵活销售房地产企业的产品，就应该选择哪一类中间商。

4. 控制原则

房地产企业要在与中间商的合作分销中保持业务上的主动，不能被中间商牵着鼻子走。因为，作为一个独立的主体，中间商所关心的也是企业利润的最大化，因而中间商可能会优先销售竞争者的产品，或者对销售的房地产产品没有足够的了解，而不能有效地运用促销手段，或者可能会无原则地满足消费者的不合理要求等。因此，房地产企业必须始终掌握主动权，充分体现主体地位，对整个分销行为起到有效的控制作用。

5. 风险原则

房地产经销具有高回报性、高风险性。在选择分销渠道时一般应遵守风险适中原则，既不宜过大，也不宜过小。房地产产品的特殊性表现为投机性、营利性与风险性并存，选择获利最大的分销渠道，即产品全部直接销售，获利系数虽然最大，但风险系数也最大；选择风险性最小的分销渠道，虽然风险转嫁给经销商，但是大部分利润也给了经销商。

9.3.3 房地产分销渠道选择的方法

1. 资本收益分析法

由兰伯特（Lambert）于 1960 年提出的财务法（financial approach），基于这样一种观点：影响渠道结构选择的一个最重要的变量是财务。因此，选择一个合适的渠道结构类似于资本预算的一种投资决策。这种决策包括比较不同的渠道结构所要求的资本成本，以资本收益的高低作为选择渠道结构的标准。所以这种方法也可以被称为资本收益分析法。

这种资本收益分析法很好地突出了财务变量对分销渠道的选择作用。而且，鉴于分销渠道的决策是长期的，因而这种考虑更有价值。但是，应用这种方法的主要困难在于渠道决策制定过程中的可操作性不高，因为要计算不同的分销渠道可产生的未来利润和精确的成本是非常困难的。

2. 交易成本分析法

交易成本分析（transaction cost analysis，TCA）最早由威廉姆森（Williamson）提出，20 世纪 70 年代以来成为营销界瞩目的焦点，现在已经被广泛运用。在 TCA 方法中，威廉姆森将传统的经济分析与行为科学概念和组织行为产生的效果综合起来，用于分销渠道选择的研究。

这一方法的原理在于：房地产企业是通过垂直一体化体制完成所有的分销任务，还是通过独立的中间商来完成分销任务或大部分的分销任务。这里的垂直一体化体制是指由房地产企业、经销商或代理商根据纵向一体化原理组成的一种统一的联合体。某个渠道的成员拥有其他成员的产权，或者它们之间存在一种特约代营关系，或者这个渠道成员拥有相当的实力和优势地位，其他成员愿意合作建立相互依赖的关系，在整个系统中担当一定的角色。

TCA方法的经济基础在于：成本最低的渠道结构就是最适当的分销结构。这一方法的关键就是找出渠道结构对交易成本的影响。因此，TCA方法的焦点在于企业要达到其分销任务而进行必要的交易成本耗费。这里的交易成本主要是指分销中活动的成本，如获取信息、进行谈判、监测经营和完成其他有关任务的成本。

3. 经验法

顾名思义，经验法是指依靠管理上的判断和经验来选择渠道结构的方法。

（1）直接的定性判断方法。在进行渠道选择的实践中，这种定性的方法是最粗糙但也是最常用的方法。使用这种方法时，房地产企业根据它们认为比较重要的决策因素对分销渠道的变量进行评估。这些变量包括短期与长期的成本考核、利润、渠道控制问题、长期增长潜力和其他因素。

（2）权重因素记分法。由菲利普·科特勒提出的"权重因素记分法"是一种更精确的选择分销渠道的直接定性方法。这种方法使房地产企业在选择渠道时的判断过程更加结构化和定量化。这一方法包括五个基本步骤：第一步，明确列出渠道选择的决策因素；第二步，以百分比形式列举每个决策因素的权重，以准确反映它们的相关重要性；第三步，对每个渠道选择依每个决策因素打分；第四步，通过权重与因素的相乘得出每个渠道选择的总权重因素分数（总分）；第五步，将备选的渠道结构总分排序，获得最高分的渠道选择方案，即最佳选择。

实际上，上述三种方法的基本要旨是相似的，即强调渠道设计时要对不同渠道选择方案所涉及的成本及收益进行比较。

9.4 房地产分销渠道的管理

所谓房地产分销渠道管理，是指房地产企业为实现企业营销目标而对分销渠道进行的计划、实施、协调和控制，确保渠道成员间、企业与渠道成员间相互协调和通力合作的一切活动。房地产分销渠道管理是保证所选的分销渠道有效运行的重要条件。房地产分销渠道管理中涉及的问题主要包括渠道成员的职责、对渠道成员的合作管理和分销渠道的改进等方面。

9.4.1 渠道成员的职责

渠道成员的职责问题对房地产分销渠道的正常运转具有重要的影响。渠道成员既包括中间商也包括房地产开发企业本身，所以首先，房地产企业必须制定相应的职责和服务范围，明确企业要为中间商提供哪些方面的服务，承担哪些方面的职责，尤其当企业选择多渠道营销时，企业本身也进行直接渠道营销，这时对企业自销房地产的定价、折扣等都要做出相应的规定，使之与中间商代理的条件保持一致。其次，中间商要明确其要为企业提供的服务内容及承担的职责，主要包括市场营销资料、目标市场分析等方面的内容。

9.4.2 对渠道成员的合作管理

所有的渠道活动都是基于房地产企业和中间商之间特定的关系而得以实施的。在这种错综复杂的关系中，合作是主旋律，合作各方在一般情况下都能遵守合同条款所规定的内容，从而维护共同的利益。合作管理主要包括了解中间商的需求、对中间商进行必要的激励和对中间商进行绩效评估三个方面。

1. 了解中间商的需求

中间商总会对房地产企业抱有这样或那样的希望，满足中间商的需求是鼓励中间商与企业保持良好的合作关系的重要措施。企业要了解中间商有哪些需求，然后考虑怎样满足中间商的需求并令其满意。房地产企业主要考虑四个问题：第一，中间商对房地产企业提供的产品有什么期望；第二，中间商在分销房地产产品时，需要房地产企业提供哪些帮助，如广告和公关等方面的帮助；第三，中间商希望房地产企业提供市场调查所获信息的范围；第四，中间商是否希望房地产企业帮助培训中间商的销售人员或提供技术和其他方面的帮助。

2. 对中间商进行必要的激励

为了促使中间商尽心尽力服务企业，完成企业所要求的分销任务，对所选的中间商采取适当的措施给予激励是非常重要的。所使用的激励措施可以是积极鼓励性的，也可以是消极惩罚性的。

积极鼓励性的激励措施主要有直接激励和间接激励两种。

（1）直接激励。它是指房地产企业通过给予中间商物质、金钱的奖励来激发中间商的积极性，从而实现企业的营销目标。企业可以通过给予各种折扣优惠和营销业绩奖励等对中间商进行激励。此外，企业还可以奖励生活用品、参加旅游或奖励一些经营设备等，既可以改善中间商的经营条件，又可以为日后双方长期、稳定的合作打下基础。

（2）间接激励。它是指通过帮助中间商进行分销管理，以提高房地产产品的销售量和效果来激发中间商的积极性。

房地产企业进行间接激励的做法也比较多。例如，帮助中间商了解市场的潜在需求，帮助中间商管理其客户网络以加强中间商的分销管理，帮助中间商建立客户档案，并根据客户的不同要求将它们进行分类，据此告诉中间商对待不同的客户应采用不同的支持方式，从而帮助它们更好地服务于不同性质的客户，提高客户的忠诚度。

在分销渠道的实践中，很多企业都能非常熟练地运用直接激励的各种形式，但是很少甚至不会运用间接激励的方法来赢得与中间商的合作。事实上，间接激励的重要性远远大于直接激励，表9-1清晰地描述了建立渠道关系的基本准则。

表 9-1　建立渠道关系的基本准则

基本准则	描述
合作双方都应该从彼此的关系中获益	建立以双赢为目标的关系，使双方都能成功
尊重各方	关注对方的文化背景而不是资产，尊重对方的努力
不做夸大其词的承诺	合作伙伴应诚实地建立相互合作关系
在建立关系以前，设立具体的目标	相互之间的关系若没有准则，则不可避免地会产生矛盾
建立长远的合作关系	有些行动在短期内不会很快获得收益，但会在未来获得收益
各方都应该花费一定的时间来了解对方	了解对方的需求和优势
双方应设立关系的维护人	各方都应任命一名主要联系人，负责双方的沟通和协调工作
畅通沟通的渠道	在主要冲突升级以前，双方能够相互信任地讨论问题
双方共同做出有关决定	避免单方面的决定，强迫一方接受另一方的决定将造成不信任的感觉
保持持久关系	某些关键员工的离职可能破坏双方的关系，所以应该尽量保持平稳的过渡

从表 9-1 中可以看出，通过致力于建立双方长期的互利关系，从而提供管理和分销帮助的间接激励才是更符合渠道关系的激励手段。因而，对中间商进行间接激励是房地产企业激励渠道成员的重中之重。

房地产企业在对中间商采取积极鼓励性的激励措施以外，还可以采取消极惩罚性的激励措施。例如，减少提供的服务、推迟结算佣金，甚至终止双方合作关系等。但是，房地产企业在使用激励措施时，要多采用鼓励性措施，尽量少采用惩罚性措施，以免对其他中间商产生不利影响。

3. 对中间商进行绩效评估

房地产开发企业和中间商作为不同的利益实体，在分销渠道中处于不同的位置。房地产开发企业在从自身利益角度出发来衡量分销渠道的绩效时，主要评估中间商的分销业绩、中间商的分销能力、中间商的适应能力和顾客满意度等。在进行具体评估时，由于这些因素都是比较抽象的概念，需要通过一些指标来确定这些因素是否令人满意。

（1）中间商分销业绩的评估。

1）市场渗透的比较，即与本地区的其他竞争者相比，该中间商是否已经为房地产企业创造了较高的市场渗透度。

2）销售收入的比较，即在上一年度，该中间商为房地产企业带来的销售收入是否比本地区竞争对手的其他中间商要高。

（2）中间商分销能力的评估。

1）分销技能的评估，即评估该中间商是否具备成功经营房地产产品所必需的技能。

2）分销经验和知识的评估，即该中间商在房地产产品的经营上是否有足够的经验，是否拥有对房地产产品和服务应必备的知识。

3）掌握市场信息程度的评估。特别要了解该中间商对企业竞争对手的产品和服务等方面是否有足够的了解。

(3)中间商适应能力的评估。

1)对房地产市场发展趋势把握能力的评估,即该中间商是否能觉察出房地产市场的长期发展态势并能根据情况来调整自己的营销行为。

2)创新能力的评估,即该中间商在分销房地产产品时是否有很强的创新能力。

(4)顾客满意度的评估。满意是指期望值与现实值之间的对比关系,让顾客满意是市场分销中的核心问题。房地产企业衡量顾客是否满意中间商的服务的标准主要有三个方面。

1)房地产企业是否会经常收到顾客对中间商的抱怨。

2)在处理与房地产企业的产品与服务的有关问题时,该中间商是否能向顾客提供及时、友好和高效的帮助。

3)该中间商是否经常尽各种努力来使顾客满意,例如,中间商和顾客进行良好沟通,这包括组织顾客参加中间商举办的一些联谊活动,让顾客参加一些必要的讲座和培训,等等。

9.4.3 分销渠道的改进

房地产企业在设计了一个良好的分销渠道后,不可放任其自由运行而不采取任何措施加以修正和改进。事实上,根据市场营销环境的变化,对整个分销渠道系统或部分分销渠道系统必须随时加以修正和改进。

通常企业改进分销渠道的策略有增加或减少某些渠道成员(中间商),增加或减少某些分销渠道,以及改变整个分销渠道系统,无论采取哪一种策略,都需要先对现有的分销渠道和中间商做全面的分析评价,然后模拟计算出修正后的租售量、利润率等指标,进行对比后再做出决定。

(1)增加或减少某些渠道成员(中间商)。对效率低下、推销不力、不利于整体运作的中间商应予以剔除。如有必要,可另选合适的中间商加入渠道。

(2)增加或减少某些分销渠道。随着市场的变化,房地产企业有时会发现自己的分销渠道太少,从营销力度的角度考虑,则可适当地增加一些分销渠道;相反,则应减少一些分销渠道。随着时间的推移,某些渠道效益下降则应剔除,某些渠道效益良好则应增加。

(3)改变整个分销渠道系统。这是指取消原有的分销渠道,建立全新的分销渠道。使用全新分销渠道的原因有三:一是随着市场环境的变化,过去运行效率高的分销渠道不能适应环境的变化;二是效率高的、新的分销渠道的出现,使企业原有的分销渠道竞争力下降;三是房地产企业的战略目标和营销组合实行了重大调整。

对整个分销渠道进行改变,难度和风险均较大。因此,房地产企业必须进行认真细致的调查研究,慎重决策。

| 案例 |

与时俱进，改变策略

一家大型高级别墅区的开发商通过设置售楼处来租售其别墅，当其租售速度明显降低后，该开发商发现其竞争者已采取了许多创新措施。例如，许多高级别墅通过代理商租售；越来越多的竞争者和代理商采用对高级商办楼挨门挨户访问推销的方式；许多竞争者都在境外聘请了独家代理商；等等。无疑，上述渠道变化势必迫使房地产企业时时考察各种可能的渠道策略，并做必要的修正与改进。

该开发商通过详细分析、对比后对原分销渠道做出了三点修正：①在本地区聘请了五家专门从事高级别墅租售的房地产中介代理商；②招聘了一批房地产经纪人，专门从事上门推销；③在港、澳、台地区各挑选了一家著名房地产中介企业做独家代理商。采用上述决策后，该开发商为此多支付了佣金，但其一方面省下了不少广告费用，另一方面租售量大大增加，盘活了资金，租售率和租售利润都上升了，这次分销渠道的改进取得了成功。

说明前后两种分销渠道分别是何种渠道类型，分析其优缺点。

| 思考题 |

1. 简述房地产企业采用直接分销渠道的优缺点。
2. 简述房地产企业采用间接分销渠道的优缺点。
3. 何谓房地产中间商？简述不同类型房地产中间商的特点。
4. 如何选择房地产中间商？
5. 影响房地产分销渠道选择的因素有哪些？
6. 如何加强对渠道成员的合作管理？

| 实训 |

为研究的楼盘选择分销渠道并说明选择依据。

第 10 章

房地产促销策略

学习目标

1. 了解房地产促销和促销组合的概念,以及房地产促销组合的特点。
2. 了解房地产人员推销的特点和程序。
3. 了解房地产广告策略、营业推广策略及公共关系策略的特点和基本内容。

技能要求

1. 能够综合运用各种促销方式开展促销活动。
2. 基本能够设计房地产广告文案。

本章概览

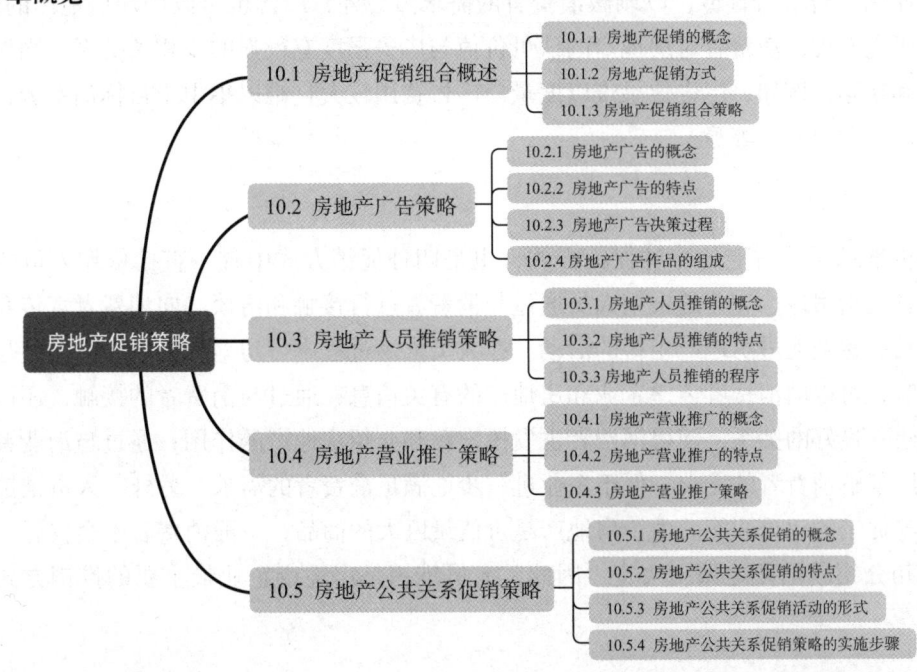

- 房地产促销策略
  - 10.1 房地产促销组合概述
    - 10.1.1 房地产促销的概念
    - 10.1.2 房地产促销方式
    - 10.1.3 房地产促销组合策略
  - 10.2 房地产广告策略
    - 10.2.1 房地产广告的概念
    - 10.2.2 房地产广告的特点
    - 10.2.3 房地产广告决策过程
    - 10.2.4 房地产广告作品的组成
  - 10.3 房地产人员推销策略
    - 10.3.1 房地产人员推销的概念
    - 10.3.2 房地产人员推销的特点
    - 10.3.3 房地产人员推销的程序
  - 10.4 房地产营业推广策略
    - 10.4.1 房地产营业推广的概念
    - 10.4.2 房地产营业推广的特点
    - 10.4.3 房地产营业推广策略
  - 10.5 房地产公共关系促销策略
    - 10.5.1 房地产公共关系促销的概念
    - 10.5.2 房地产公共关系促销的特点
    - 10.5.3 房地产公共关系促销活动的形式
    - 10.5.4 房地产公共关系促销策略的实施步骤

10.1 房地产促销组合概述

10.1.1 房地产促销的概念

房地产促销是指房地产营销人员通过各种方式将有关企业和产品的信息传播给消费者,影响并说服其购买该企业的产品或服务,或者至少促使潜在顾客对该企业及其产品产生信任和好感的活动。

房地产促销的实质是信息沟通活动。房地产企业将有关商品和服务的信息通过一定的沟通渠道传播给顾客,增进顾客对其商品和服务的了解,引起顾客的注意和兴趣,激发顾客的购买欲望,为顾客最终做出购买决策提供依据。

促销的主要任务是在买卖双方之间沟通信息,而不只是促销商品,通过信息沟通可以把房地产企业、中间商和消费者有效地结合起来。因此,通过促销可以传播信息,沟通供需;突出产品特点,增强竞争能力;刺激需求,引导消费;塑造企业形象,提高企业声誉。

10.1.2 房地产促销方式

为了实现房地产的促销目标,可以使用不同的促销方式。常用的促销方式有四种,即广告、人员推销、营业推广和公共关系促销。

1. 广告

广告是房地产企业用来直接向消费者传递信息的最主要的促销方式,它是指企业通过付款的方式利用各种传播媒体进行信息传递,以刺激消费者产生需求,扩大房地产租售量的促销活动。广告利用其灵活的表现方式,可以将有关信息不知不觉地灌输到消费者的脑海里,从而影响消费者的购买决策,激发消费者的购买(或租赁)欲望。因此,房地产企业广泛使用广告进行宣传,以刺激消费者的需求。另外,广告也可以增加房地产的价值,国外的研究发现,消费者对房地产的认可价值与广告强度有很强的正相关关系。当然,广告也有其缺陷,例如,广告效果难以度量,广告费用较大且难以集中于目标消费者,难以与目标接受者沟通,等等。

2. 人员推销

人员推销是最古老的一种促销方式,也是四种促销方式中唯一直接依靠人员的促销方式。它是指房地产企业的推销人员通过与消费者进行接触和洽谈,向消费者宣传介绍房地产产品,达到促进房地产租售的活动。在人员推销过程中,房地产销售人员通过与消费者的接触,可以向消费者传递企业和房地产的有关信息;通过与消费者的接触,还可以与消费者建立良好的关系,使得消费者也发挥推荐和介绍房地产的作用;通过与消费者的沟通,可以了解消费者的需求,便于企业进一步地满足消费者的需求。另外,人员推销还具有推销与促销的双重职能。由于房地产是价值量巨大的商品,一般消费者不会仅凭一个广告或几句介绍就随便地做出决定,因此,人员推销是房地产企业最主要的推销方式。但是，人员推销存在接触成本高、优秀销售员少和销售人员流动性大等影响目标消费者转移的缺点。

3. 营业推广

营业推广也叫销售促进，是指房地产企业通过各种营业（销售）方式来刺激消费者购买（或租赁）房地产的促销活动，即除了广告、人员推销等方式以外的，能迅速刺激需求、鼓励购买的各种促销方式。营业推广是直接针对房地产产品本身采取的促销活动，它可以刺激消费者采取租购行动，或者刺激中间商和企业的销售人员努力销售房地产。因此，房地产企业为在短期内能引起消费者对其房地产产品的注意，扩大销售量，常采用这种促销方式。对于开发量比较少的房地产，这种方式相当有效，常能在短短几天内造成轰动效应，将房地产一售而空。例如，上海某房地产中介代理公司采用"以租代售"的方式将某办公楼在一个月内售出90%。但这种促销方式易引起竞争者模仿，并会导致公开的相互竞争，同时，频繁或长期使用这种促销方式，会使促销效果迅速下降。

4. 公共关系促销

公共关系促销是指房地产企业为了获得人们的信赖，树立企业或房地产的形象，用非直接付款的方式通过各种公关工具进行的宣传活动。公共关系促销与前面三种促销方式区别较大，它不是由企业直接进行的宣传活动，而是借助于公共传播媒体，由有关新闻单位或社会团体进行的宣传活动。公共关系促销是以新闻等形式，而不是以直接的促销宣传形式出现的，因而可以引起公众的高度信赖和注意，消除公众的戒备。所以，公共关系促销现在日益引起房地产企业的重视，各企业都想通过公关活动进行促销宣传。但公共关系促销往往不是针对房地产本身的促销，因而促销的针对性较差，并且房地产企业常难以对这种促销方式进行有效的控制。

上述四种促销方式又各自包含许多具体的促销手段，如表10-1所示。

表10-1 房地产促销方式中的具体促销手段

广告	人员推销	营业推广	公共关系促销
报纸广告	现场推销	价格折扣	新闻报道
杂志广告	上门推销	以租代售	庆典方式
电视广告	电话推销	先租后售	捐赠
广播广告	销售展示	赠品	公益活动
网络广告	销售会议	样板房展示	研讨会
户外广告		展销会	年度报告
传单广告		交易会	赞助
邮寄广告		不满意退款	公司期刊
标语广告		按揭贷款	
广告牌		低息贷款	
招贴广告		附送家具	

上述四种促销方式的优缺点，如表10-2所示。

表 10-2　四种促销方式的优缺点

促销方式	优　点	缺　点
广告	传播面广，传播及时，形象生动，节省人力	单向信息沟通，难以形成即时购买
人员推销	直接信息沟通，针对性强，灵活多变，成交率高，建立友谊，反馈信息	占用人员多，费用高，接触面窄
营业推广	刺激性强，短期效果明显	接触面窄，有局限性，不能长期使用，有时会降低促销效果
公共关系促销	影响面广，影响力大，可信度高，提高企业知名度，树立企业形象	设计组织难度大，不能直接追求销售效果

10.1.3　房地产促销组合策略

房地产促销组合是指为实现房地产企业的促销目标而将不同的促销方式进行组合所形成的有机整体。广告、人员推销、营业推广和公共关系促销这四种促销方式，虽然都可以刺激消费者需求，扩大商品销售，但它们的作用有所不同，各有利弊。因此，房地产企业必须努力协调好各种促销手段。要根据市场需求情况、企业经营条件和商品特点而灵活巧妙地进行组合，使所有的促销手段能相互配合，形成一个有机整体，发挥协同效应。

1. 房地产促销组合的特点

（1）房地产促销组合是一个有机的整体组合。一家房地产企业的促销活动，不可能只使用一种促销方式，而是将不同的促销方式作为一个整体使用，使其共同发挥作用。所以，将每种促销方式独立作用的促销效果的简单相加，不能代表不同促销方式作为一个整体使用时所达到的促销效果。在这里，1加1往往不等于2。若各种促销方式相契合，组合良好，则1加1会大于2；若各促销方式使用时相互制约、相互影响，则1加1会小于2。

（2）构成促销组合的各种促销方式既具有可替代性又具有独立性。促销的实质是企业与消费者之间有效信息的沟通，促销的目的就是促进销售。而任意一种促销方式都可以承担信息沟通职责，也都可以起到促进销售的作用，因此各种促销方式都具有可替代性。但是，由于各种促销方式各自具有不同的特点，因而，不同促销方式所产生的效果有所差异，各种促销方式又具有独立性。

（3）促销组合中的不同促销方式具有相互推动作用。不同促销方式的相互推动作用是指一种促销方式作用的发挥受到其他促销方式的影响。没有其他促销方式的配合和推动，就不能充分发挥其作用，合理的促销组合将使促销作用达到最大。

（4）促销组合是一种动态组合。促销组合策略必须建立在一定的内外部环境条件基础上，并且必须与企业营销组合的其他因素相互协调。有的时候，一个效果好的促销组合在环境条件变化后会成为一种效果很差的促销组合。因此，必须根据环境的变化调整企业的促销组合。

（5）促销组合是一种多层次组合。每一种促销方式中，都有许多可供选用的促销工具,每种促销工具又可分为许多类型,进行促销组合就是适当地选择各种促销工具。因此,企业的促销组合策略是一种多层次的策略。

以上促销组合的特点说明,适当的促销组合能达到每种促销方式简单相加所不能达到的促销效果,同时,促销组合需要根据环境条件的变化而不断调整。

2. 影响房地产促销组合的因素

(1)促销目标。房地产企业在不同时期、不同市场营销环境下有不同的促销目标。促销目标不同,促销组合也不同。例如,在一定时期内,房地产企业的促销目标若是迅速增加房地产的销售面积,提高市场占有率,则其促销组合应注重于广告和营业推广,强调短期效益;房地产企业的促销目标若是塑造企业形象,为其产品今后占领市场、赢得有利的市场竞争地位奠定基础,则其促销组合应注重于公共关系和公益性广告,强调长期效益。

(2)市场状况。如果房地产市场潜在消费者多,地理分布较为分散,购买数量小,促销组合应以广告为主;反之,如果潜在消费者少,地理分布较为集中,购买数量大,促销组合应以人员推销为主。

(3)消费者认知阶段。根据消费者对房地产产品的认知程度,可以将消费者的购买过程分为知晓、了解、信任和购买四个认知阶段。在不同的认知阶段,各种促销方式的促销效果是不同的。

在知晓阶段,广告和公共关系促销的作用最大;在了解阶段,除了广告和公共关系促销以外,人员推销也起着重要的作用;在信任阶段,消费者对房地产企业及其产品的信任程度受人员推销的影响最大,其次是广告、公共关系促销和营业推广;在促成消费者购买阶段,人员推销的作用最大,其次是营业推广。了解促销方式在不同认知阶段的效果差异,有助于企业选择有效的促销工具,取得投入少、收益大的效果。

(4)产品生命周期阶段。在产品生命周期的不同阶段,各种促销方式的效果不同。因此,应该使用不同的促销组合。在投入期,促销的目的是让更多的消费者认识并了解新产品,所以,广告和公共关系促销在这方面的作用最显著;在成长期,由于有了投入期强大的促销攻势,整体促销水平可以降低,但影响最大的仍是广告和公共关系促销;在成熟期,营业推广的作用开始超过广告和公共关系促销;在衰退期,除了营业推广的效果提高以外,其他促销方式的效果都在显著下降。房地产企业在产品生命周期的不同阶段,应根据各种促销方式的效果,选择相应的促销组合。

(5)促销预算。促销方式的选择在很大程度上受促销预算的制约。在促销预算不足的情况下,费用高的促销方式,如电视广告、高强度的营业推广就无法使用,房地产企业可以开展公关宣传或使用宣传单等促销方式。

(6)其他营销因素。促销组合的确定还要与市场营销组合的其他策略相配合。例如,价格策略,如果房地产企业实行的是低价格策略,可能就无力承担较高的促销费用;反之,如果企业实行高价格策略,则可以支出较多的促销费用。又如,分销渠道策略,若房地产企业采用直接分销渠道,则以人员推销为主,辅以少量广告;反之,若房地产企业采用间接分销渠道，则以广告促销为主，辅以其他促销方式。

3. 房地产促销组合策略

房地产促销组合策略有以下三种。

（1）推式策略。它是指房地产企业对房地产中间商积极促销，并使房地产中间商积极寻找消费者进行促销，将房地产租售出去，即从房地产生产者推向中间商，再由中间商推向消费者（见图10-1）。

推式策略以中间商为主要促销对象，主要采用人员推销和营业推广。

（2）拉式策略。它是指房地产企业针对最终消费者开展广告攻势，把产品信息介绍给目标市场的消费者，使之产生强烈的购买欲望，形成急切的市场需求，然后拉动中间商纷纷要求其经销这种房地产（见图10-2）。在拉式策略中主要采用广告和营业推广，辅以公共关系促销。

图 10-1　推式策略　　　　图 10-2　拉式策略

在市场营销过程中，当某些房地产新产品上市时，中间商往往过高估计市场风险而不愿经销。在这种情况下，房地产只能先向消费者直接经销，然后拉动中间商经销。

（3）推拉结合策略。房地产企业有时可以将上述两种策略配合起来使用，在向中间商大力促销的同时，通过广告刺激房地产市场需求。

10.2　房地产广告策略

10.2.1　房地产广告的概念

广告是房地产企业用来直接向消费者传递信息的最主要的促销方式，它是指企业通过付款的方式利用各种传播媒体进行信息传递，以刺激消费者产生需求，扩大房地产租售量的促销活动。

在理解广告的概念时，需要注意以下几个方面。

（1）广告是一种非人际的信息传播，它不是个人与个人之间的信息传播，而是通过大众媒体进行信息传播的。

（2）广告有明确的广告主，即广告的发布者。

（3）广告需要付费。由于广告是借助大众传播媒介传递信息，因而需要支付费用。

（4）广告的对象是有选择的。广告的对象是指房地产企业现实或潜在的消费者。

（5）广告的目的是促进销售。广告可以使消费者了解本企业的产品，激发消费者的购买欲望，从而促进产品销售。

10.2.2 房地产广告的特点

房地产广告有其自身的特点,这是由房地产自身特点所决定的,具体表现在以下几个方面。

(1)房地产广告具有广泛性。房地产位置固定不动,房地产广告不能只依靠楼盘现场的广告,需要信息媒体广泛传播才能达到促销目的。

(2)房地产广告具有较强的区域性和针对性。房地产广告的内容要针对目标消费者的偏好和习惯,媒体选择要考虑其覆盖区域与房地产的需求区域相一致。如果仅从"广而告之"的观念出发,希望广告的范围越广越好,不采取目标市场的搜索,不针对不同的销售对象,不选取特定的媒体,房地产广告的实践效果将会大打折扣。

(3)房地产建设周期长,广告具有信息不断传递的特点。房地产建设的周期少则一年,多则四五年,仅靠几次轰炸式的广告是难以达到理想效果的。采取阶段式、波浪形的重点宣传和细水长流的信息传递相结合的广告策略,往往能够达到事半功倍的效果。

(4)房地产广告具有独特性。任何一项房地产在位置、设计、建造、质量等方面都不会与其他房地产一模一样,因此房地产广告宣传要立足自身的优势。雷同、"千房一面"的房地产广告是不会成功的。

(5)房地产广告体现的是开发商、设计单位、建筑商和中介代理商的综合素质。这个综合素质既包括实力和规模,也包括信誉和知名度。消费者选择房地产的依据,除了房地产的自身条件外,就是企业的综合素质,这种素质的高低往往是造就房地产品牌的关键因素。

(6)房地产广告具有时效性。随着房地产建设进度的变化,房价、付款方式等广告内容也有所改变,往往需要隔一定的时间对广告的内容进行一定的修正,以保证传递信息的时效性。

10.2.3 房地产广告决策过程

为了充分发挥广告在房地产营销工作中的重要作用,企业需要对广告决策的过程及方法进行认真研究。

1. 确定广告目标

广告目标就是房地产企业通过广告活动所要达到的目的,或者是广告目标市场接触广告信息后的反应。正确确定广告目标是开展广告后续工作的基础,也是广告活动成功的关键。

广告目标分为最终目标和直接目标。广告的最终目标是通过传递产品或服务信息扩大销售、增加盈利。

广告的直接目标有以下三种。

(1)告知。告知主要是向目标市场介绍企业的新产品,如房地产产品的位置、质量、室内设计、配套设施、周边环境、物业服务、价格,以及能给消费者带来的利益,使消费者了解该产品，触发消费的需求。这种广告又叫告知型广告，主要用于房地产市场开拓阶段。

（2）劝导。劝导主要是向目标市场宣传本企业产品的特色，介绍本企业产品优于其他产品之处，使消费者对本企业产品产生偏爱，从而提高本企业产品的市场竞争力。这种广告又叫诱导性广告，主要用于与同类产品开展竞争，适用于处在产品生命周期中成长期的商品。

（3）提醒。提醒主要是保持消费者对本企业产品的记忆，使本企业产品获得尽可能高的知名度，主要目标是提示消费者购买。这种广告主要用于产品的成熟阶段。

广告目标是企业目标的一部分，房地产企业确定的广告目标，要与企业目标相吻合。为了达到这一目的，客观上要求房地产企业从整体营销观点出发，寻求与企业分销组合战略、促销组合策略有效结合的广告目标。

2. 制定广告预算

广告预算是房地产企业在一定时期内，为了实现广告目标而投入的广告费用计划。它规定在广告计划期内从事广告活动所需的经费总额、使用范围、使用方法，是企业广告活动得以顺利进行的保证。

广告预算主要包括广告调研费、广告设计制作费、广告媒介费、广告管理费和其他费用。

3. 设计广告信息

这一过程包括以下三个步骤。

（1）广告信息的产生。一条好的广告信息的产生有赖于科学的市场研究，企业要站在消费者而不是自己的角度制作广告。因此，在广告信息产生的过程中，房地产企业首先要对自己产品的基本情况进行深入研究，如建筑设计特点、装修标准、物业服务和周边配套等，其目的是通过与竞争产品相比，找出本企业产品的独特之处，作为广告宣传的诉求点，使本企业产品的特色在消费者心目中留下深刻的印象；否则，制作出来的广告就会毫无特点，平淡无奇，不能取得良好的广告效果。其次，由于广告最终是为了打动消费者，因此要对消费者进行研究，了解消费者对产品所追求的利益是什么，以及通过什么方式才能唤起消费者的购买欲望，这样制作出来的广告才具有针对性。

（2）广告信息的评价。当各种各样的广告信息被创造出来以后，就要对各种广告信息进行评价，从中选择最理想的信息。一条好的广告信息必须具备三个特征：一是广告信息具有吸引力，广告必须能够引起目标顾客的注意，激发目标顾客对产品的购买欲望和兴趣；二是广告信息具有独特性，只有独特的广告创意才能塑造房地产独特的品牌形象，吸引目标顾客；三是广告信息具有可信度，广告信息必须拿出充分的理由，出示足够的证据，提高消费者对广告信息的信赖程度。

（3）广告信息的表达。同样的广告信息，表达方式不同，产生的效果也不同。广告信息表达的人物、次序、格式等，要与广告所宣传的产品相匹配，使人们看过广告之后能留下深刻的印象，提高广告效果。

4. 选择广告媒体

广告媒体是传递广告信息的工具或手段。房地产企业要根据自己的广告目标与要传递的广告信息，选择适当的广告媒体。

（1）广告媒体的特点。传统的四大广告媒体是报纸、电视、广播、杂志。近年来随着网络技术的发展，使网络广告得到迅速发展，网络因而被称为第五大广告媒体。网络新媒体的发展使得广告媒体的内涵和外延更为丰富，如近些年比较热门的微博平台、公众号平台、短视频直播平台等。不同的广告媒体具有不同的特点（见表10-3），房地产企业必须了解各种广告媒体的优缺点，以便准确地选用。

表10-3 各种广告媒体的优缺点

媒体	优点	缺点
报纸	灵活、及时，覆盖面广，地理选择性好，可信度高	时效短，表现手法单一，不易激起注意力
电视	综合视听，兼具动感，感染力强，覆盖面广，送达率高，表现手法灵活、形象	信息消失快，不易保存，制作复杂，成本高，受众选择性差，干扰多，绝对费用高
广播	覆盖面广，传播速度快，送达率高，方式灵活，制作简单，成本低	有声无形，印象不深，展露时间短，盲目性大，选择性差，听众分散
杂志	针对性强，可信度高，印刷精致，图文并茂，干扰少，读者阅读时间长	购买版面耗时，费用高，位置无保证
户外	反复诉求，复现率高，效果好，注意度高，费用低，竞争少，灵活性好	观众选择性差，创造性差
直邮	选择性强，灵活性好，同一媒体没有竞争对手，个性化，制作简单	相对费用高，广告形象差
网络	范围广泛，无时空限制，交互性强，灵活性好，内容丰富，传播速度快	针对性偏差，效果评估困难

（2）选择广告媒体应考虑的因素。

1）媒体特性。不同的广告媒体在送达率、影响力、目标受众等方面各有特点，因此，广告效果也不尽相同。房地产企业首先要了解各种广告媒体的特点，再结合自身的实际情况，选择合适的媒体。

2）目标顾客的媒体习惯。对于不同的广告媒体，消费者接触的习惯不同。房地产企业应将广告刊登在目标顾客经常接触的媒体上，以提高视听率。

3）产品信息特点。不同的房地产有不同的特点，因此，对广告媒体的要求也不同。如果需要显示产品的外观特点，以电视、网络媒体为宜；如果需要较多文字详细介绍，以报纸、杂志、宣传页为宜。

4）媒体成本。不同的广告媒体成本差异很大，电视广告费用最高，报纸则相对便宜。房地产企业在选择广告媒体时，既要使广告达到理想效果，又要考虑企业的经济实力。但是，在依据成本选择广告媒体时，最重要的不是绝对成本的差异，而是相对成本，即千人成本的差异。先比较千人成本，再考虑其他影响因素进行选择。

（3）广告时机的选择。广告时机的选择是指广告投入的时间安排。要根据楼盘的销售季节、楼盘的特性、楼盘的销售对象等选择广告的播放季节和播放时段。完整的广告周期从属于房地产楼盘的销售周期，即延续于开盘前期、开盘期、强销期和持续期等阶段。由于房地产楼盘售后还有大量的工作必须做，如现房售后的物业服务，期房售后的交房、入住和物业服务等，因而这部分内容也包含在持续期的范围内。

开盘前期，广告应该以告知为主，房地产企业可以在报纸上刊登广告，辅之以现场广告和户外广告。开盘期的广告范围应有所扩大，伴随着开盘期的庆典活动和促销活动，这时的广告应以告知和促销为主，报纸、广播、杂志、网络和直邮等广告媒体一起使用。当强销期来临时，各种广告媒体应全面配合，增加广告播放的频率和次数，全面展开促销攻势。强销期过后的持续期一般时间相对较长，广告量相对稳定，但有时也会有一些声势强大的广告配合，直到销售完毕。出于对企业形象的考虑，在持续期内，即使销售已经完毕，广告还应平稳继续，以迎接企业另一房地产开发项目的开展。在持续期内，广告计划的实施不应很紧密，而应该是间歇和有张弛规律的。

5. 评价广告效果

广告效果评价一般可从广告促销效果的测定、广告传播效果的测定两方面进行分析。

（1）广告促销效果的测定。广告促销效果是指广告对企业产品销售产生的影响。但广告促销的一般效果常难以准确测定。这是因为销售除了受广告的影响外，还受其他许多因素如产品特色、价格、购买难易和竞争者行为等的影响。

（2）广告传播效果的测定。广告传播效果是指广告信息传播的广度、深度及影响作用，表现为顾客对广告信息注意、理解、记忆的程度。广告传播效果的测定一般被称为广告本身效果的测定，它可以在广告前测定也可以在广告后测定。

10.2.4 房地产广告作品的组成

任何一个完整的房地产广告作品，都包含题材、主题、标题、正文、插图五个部分。

1. 题材

房地产广告题材来自广告主房地产企业提供的广告信息（房地产的地段、质量、价格、房型、服务等），对市场的调查研究，以及消费者对特定房地产的认知和态度。

房地产产品本身的信息量极大，地段、质量、价格、房型、服务无论哪一方面都可以有大量题材。因此，对房地产广告题材的选择、处理、加工和提炼，是广告创意人员和设计人员的重要工作。这一切都将对广告作品的主题产生重要的影响。当然题材是为主题服务的，主题统率题材，没有题材，无所谓主题，没有主题，题材再好也无用。只有主题明确、材料可靠，房地产广告创意人员和设计人员才可能通过形象的手法，创造出优秀的广告作品。

2. 主题

主题是房地产广告的中心思想，是房地产广告的灵魂。主题也可称为立意、主旨或题旨。广告的主题在整个广告中处于支配和统率地位，是决定房地产广告品质的最主要因素之一。一则优秀的房地产广告主题设计可以从挖掘记忆点、找准利益点两个方面着手进行。

（1）挖掘记忆点。一个好的房地产广告必须深刻洞悉受众对家、对生活、对空间的独特理解和潜藏心底的情愫，找寻到最能代表、体现目标消费者对家与生活理解的相关创作元素，通过艺术的方式放大，形成对受众的强烈震撼。这个创意可能是一个场景、一个音符、一个生活片段、一个记忆，甚至是一个朦胧的向往。记忆点必须与产品有关联性，能突出产品的特性。例如，被评为"十大明星楼盘"的海月花园，其广告口号是"海风一路吹回家"，成为其推广的一个极好记忆点，它一方面传达出滨海大道开通后蛇口与市区的交通便利，另一方面切合深圳人对海的眷恋、对家在海边的向往。

（2）找准利益点。它是指告诉目标消费者所购产品能提供什么利益和便利，开发商卖的不仅是房子，还是一种生活方式，在广告中要传递出产品所提供的或买家入住后所能体验到的何种生活境况，这种生活境况对置业者来说有何种意义。如何找到一个利益诉求点并概括成一句精练的广告语，去说服消费者采取行动，是房地产广告创作中的难题所在。目前，房地产广告普遍显示出一种浮躁心态，对项目欠缺深入理解，对置业者的购买行为不做深入研究，表现诸如"欧陆经典、至尊豪宅"的空洞口号和平面上的大红大紫的奢华。相反，广州奥林匹克花园以健康住宅为项目定位，在广告推广中以"运动就在家门口"为主题创作一系列广告，清晰地告知受众，买的不仅是房子，也是健康的社区、健康的家庭、健康的生活。

3. 标题

广告标题是房地产广告作品的精髓。据美国广告专家的调查，广告标题的阅读率是广告正文的 5 倍。广告标题的作用是概括和提示广告的内容，帮助消费者一目了然广告的中心思想，它既起到提示作品主题实质的作用，又起到吸引消费者兴趣的作用。

在房地产广告文案中，确定标题是广告写作中的主要工作程序之一。在确定标题前，首先要做到掌握材料，细致阅读稿件，分清主次，抓住中心。要精心创意，对每一个字都要仔细推敲，通盘权衡。

标题写作要点有以下几条：①坚持广告标题的准确性，标题一定要题文相符；②揭示广告主题是撰写标题的主要任务，标题要体现主题思想；③标题语言要生动活泼、富于创意，以点睛之笔给人以丰富联想；④标题不宜过长；⑤要把标题与正文及画面视为一个整体，强调总体的广告效果，还要考虑标题的字体和位置，使总体协调。

房地产广告中，有许多标题的确可称之为点睛之笔，有的标题通过不断的使用，已成为一句经久不衰的广告语，加深了消费者的印象，并对社会文化和社会风尚产生影响，如"放心的地方""用租房的钱买房""拒绝平庸""买得起的家""好房子自己会说话"。千金易得，佳句难求，一个优秀的房地产广告标题，常常能使广告成功一半。

4. 正文

正文是广告的中心，房地产广告正文以说明房地产产品为其主要内容，正文负载的信息量最大，因此它是广告文案的中心和主体。

撰写房地产广告正文要注意易读性、易记性、直接性、实在性、短而精这些特点，尽量写出房地产的与众不同，不落入俗套。因此，广告撰稿人员必须熟悉房地产的各方面特点并掌握消费者的心理。

5. 插图

房地产广告的插图是为房地产广告主题服务的，房地产广告的插图常可以使消费者对房地产有一个形象的了解。在广告设计中，要使插图与主题的表现手法浑然一体，才有益于发挥房地产广告插图的最佳诉求效果。

插图设计又称美术设计，在报纸和杂志等媒体上的表现手法有钢笔画（以线条或点组成的黑白画）、色彩画（分为广告彩和水彩两种）、摄影照片（分为彩色照片和黑白照片两种）、油画等几种。

在建房地产的广告插图通常为楼盘的效果图和房型图等，而已建成的房地产广告插图则还加上实拍照片，这些广告插图会给消费者一个实实在在的感性认识，让虚无缥缈的印象成为眼见为实的景象，从而达到刺激消费者购买的最终目的。

10.3 房地产人员推销策略

10.3.1 房地产人员推销的概念

人员推销是一种最古老的促销方式，但在现代企业市场营销活动中仍然起着非常重要的作用。国外许多企业在人员推销方面的费用支出要远远大于在其他促销方面的费用支出。实践证明，人员推销具有其他促销方式不能替代的作用。

房地产人员推销是指房地产企业的推销人员通过与消费者进行接触和洽谈，向消费者宣传介绍房地产产品，达到促进房地产租售的活动。推销人员直接面对广大消费者，是连接房地产企业和消费者之间的桥梁和纽带。他们的主要工作就是寻找顾客、沟通信息、收集市场资料和提供咨询服务等。

10.3.2 房地产人员推销的特点

人员推销和其他促销方式相比，具有以下特点。

（1）针对性强。推销人员可以对不同顾客的需要、行为和动机等，有针对性地进行推销，确定适宜的推销方案和推销策略，这样的推销成功率高。

（2）灵活多变。推销人员在推销过程中，可以亲眼观察顾客对推销陈述和推销方法的反应，通过察言观色，揣摩顾客购买心理的变化过程，因而能及时根据顾客心理的变化改变推销方式，以适应顾客需求，最终促成交易。

（3）建立关系。推销人员在产品推销的过程中直接与顾客接触，在买卖关系的基础上交流情感，增进了解，建立深厚的友谊。而感情的培养与建立，必然会使顾客产生惠顾动机，从而建立稳定的顾客群，促进产品销售。

（4）反馈信息。推销人员也是房地产企业的信息情报员。人员推销是一个双向信息沟通过程，销售人员在推销产品的同时，也为企业收集到可靠的市场信息。此外，销售人员经常直接和顾客打交道，他们最了解市场状况和顾客反应，能为企业的经营决策提供建议和意见。

（5）树立企业形象。在很多情况下，推销人员是房地产企业唯一和顾客打交道的人。具有丰富的营销知识、精明能干、服务周到的推销员在推销产品的同时，还能在顾客心目中树立良好的企业形象。

（6）传播面窄。销售人员的推销对象往往是一个或一组顾客，和广告、公共关系促销、营业推广相比，人员推销的传播面窄。但是，针对这一问题，目前很多销售人员都在探索互联网直播卖房和短视频营销等多种手段。

（7）费用较高。销售人员与消费者面对面交谈，花费的时间多、推销费用高、培训费用大，因此，投入的资金较多。

由于人员推销可以提供较详细的资料，还可以配合顾客的需要提供相应的服务，再加上房地产自身的特点，因此，房地产的销售比较适合采用人员推销这种方式。

10.3.3　房地产人员推销的程序

房地产人员推销的程序包括以下几点。

（1）寻找顾客。推销人员在推销产品之前，必须弄清楚自己的顾客在哪儿，这是人员推销的第一步。寻找顾客就是寻找可能购买本企业产品的潜在顾客。潜在顾客必须具备四个条件：有需求，有购买能力，有购买决策权，有接近的可能性。推销人员可以通过咨询电话、展销会、现场接待、促销活动、上门拜访、朋友介绍等方式寻找潜在顾客。寻找到潜在顾客以后，还要对他们进行资格审查，筛选出有接近价值和接近可能的目标顾客，以便集中精力进行推销，提高成交率和工作效率。

（2）接近前准备。推销人员在确定目标顾客后，应设法了解顾客，为推销做好准备。准备工作包括：尽可能多地了解目标顾客的情况和要求，确立具体的工作目标，选择接近的方式，预测推销中可能产生的一切问题，准备好推销材料，等等。推销人员在准备就绪后，还要通过电话、信函等方式约见准顾客，讲明约见的事由、时间、地点等，为接近顾客做准备。

（3）接近顾客。它是指推销人员直接与顾客接触，以便成功地转入推销洽谈阶段。在这一阶段，推销人员要根据掌握的顾客材料和当时的实际情况，灵活运用各种接近技巧，如介绍接近、产品接近、利益接近、好奇接近、问题接近和搭讪接近等方法，引起顾客对所推销产品的注意,激发他们对本企业产品的兴趣,并引导顾客进入洽谈,达到接近顾客的最终目的。

(4)推销洽谈。它是指推销人员运用各种方法说服顾客购买房地产的过程。它是人员推销过程中的核心环节。在推销洽谈的过程中,推销人员要运用各种推销洽谈的策略和技巧,向顾客传递企业及产品信息,指出产品的特点和优势,消除顾客的疑虑,强化顾客的购买欲望,让顾客认识并喜欢所推销的产品,进而产生强烈的购买欲望,直至达成交易。

(5)处理异议。在推销产品的过程中,推销人员经常会遇到各种异议,如需求异议、质量异议、价格异议、服务异议、购买时间异议、权利异议、对房地产企业的异议等。顾客异议是顾客的必然反应,它贯穿于整个推销过程中。顾客异议既代表成交的障碍,也代表顾客已对推销人员的讲解给予了关注,对产品产生了兴趣,推销人员只有有效地克服了顾客异议才能达成交易。克服顾客异议的有效方法是弄清产生异议的原因,对症下药。

(6)成交。这是整个推销工作的最终目标。当各种异议被排除后,推销人员要密切注意顾客发出的成交信号,抓住这一成交的大好机会并及时达成交易。

(7)提供服务。达成交易并不意味着推销工作的结束,而应该被看成新的推销工作的开始。因此,推销人员要做好后续工作。良好的售后服务工作能安抚老顾客、争取新顾客,树立良好的企业形象。

有关销售人员的推销策略和技巧请参阅第 12 章房地产销售实务。

10.4 房地产营业推广策略

10.4.1 房地产营业推广的概念

房地产营业推广又叫房地产销售促进,是指房地产企业通过各种营业(销售)方式来刺激消费者购买(或租赁)房地产的促销活动,即除了人员推销、广告和公共关系促销以外的,能迅速刺激需求、鼓励购买的各种促销方式。

营业推广作为一种最直接、对推销对象最具刺激作用的促销方式,在国内外越来越被企业所重视。营业推广竞争已经成为房地产企业最重要的竞争手段之一。因此,如何制定出正确的营业推广策略是房地产企业最重要的课题之一。

10.4.2 房地产营业推广的特点

房地产营业推广策略和其他促销方式相比较,具有以下几个方面的特点。

(1)非连续性。房地产营业推广策略一般是为了某种目标而专门开展的一次性促销活动。它不像广告、人员推销那些连续、常规的推销活动,营业推广一般着眼于解决一些具体的促销问题,具有非规则性和非连续性的特点。

(2)形式多样。房地产营业推广策略的具体形式多种多样,如向消费者赠送赠品、提供各种购房折扣、对中间商进行销售竞赛、为中间商培训销售人员、举办展览会和联合促销等。

（3）即期效应明显。房地产营业推广策略往往是在某一特定的时间内，针对某方面情况采用的一种促销方法，它能给买方以强烈的刺激作用。若该策略运用得当，则可以马上从营销效果上表现出来，不像其他方式那样有一个较长的滞后期。

10.4.3 房地产营业推广策略

房地产企业的营业推广策略包括确定营业推广目标、选择营业推广工具、确定营业推广规模、设计营业推广时间、制定营业推广预算等内容。

1. 确定营业推广目标

营业推广目标是房地产企业通过营业推广促销希望达到的目的。根据营业推广方案面向对象的不同，营业推广目标可分为三种：一是针对消费者的营业推广，目标是刺激消费者购买；二是针对中间商的营业推广，目标是吸引其经销或代理本企业产品；三是针对推销员的营业推广，目标是鼓励推销员多推销房地产产品，刺激其寻找更多的潜在顾客。

2. 选择营业推广工具

营业推广的工具多种多样，形式层出不穷。选择何种营业推广工具，要综合考虑房地产市场营销环境、目标市场的特征、竞争者状况、营业推广的对象和目标、每一种营业推广工具的成本效益等因素，还要注意将营业推广同其他促销策略，如广告、公共关系促销、人员推销等策略的相互配合。

（1）针对消费者的营业推广工具。

1）价格折扣。这是房地产营业推广中运用最多的方法。无论是对消费者还是对中间商来说，这个方法都很有效。对消费者来说，价格折扣可以使房价降低很多，刺激他们的购买欲望；对中间商来说，价格折扣可以让它们在代理时更有利可图。

2）变相折扣。所谓变相折扣，是指通过免去物业管理费、免付开发商贷款利息或代付贷款利息等变相地给予价格折扣的营业推广方法。由于变相折扣方法易为各企业模仿，因而使得它的效果的持续时间不是很长。

3）现场展示样板房。现场展示样板房就是在房地产项目竣工后，房地产开发商将建筑物的某一层或某层的一部分户型进行装修、配齐家具和必要的装饰品，供有兴趣购买和租赁的顾客参观，让其亲自体验入住后的感受。某些大型房地产开发项目，如大型住宅区，在项目建筑施工过程中，在施工场地附近临时建一套样板房以供消费者参观、选购。

4）展销会。展销会是房地产企业常用的促销工具。一般是由政府的职能部门或行业协会组织，也可由房地产开发商自己举办。在展销会上，由于展销商的商品房种类齐全，而且往往配合一些优惠措施，如价格上的优惠等，因此，能在短期内吸引大量购买者。通过展销会，不仅可以扩大商品房的销售量，还能提高房地产企业的知名度。

5）不满意退款。这是指购房者在购买商品房的一定时间内，如果发现商品房有质量问题或价格下降，开发商可以无条件退房，并且退还全部房款和利息。这种方式可以增强购房者的购房信心,让购房者产生一种安全感和信任感。

6)赠送促销。这是指购房者购买了一定面积的某种商品房后,可获得一定的赠送,如赠送轿车或车位、赠送家具、赠送装修服务、赠送面积、赠送家电,或者可以免费租用一定期限写字楼或办公楼等,其目的就是刺激消费者购买或租赁,但有时这种方法显得比较牵强,如"买大房赠小房",其实质就是折价,故弄玄虚反而会引起消费者反感。另外,附赠商品的价值往往与房地产本身价值差距过大,消费者很难被打动。

(2)针对中间商的营业推广工具。

1)价格折扣。这是指房地产开发商以价格折扣的形式对中间商进行刺激,以扩大商品房销售的一种重要促销手段,也就是房地产开发商以购买特定数量的商品房回报给中间商一定的价格优惠和免费商品房数量。

2)促销材料。这是指房地产开发商向中间商提供海报、传单、证明等促销材料,以提高中间商的销售效率。

3)合作广告。合作广告是房地产开发商和中间商共同支付广告费用的一种做法。开发商和中间商出于共同销售商品房的目的,根据双方达成的协议,各自承担一部分广告费。

4)展销会。由政府职能部门、行业组织或开发商举办的展销会,可以向现实的购买者和潜在的购买者展示房地产,宣传企业产品的特点,解答购买者的疑问,进行直接的信息沟通,扩大商品房的销售量。

5)推销竞赛。推销竞赛是指房地产开发商给予贡献大的中间商的各种带有刺激性的好处。例如,对业绩领先的中间商给予奖金、休假等奖励,目的是鼓励中间商更好地推销产品。

(3)针对推销员的营业推广工具。

1)电话营销。这是一种常见且有效的推广方式。推销员通过电话与潜在客户进行沟通,向他们介绍产品或服务,并试图达成销售。在进行电话营销时,推销员需要具备良好的沟通技巧,清晰明了地表达产品的特点和优势,以引起客户的兴趣。

2)社交媒体营销。随着社交媒体的兴起,推销员可以通过社交媒体平台进行宣传和推广。他们可以创建企业的社交媒体账号,发布产品信息、优惠活动等内容,并与用户进行互动。通过社交媒体营销,推销员可以更好地了解用户需求,提供个性化的推广服务。

3)参展展览。这是一种集中展示企业产品和服务的方式。推销员可以通过参展展览,与潜在客户进行面对面交流,展示产品的特点和优势,并与客户建立联系。在参展展览时,推销员需要注意展台的布置和产品展示的吸引力,以及与客户积极互动。

4)传统媒体广告。虽然传统媒体广告的影响力逐渐减弱,但仍然是一种重要的推广方式。推销员可以通过电视、广播和报纸等媒体发布广告,吸引潜在客户的注意力。在制作传统媒体广告时,推销员需要注意广告的创意和表达方式,以及广告的定位和目标受众。

5)口碑营销。这是一种依赖用户口口相传的推广方式。推销员可以通过提供优质的产品和服务，赢得客户的好评和推荐，从而吸引更多的潜在客户。在进行口碑营销时，推销员需要注重产品的品质和服务的满意度，建立良好的企业形象和口碑。

3. 确定营业推广规模

投入多高的费用来刺激消费需求决定着销售业绩。如果要实现促销的成功，一定的刺激是不可或缺的。随着刺激程度的增强，销售量会增加，但到了一定程度以后，其效应是递减的。所以，房地产企业不仅要了解各种营业推广手段的效率，还要清楚地认识刺激程度和销售量变化的关系，以取得合理的、预期的推广效果。

4. 设计营业推广时间

营业推广时间应有一个合适的持续长度。持续的时间太短，一些顾客将由于无法及时决策而失去优惠购房的机会；持续的时间过长，则推广的号召力逐步递减，将起不到刺激消费者的作用。因此，营业推广时间的安排，应考虑一个理想的起始日，并保持一个合适的持续阶段。例如，房地产企业可以在节假日举行营业推广活动，采用的手段可以以价格为主；也可以采用推出保留房型、赠送礼品等多种形式；还可以在开盘初期进行营业推广，如前100名购房者可以免缴一年的物业管理费和车位费等。

5. 制定营业推广预算

营业推广策略的制定最终要落实到预算上。营业推广的预算可以用以下三种方法来确定。

（1）上期费用参照法。参照上期费用来测算本期费用，这种方法非常简单方便，可以在营业推广对象、手段和预期效果都不变的情况下采用。但是由于许多主客观的因素都在变化，因而必须考虑对费用的调整。

（2）比例法。比例法是根据一定的比例从总促销费用中提取营业推广费用额度的方法。在不同的市场上进行营业推广，其费用预算比例都是不同的，而且这个比例也受到产品所处生命周期阶段和市场上竞争对手促销投入多少的影响。

（3）总和法。总和法是指先确定每一个营业推广项目的费用，然后汇总得出该次营业推广成本的总预算。营业推广各个项目的费用主要包括优惠成本和运作成本两部分。其中，优惠成本包括对中间商的折扣成本和赠奖成本等；运作成本则包括广告费、印刷费和邮寄费等。显然，在预算制定的过程中，对营业推广期间可能售出的预期数量的估计也是必不可少的。

10.5 房地产公共关系促销策略

10.5.1 房地产公共关系促销的概念

公共关系一词源于美国，其英文是 public relation，简称 PR。公共关系是一种内求团结、外求发展的经营管理艺术。它运用合理的原则和方法，通过有计划而持久的努力，协调和改善企业内外关系，使本企业的各项政策和活动符合公众的需求，在公众中树立起良好的企业形象，以谋求公众对本企业的了解、信任、好感与合作，并获得共同利益。

房地产公共关系促销是指房地产企业为了获得人们的信赖，树立企业或房地产的形象，用非直接付款的方式通过各种公关工具进行的宣传活动。

10.5.2 房地产公共关系促销的特点

与人员推销、广告和营业推广相比，公共关系促销具有以下特点。

（1）双向沟通。房地产企业公共关系促销的对象是公众，包括企业内部公众和企业外部公众。企业在与公众进行信息交流时必须是双向的，即企业在向外部传播信息的同时，也向外界收集信息，不断进行信息反馈。公共关系促销所强调的，不是由企业单方面去说服、劝说或强制影响公众的看法，而是需要通过双向的意见交流，要求企业也听取公众的反映和要求，要求企业更多地用行动而不是用"宣传"来赢得公众的信任和理解。当企业和公众成为互相关心、互相信任、互相支持的朋友时，公共关系促销就达到了预期目的。

（2）间接促销。公共关系促销的手段是有效的信息传播，但它并不直接介绍、宣传与推销企业的产品和服务，而是通过积极参加各项社会活动，宣传企业宗旨，协调与公众的关系，赢得社会的理解、信任与支持，提高企业的知名度和美誉度，树立良好的企业形象，从而达到间接销售的目的。

（3）树立良好的形象和信誉。房地产企业开展公关活动的目的是要在社会上树立良好的形象和信誉。而形象和信誉的建立绝非一朝一夕的事，需要企业用实际行动为公众谋利益。这就要求房地产企业要生产适销对路、质优价廉的房地产并提供各种配套服务，搞好企业管理。同时，还要通过有计划、有步骤、长期不懈的努力，实事求是、有效地向外界进行公关宣传。这是一项长期、艰苦的工作。但是，如果企业成功地开展了公共关系工作，树立起良好的形象和信誉，就会受益无穷，社会公众也会因此受益匪浅。

10.5.3 房地产公共关系促销活动的形式

高效地开展房地产公共关系促销活动是一项充满创造性的工作，它可以利用现有的、一切有效的手段并开发新的手段，充分发挥策划人员的想象力和创造性，选择适当的公共关系促销活动形式和沟通媒介来达到最佳的效果。目前，公共关系促销活动有以下几种形式可以利用。

1. 媒体事件策划

发现或创造对房地产企业或房地产本身有利的新闻是房地产企业公关人员的一项主要任务。一条有影响力的新闻对树立房地产企业形象，增加房地产的租售量具有不可估量的作用。

房地产企业应努力争取新闻界对自己的关注与支持，充分利用新闻媒介及时对楼盘做宣传报道，这要比出钱做广告效果好得多。因此，房地产企业要注意处理好与新闻界的关系，如经常向新闻界提供新闻稿，重大事件举办记者招待会，向新闻界分发企业和楼盘刊物、宣传小册子等，以求最迅速地将企业内部的信息扩散到新闻界，再利用新闻媒介形成有利于企业和楼盘的社会舆论。

2. 调研活动

房地产企业常通过民意调研等多种方式来收集企业内部与外部环境的变化信息，了解消费者对企业，对房地产的价格、质量、功能、房型等诸方面的意见和建议，并及时将改进后的情况告知消费者以跟踪消费者的需求趋势，尽力满足消费者的需求。例如，某房地产企业举办的"全面提高居住质量"大型征询活动，将活动反馈的消费者需求信息反映到了其开发的小区的设计、建设中，不仅重新设计了房型，补充了物业管理职能，还将原设计建造的两幢高层改为了建设近万平方米的绿地，以满足消费者的需求。

3. 举办各种招待会、座谈会、联谊会、茶话会、接待和专访等社交活动

近年来，很多楼盘都开展了丰富多彩的交际性公关活动，成立了客户联谊会、业主文化沙龙等。这类公关活动具有直接性、灵活性和人情味浓等特点，能使人际沟通进入"情感"的层次，因而在公关活动策划中得到广泛的应用。

4. 提供各种优惠服务

如楼盘开展的售后服务、咨询服务、维修技术培训等，以行动证实企业对公众的诚意。这类公关活动被称为"实惠公关"，容易获得客户的理解和好感。

5. 参与各种社会公益活动

各种社会公益活动为房地产企业开展公共关系促销创造了良好的机会，房地产企业也往往利用这类机会以引起各种媒体的注意，并及时进行宣传。例如，向希望工程募捐，向福利机构、教育单位、体育、艺术活动提供赞助等，这有利于赢得公众对房地产企业的好感，进而有助于潜在消费者对房地产的认可。

10.5.4 房地产公共关系促销策略的实施步骤

房地产公共关系促销策略的实施步骤主要包括确定公共关系促销策略的目标与对象、制定公共关系促销策略的实施计划、实施公共关系促销策略和评价公共关系促销策略实施的效果。

1. 确定公共关系促销策略的目标

公共关系促销策略目标的确定要与企业在前期调查中所确认的问题联系起来。同时，公共关系促销策略的目标应与企业的整体目标相协调，并应当使目标具体化，即具备可操作性；此外，还要在多个目标之中分清轻重缓急，按重要程度和执行的先后排出一定的顺

序。公共关系促销所要达到的目标，主要有以下几点。

（1）建立知名度。营销人员和公共关系促销人员可以利用媒介（大众传播和人际交往）讲述一些故事，以吸引人们对本企业、产品、服务、组织或构思的注意力。例如，在《房地产世界》杂志上刊登有关本企业成长、发展等经营之道和经营业绩等方面的文章，以扩大影响。

（2）建立信誉。公共关系促销可通过撰写新闻稿或文章来传递信息，以提升企业信誉。

（3）激励销售人员和经销商。公共关系促销可以帮助提高销售人员和经销商的工作热情。在某房地产项目上市之前宣传有关它的资料将有助于销售人员和经销商销售该产品。

（4）降低促销成本。应使公共关系促销费用低于广告等其他促销手段的费用。

2. 确定公共关系促销策略的对象

公共关系促销策略的对象包括顾客、中间商、社区、政府和新闻媒体等。为了使公共关系促销决策更加科学，可以将公众从不同的角度进行分类，从而使公共关系促销策略的实施更有针对性。例如，按公众对企业的态度，可以分为顺意公众（对企业持支持态度）、逆意公众（对企业持反对态度）和独立公众（对企业持中立态度）三类；按公众与企业的密切程度，可以分为首要公众（与企业关系最密切，对企业影响最大）、次要公众和边缘公众三类。

3. 制订公共关系促销策略的实施计划

公共关系促销策略是一项整体的活动，它本身由一系列活动构成，这就要求去制订实施策略的具体计划。具体的公共关系促销实施计划，是指房地产开发企业为了实现公共关系促销策略的目标而采取的一系列有组织的活动，包括记者招待会、展览会和纪念庆祝会等。在制定公共关系促销策略的实施计划时，还要充分考虑预算开支、所需的人力与各种可控的和不可控的因素等。

4. 实施公共关系促销策略

公共关系促销策略的实施基本上可以根据计划方案按部就班地进行下去。策略的实施需要借助公共关系促销人员与新闻媒体有关人士的人际交往和其他的社会关系来进行。但需要特别注意的是，当进行的公共宣传涉及具有较大社会影响的事件时，要密切注意事态的发展变化，一旦出现不利的变化就必须做出适当的反应，提出切实可行的行动方案。

5. 评价公共关系促销策略实施的效果

评价公共关系促销策略实施的效果，主要有以下几种方法。

（1）参与观察法。参与观察法是房地产企业主要负责人亲自参加公共关系促销活动，观察实际情况并估计效果，然后与公共关系促销人员所提供的活动报告进行比较的一种方法。

（2）目标比较法。在制订计划时，就将公共关系促销策略的目标具体化，用可以度量的方式明确下来。在活动完成以后，将测算结果与原定目标相比较，并进一步评估。

（3）舆论调查法。这是一种在公众中对公共关系促销策略实施前后进行舆论调查，然后根据有关舆论情况及其变化衡量和比较公共关系促销策略实施效果的方法。

（4）销售额和利润贡献法。这种方法是最令人满意的一种衡量方法。房地产企业在估计公共关系促销宣传对增加总销售额的贡献比例的基础上，测算公共关系促销策略实施的投资报酬率。

| 案例 |

中街北苑报纸广告文案

主标：在中街北苑，我们用万米皇家园林震撼你的生活视界

副标：不惜浪费中街寸土寸金，传承皇家血脉缔造庭院生活

文案：中街北苑雄居百年中街，传承皇家尊贵血脉，造就数万平方米皇家景观园林，"沐风长道"奏响美景乐章，"曲水流觞"畅谈风雅之作，"福池"传承清代皇家文化，亭廊、水榭、涌泉、假山叠水……皇家园林景观处处展现尊贵风姿，每一笔都是精心描绘，承诺无须等待，现房销售，一切眼见为实，中街北苑给您的是中心皇家园林景观生活。

附加信息：起价每平方米××元

购买中街北苑将赠送10平方米实用储藏室

特别推荐130平方米户型，样板间即将开放

常规卖点：

常规资料：

| 思考题 |

1. 影响房地产促销组合的因素有哪些？
2. 简述房地产广告的特点。
3. 简述房地产广告决策过程。
4. 选择房地产广告媒体应考虑哪些因素？
5. 简述房地产人员推销的程序。
6. 房地产营业推广有哪几种策略？
7. 房地产企业开展公共关系促销活动有哪几种形式？
8. 简述房地产公共关系促销策略的实施步骤。

| 实训 |

1. 报纸广告欣赏。收集、分析、研究当地的房地产报纸广告，从中选择你认为最佳的一则广告。说明该广告的优缺点，并提出修改方案。

2. 为研究楼盘（改名后的楼盘）设计广告宣传语，并选择某一促销方式，制订促销方案。
3. 参观房地产交易会。

|附录|

附录10-1：参观××市房地产交易会实训指导

1. 实训目的

参观××市房地产交易会，使学生了解××市房地产市场的基本现状，了解房地产交易会——这种市场促销手段的具体实施方法和实施过程；让学生较直观地观察和分析房地产开发商的不同的促销方式，为课堂学习积累真实的素材和参考资料。

2. 实训形式

校外参观，分组进行

3. 考核要求

（1）每组完成一份资料汇总表，包括展会开发商的名称、参展房屋名称、类型、位置、起价、广告宣传语；中介公司的名称、服务内容、宣传口号等。

（2）每人选择一个最佳展台，从开发商的展位选择、整体布局、宣传画面、图案设计、工作人员素质等方面进行综合评价。

（3）每人选择一条最佳广告宣传语，注重简明性、准确性、针对性、生动性和独特性等。

（4）注意观察工作人员的工作过程，观察他们的言谈、举止、衣着、打扮，可作为将来工作的借鉴。

（5）实训结束后，每位学生完成一份选择结果（附说明）和一份实训报告；每组完成一份资料汇总表。

4. 实训步骤

（1）实训参观，收集资料，选择最佳。

（2）分组汇报完成任务情况及其选择结果。

（3）撰写实训报告。

5. 实训报告

附录10-2：实训报告

1. 实训项目
2. 实训目的
3. 实训过程
4. 实训小结

第 11 章

房地产市场营销管理

学习目标

1. 了解房地产市场营销计划、营销组织与营销控制的概念。
2. 掌握房地产市场营销计划的内容。
3. 了解房地产市场营销组织的基本形式。
4. 了解房地产市场营销控制的步骤与方法。

技能要求

1. 初步掌握房地产市场营销计划的编制内容和实施步骤。
2. 能够有针对性地选择房地产市场营销组织的形式。

本章概览

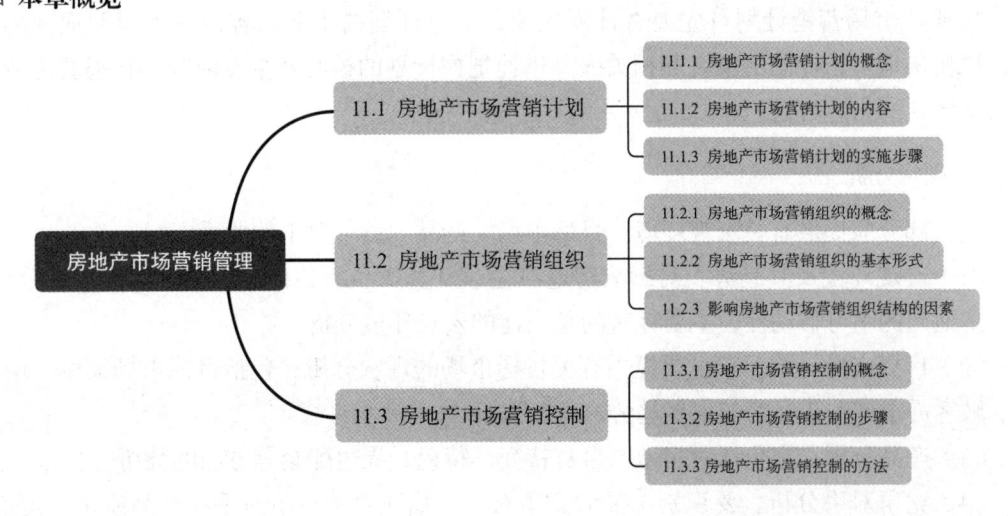

```
                                    ┌── 11.1.1 房地产市场营销计划的概念
                   11.1 房地产市场营销计划 ──┼── 11.1.2 房地产市场营销计划的内容
                                    └── 11.1.3 房地产市场营销计划的实施步骤

                                    ┌── 11.2.1 房地产市场营销组织的概念
房地产市场营销管理 ──  11.2 房地产市场营销组织 ──┼── 11.2.2 房地产市场营销组织的基本形式
                                    └── 11.2.3 影响房地产市场营销组织结构的因素

                                    ┌── 11.3.1 房地产市场营销控制的概念
                   11.3 房地产市场营销控制 ──┼── 11.3.2 房地产市场营销控制的步骤
                                    └── 11.3.3 房地产市场营销控制的方法
```

11.1 房地产市场营销计划

11.1.1 房地产市场营销计划的概念

制订市场营销计划是房地产企业管理者的首要工作，有了营销计划，企业的营销工作才能按部就班、循序渐进、高效率地进行。

房地产市场营销计划是指房地产企业为了达到市场营销目标而制订的一系列活动安排，包括房地产企业市场营销活动的目标和实现这些市场营销活动目标的措施。

制订房地产市场营销计划的步骤及目的如表 11-1 所示。

表 11-1 制订房地产市场营销计划的步骤及目的

步骤	目的
1. 计划提要	对拟制订的计划进行概要说明
2. 现状分析	提供有关市场、产品、竞争、销售以及宏观环境等方面的资料
3. SWOT 分析	分析主要的机会、威胁、优势及劣势
4. 营销目标	确定有关销售量、市场份额、利润等要完成的目标
5. 营销策略	提出实现计划目标拟采取的主要营销手段
6. 行动方案	具体部署营销行动的内容、主体、时间及费用
7. 营销预算	预测计划实施所需的费用
8. 营销控制	说明如何监控计划的实施

11.1.2 房地产市场营销计划的内容

不同房地产企业的市场营销计划繁简程度不同。在通常情况下，房地产市场营销计划应包括以下八个方面的内容。

1. 计划提要

房地产市场营销计划首先要有计划提要，应对计划的主要内容做一个简明扼要的概括，以便房地产企业的决策者和相关人员迅速把握计划的核心及主要内容。在提要之后附上营销计划的内容目录。

2. 现状分析

这一部分应提供有关宏观环境、目标市场、产品、竞争对手的背景资料。

（1）宏观环境及其趋势。对影响房地产企业及其产品的各种宏观环境因素进行分析，由于房地产的不可移动性，主要针对的是当地的宏观环境分析。

（2）目标市场分析。它主要提供有关目标市场的现状分析，包括目标市场规模、增长率、顾客需求和购买行为的发展趋势。

（3）产品分析。它包括对房地产自身特征、特色、周边配套等方面的分析。

（4）竞争对手分析。要识别主要的竞争对手，描述每个竞争对手在产品质量、定价、分销、促销等方面采取的策略，它们各自的市场占有率及变化趋势。

3. SWOT 分析

SWOT 分析具体包括以下三个方面的内容。

（1）机会与威胁分析。对市场机会进行分析和评价借助的是市场机会价值评估矩阵，对威胁进行分析和评价借助的是环境威胁矩阵。详见本书第 3 章房地产市场营销环境。

应该注意的是，市场机会不等于房地产企业的机会。市场机会能否成为企业机会，还要看该市场机会是否与企业的任务和目标相一致；是否与企业的资源相一致；企业在利用这一机会时，是否比潜在竞争对手具有更大的优势，能否享受差别利益。房地产企业可以运用图 11-1 展示的方法评价房地产市场营销环境机会。

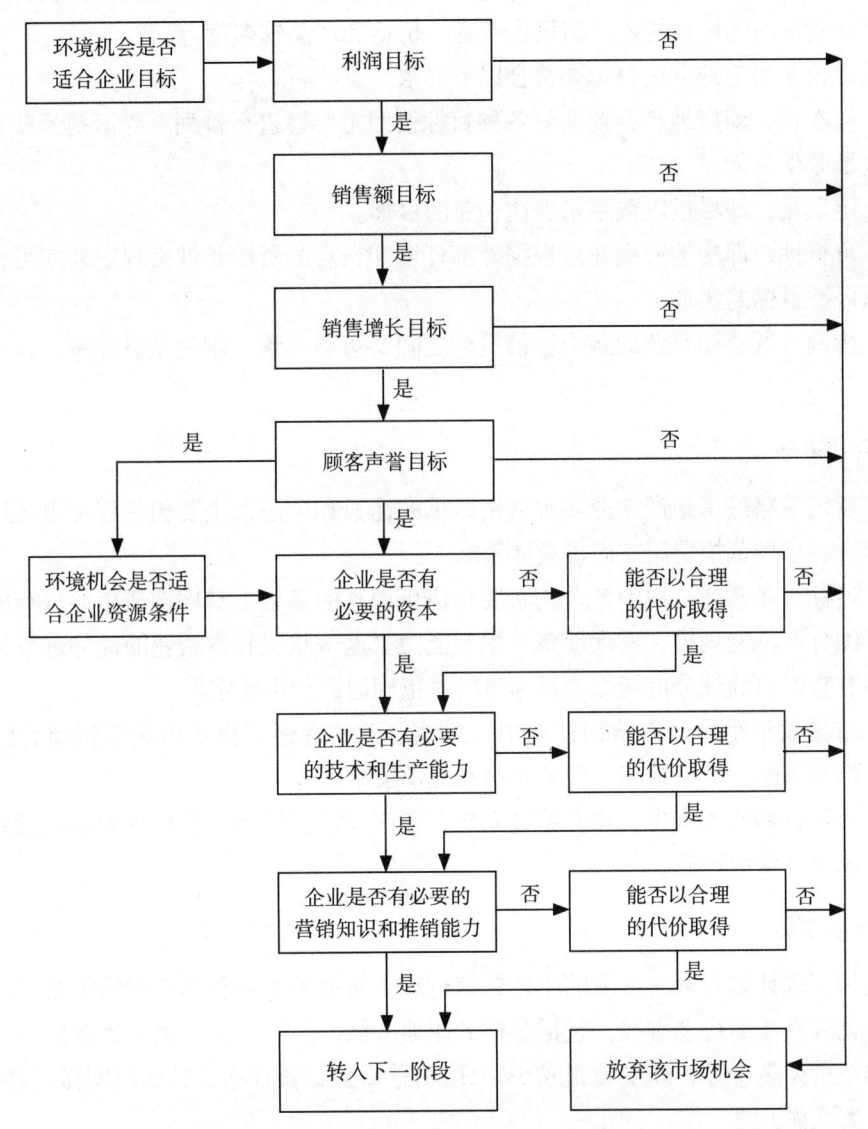

图 11-1 房地产市场营销环境机会评价

（2）优势和劣势分析。除了对机会与威胁进行分析外，计划中还要对房地产企业自身的优势和劣势进行分析，以便企业扬其所长，避其所短。分析企业内部的各种影响因素，辨认企业能应用并获取成功的优势所在和需要加以弥补的劣势。

（3）问题分析。利用前两项的分析结果，确定房地产企业所面临的主要问题。对这些问题的分析，是制定房地产企业目标、营销策略的基础。

4. 营销目标

营销目标是营销计划的核心部分，是在分析营销现状并预测未来机会与威胁、发现企业的优势和劣势的基础上制定的，主要包括财务目标和营销目标，财务目标是企业对计划期内具体产品确定的投资收益率、利润等其他财务指标。营销目标是由财务目标转化而来的，包括计划期内的销售规模、市场占有率、价格和产品知名度等。

房地产企业制定的营销目标要符合以下要求。

（1）层次化，即房地产企业要对各种目标按照重要性进行排列，弄清楚哪些是主要目标，哪些是派生目标。

（2）定量化，即尽量以数字来表达企业的目标。

（3）可行性，即房地产企业应根据外部环境和自身的资源条件来规定切实可行的目标水平，以保证目标的实现。

（4）协调一致，即企业的各个营销目标之间要协调一致，避免矛盾冲突，以免互相抵消作用。

5. 营销策略

市场营销策略是房地产企业实现营销目标的途径和手段，主要包括目标市场选择、市场营销组合、市场营销费用支出等具体策略。

（1）目标市场选择。房地产营销者要在市场调查的基础上对房地产市场进行细分，然后对每个细分市场的规模、发展前景、盈利能力、竞争状况和本企业的优势进行分析，从中选择最有吸引力的细分市场作为目标市场并正确地进行市场定位。

（2）市场营销组合。在营销计划中，房地产营销者还要提出市场营销组合的具体策略，包括产品策略、价格策略、分销策略和促销策略。

（3）市场营销费用支出。在营销计划中，还必须详细说明为执行各种市场营销策略所必需的市场营销费用预算。

6. 行动方案

阐述为实现计划目标所采取的主要营销行动。房地产企业在制定营销策略之后，还要将它们转化成具体的行动方案，包括怎样具体地去做，何时完成，由谁负责执行，完成这些任务的花费是多少等，即主要完成 5W1H（为什么做，做什么，什么时间做，在哪儿做，谁来做，怎么做）的工作。

7. 营销预算

房地产营销者在确定了市场营销目标、营销策略及行动方案后，就要确定预算以保证方案的实施。确定预算采用的方法主要有销售百分比法和目标任务法。销售百分比法就是按照预测销售额的固定百分比进行市场营销预算。这种方法的优点是简便易行且比较准确，但是，此方法存在逻辑错误。正常的逻辑是营销费用决定销售额，企业所花的营销费用越多则销售额越大。而销售百分比法按销售额的大小确定市场营销费用的多少，造成因果倒置。为了避免这一缺点，有些房地产企业在实际工作中常常采用目标任务法。首先，要确定企业的营销目标；其次，决定为了达到该目标而必须执行的工作任务；最后，估算执行这些工作任务所需的各种费用，这些费用的总和就是营销预算。营销预算确定以后要呈报企业的高层主管审查和批准，一经确定就作为营销活动的依据。

8. 营销控制

营销控制是营销计划的最后一部分。房地产市场营销控制就是对营销计划的实施进行监督和评价，并对实施过程中出现的主要问题采取措施加以改进，保证营销目标的顺利实现。实行房地产市场营销控制，有助于企业及早地发现问题并解决问题，防患于未然。

11.1.3 房地产市场营销计划的实施步骤

彼得·德鲁克说："计划等于零，除非将它变成行动。"房地产企业在制订市场营销计划之后，还要确定具体的实施方案。

房地产市场营销计划的实施是指房地产企业为了实现其战略目标，而将市场营销战略和计划变成具体营销方案的过程。制订营销计划只是解决了企业"应该做什么"的问题，而市场营销计划的实施则是解决"怎样做"的问题。

房地产市场营销计划的实施包括以下几个步骤。

1. 制订详细的行动方案

为了有效地实施房地产营销计划，需要制订详细的行动方案。这里的行动方案实际上是营销计划的具体执行计划，在该方案中要明确营销计划实施的关键性要求和任务，还要将这些行动与任务的责任落实到部门和个人，并明确具体的行动计划执行的时间表，定出行动的确切时间。

2. 建立营销组织结构

房地产市场营销组织在市场营销计划的实施过程中起着决定性的作用，它是房地产企业市场营销活动得以顺利进行的组织保证。房地产市场营销组织的建立，要与房地产企业战略、自身的特点和环境协调一致，以充分发挥营销组织的作用。此外，由于房地产企业中既存在着正式组织又存在着非正式组织，因而在充分发挥正式组织作用的同时，还要充分利用非正式组织的作用，使正式组织与非正式组织紧密结合，促进和保证营销计划的顺利实施。

3. 设计决策和报酬制度

为了实施营销计划，还要设计相应的决策和报酬制度，它们直接关系到计划实施的成败。

在建立决策制度时，要根据房地产企业的规模、专业管理的性质、管理人员素质和管理水平等因素处理好集权与分权的关系。在建立报酬制度时，要充分体现公平和效率，以调动员工实现企业目标的积极性，促使员工行为合理化。

4. 开发人力资源

房地产市场营销计划的实施，最终是通过企业的员工来实现的，因此，人力资源开发的好坏，直接影响营销计划的实施效果。人力资源的开发包括人员的选拔、安置、培训和激励等。

在人员选拔的过程中，要考虑是从内部选拔还是从外部招聘；在人员安置的过程中，要将适当的工作安排给适当的人员，做到人事相宜；在进行人员培训时，要对员工进行多方面的培训；在对员工进行激励时，要采用物质激励和精神激励相结合的激励机制，调动员工的工作热情。总之，房地产企业只有努力地开发人力资源，才能调动员工的积极性，为计划的实施提供必要的保证。

5. 建立企业文化

企业文化是指房地产企业内部全体人员共同持有和遵守的价值标准、基本信念和行为准则。企业文化已成为企业的重要资源，成为市场竞争的重要手段。它对房地产企业经营思想和领导目标、对员工的工作态度和作用等方面起着决定性的作用。通过企业文化建设，逐渐形成共同的价值观和基本信念，从而形成强大的向心力和凝聚力，确保营销计划的顺利实施。

11.2 房地产市场营销组织

11.2.1 房地产市场营销组织的概念

房地产市场营销计划的执行和各项营销工作的开展需要有科学合理、精干高效的营销组织作保证。房地产市场营销组织是指房地产企业内部涉及市场营销活动的各个职位及其结构。由于房地产企业的各项活动总是由人来承担的，房地产市场营销组织又可以理解为各个市场营销职位中人的集合。

一个有效的房地产市场营销组织应具备灵活性、协调性和高效性等特征。

（1）灵活性。灵活性要求房地产市场营销组织能够根据营销环境、营销目标和营销策略的变化，迅速调整自己的行动。

（2）协调性。协调性要求房地产市场营销组织与房地产企业的总体发展战略和经营目标相协调，与其他职能部门相协调，营销组织内部的各部门之间要相互协调，共同实现企业营销目标。

（3）高效性。高效性要求房地产市场营销组织精干高效，能以较少的投入获得较大的产出。

11.2.2　房地产市场营销组织的基本形式

为了实现房地产企业目标，必须选择合适的市场营销组织模式。房地产市场营销组织的形式有很多，但基本形式主要有以下几种。

1. 职能型组织

职能型组织是最古老也是最普遍使用的市场营销组织形式，它按照不同的营销职能来设置组织结构（见图11-2）。

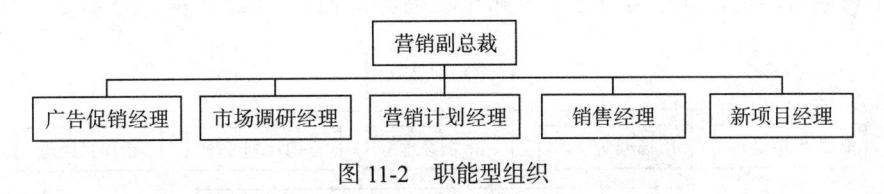

```
                    营销副总裁
    ┌──────────┬──────────┬──────────┬──────────┐
广告促销经理  市场调研经理  营销计划经理  销售经理  新项目经理
```

图11-2　职能型组织

这种组织形式的主要优点是结构简单，管理方便。当房地产企业只有一种或几种产品，或者房地产企业的市场营销方式大体相同时，采用该种组织形式较为有效。但是，随着产品品种的增多和市场范围的扩大，这种组织形式就会暴露出一些缺点。例如，产品或市场无人负责，每个职能部门都从本位主义出发强调自己功能的重要性，相互竞争，不利于房地产企业内部的协调，从而影响房地产企业整体功能的发挥和房地产企业目标的实现。

2. 产品型组织

当房地产企业经营多种产品而且各种产品之间差别很大时，往往建立产品型营销组织，即由营销副总裁统一领导，协调各职能部门的活动。其中，由产品经理管理若干产品线经理，产品线经理又管理若干产品项目经理。产品经理的主要任务是制定产品发展战略和营销计划，激励推销人员及经销商推销产品，监督产品计划的执行，促进产品改进和新产品开发，适应和满足市场需求（见图11-3）。

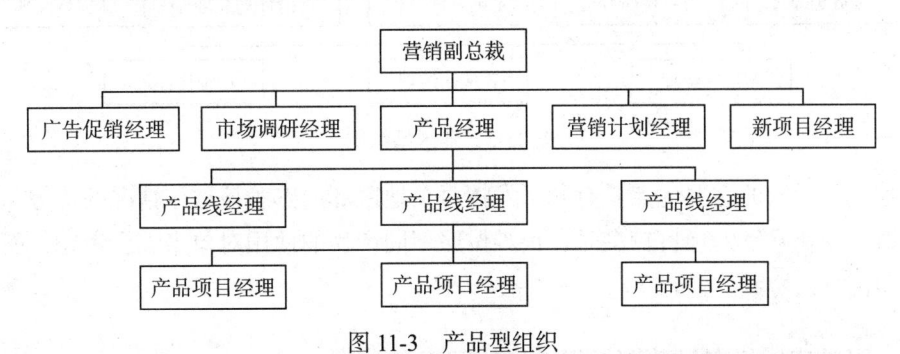

```
                         营销副总裁
    ┌──────────┬──────────┬──────────┬──────────┬──────────┐
广告促销经理  市场调研经理  产品经理   营销计划经理  新项目经理
                    ┌──────────┼──────────┐
                产品线经理  产品线经理  产品线经理
                    │          │          │
                产品项目经理 产品项目经理 产品项目经理
```

图11-3　产品型组织

这种组织形式的主要优点是各类产品责任明确，由于每类产品都有专人负责，形式比较灵活，当企业增加新产品时，只需增加一个产品部即可。其缺点是成本费用高，因为由专人负责一种或少数几种产品，会造成销售人员增加，从而增加费用开支，在一定程度上提高成本费用；缺乏整体观念，各位产品经理只专注具体产品的营销，易忽视整体市场需求；部门之间容易发生冲突，由于过多地强调产品销售的个人负责制，有时会造成推销与计划、促销等部门的冲突。

3. 市场型组织

如果目标顾客可按其特有的购买习惯和产品偏好予以细分，就要建立市场型组织。市场型组织就是由市场主管经理管理若干个细分市场经理，细分市场经理要为自己负责的市场制订中长期营销计划和年度计划，分析市场趋势（见图 11-4）。

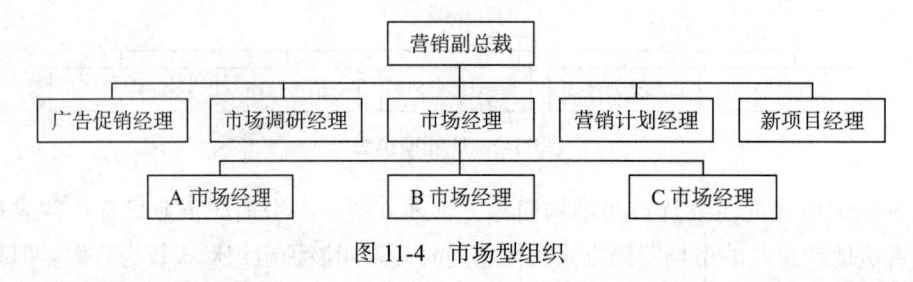

图 11-4 市场型组织

这种组织形式的主要优点是房地产企业围绕着指定顾客开展营销活动，可以满足不同顾客群的需求，充分体现了以顾客需求为导向的营销观念。但这种组织形式也存在一定的不足之处。当房地产企业生产多种产品时，易产生责权不清和多头领导等矛盾。

4. 地区型组织

如果房地产企业的销售范围较大，可以考虑设置地区型组织，即在全国营销经理下设若干个地区经理，专门负责产品在某一地区的销售。地区经理为该地区产品的销售制订长短期计划并负责执行计划（见图 11-5）。

图 11-5 地区型组织

这种组织形式的主要优点是有利于发挥每个地区部门熟悉该地区情况的优势。其缺点是当房地产企业开发的项目较多时，很难按照不同产品的使用对象来综合考虑，而且各地区的活动也难以协调。

11.2.3 影响房地产市场营销组织结构的因素

房地产企业在设置市场营销组织结构时，应综合考虑以下因素。

1. 企业规模

一般来说，房地产企业规模越大，市场营销组织越复杂。大型房地产企业营销部门和营销人员多，管理层次也较多。而小型房地产企业营销部门的设置要简单得多，只设少数几个营销部门甚至没有营销部门，只派专人负责。

2. 企业的经营目标与战略

市场营销组织是服务于企业经营目标和战略的，不同的经营目标和战略要求有不同的营销组织结构。企业的目标市场、战略重点都会对市场营销组织结构产生重大的影响。

3. 产品类型

房地产企业开发的项目种类不同，市场营销组织结构也不同。如果企业开发的项目种类单一，可设置职能型组织；如果企业开发的项目差异很大，可以设置产品型组织，设置产品经理负责各类产品的销售；如果企业生产的主要产品是商品住宅，其销售对象主要是个人消费者，广告宣传和市场调研工作尤为重要，市场营销组织就必须设置广告部门、促销部门和市场调研部门；如果房地产企业开发销售的是工业厂房和写字楼，其主要销售对象是团体用户，则企业更多地依赖人员推销，产品销售部门就必须加强。

4. 市场状况

如果房地产企业的市场规模大、范围广，则需要设置庞大的市场营销组织；反之，房地产企业的市场规模小、范围窄，则可设置简单的市场营销组织。如果房地产企业的市场可以根据消费者需求的差异细分成若干子市场，则应设置市场型营销组织。如果房地产企业的市场地理位置分散，则应设置地区型的营销组织。如果房地产市场稳定程度高，那么市场营销组织也相对稳定；反之，房地产市场需求变化快、市场多变且不稳定，市场营销组织也会不稳定，从而需要调整。

5. 房地产销售方式

如果房地产产品以直销为主，则企业要自己负责市场调研、广告与促销、产品销售、物业管理等工作，营销组织的设置要全面复杂；如果将产品委托给代理商销售或由经销商销售，市场营销组织则要简单得多。

11.3 房地产市场营销控制

11.3.1 房地产市场营销控制的概念

由于市场营销计划在实施过程中总会发生一些意外的事情，营销部门必须对市场营销活动进行控制。房地产市场营销控制是房地产企业市场营销管理过程的重要组成部分，是通过对市场营销计划执行情况的监督和检查，发现与提出计划实施过程中的问题和错误，提出纠正和防止错误重犯的对策建议，以保证市场营销目标的实现。

11.3.2 房地产市场营销控制的步骤

房地产市场营销控制主要分为七个步骤。

1. 确定控制对象

确定控制对象是指确定应对哪些营销活动进行控制。房地产市场营销控制的范围很广，内容很多，而控制活动本身会引起费用的增加。因此，房地产市场营销控制首先要确定控制对象，使控制成本小于控制活动能带来的效益。最常见的控制对象是销售收入、销售成本和销售利润。此外，对市场调查、推销人员的工作、广告、新产品开发等营销活动也应通过控制加以评价。当然，在所界定的这些控制项目中，评价不应当是泛泛的，而应根据需要各有侧重。

2. 设置控制目标

营销控制目标通常是指企业的主要战略目标，以及为达到战略目标而规定的战术目标，如利润、销售额、市场占有率、顾客满意度等指标。不同房地产企业的控制目标不同，而且控制目标也不是固定不变的。总之，控制目标应根据企业的实际需要而设定。

3. 确立控制标准

评价工作要有一个总的尺度，借以衡量营销目标和计划的完成情况。企业在制定目标和计划时，就要考虑如何衡量完成工作的好坏。控制标准就是衡量尺度的定量化，它规定了控制对象的预期活动范围及要求。例如，推销人员绩效衡量的一个尺度是一年新增加多少位客户。假设企业规定每位销售人员每月签单客户最少 5 位，这就是控制标准。

确立控制标准通常要考虑三方面的因素：一是本企业的实际情况；二是同类企业的标准；三是市场环境因素。

需要注意的是：不同房地产企业有不同的控制标准。此外，控制标准也不是固定的，同一企业不同时期的控制标准可能不一样。总之，控制标准要根据具体情况而确立。

4. 选择检查方法

选择检查方法就是选择评价房地产市场营销绩效的方法。最基本的方法是企业建立并积累营销活动及与此相关的原始资料，如营销信息系统中所储存的信息，包括各种资料、报告、报表、原始账单等。它们能准确、及时、全面、系统地记载并反映企业的营销绩效。此外，还可以通过直接观察法评价营销绩效。

房地产企业采用哪种检查方法，应根据实际情况而定。适当的检查方法对正确结果的获得是至关重要的，对下一步控制也起着十分重要的作用。

5. 比较实绩与标准

比较实绩与标准就是将实际执行结果与控制标准进行比较。如果比较的结果是实绩与控制标准一致，则控制过程到此结束；如果不一致，则需要进入下一步骤。

6. 分析偏差原因

产生偏差可能有两种情况：一是实施过程中出现了问题、发生了偏差；二是计划本身的问题，例如，某销售人员未完成销售定额，可能是其自身原因造成的，也可能是销售定额过高造成的。

7. 采取改进措施

通过对产生偏差的原因进行分析，就可以制定相应的改进措施，或者修订控制标准，或者制定补救措施。

11.3.3 房地产市场营销控制的方法

房地产市场营销控制的方法包括年度计划控制、盈利能力控制、效率控制等。

1. 年度计划控制

年度计划控制是由房地产企业高层管理者和中层管理者负责控制的，其目的是确保年度计划所确定的销售、利润和其他目标的实现。年度计划控制的中心是目标管理，控制过程分为四个步骤。

第一步，管理者必须把年度计划分解为每个月、每个季度的具体目标。

第二步，随时掌握营销计划的实施情况。

第三步，及时发现实际工作与计划工作目标的差距，并找出产生差距的原因。

第四步，采取必要的补救或调整措施，以缩小实际情况与计划之间的差距。

年度计划控制的主要内容是对销售额、市场占有率、市场营销费用与销售额比率、顾客态度等进行控制和追踪分析。

（1）销售分析。销售分析就是衡量并评估实际销售额与计划销售额之间的差距。这种分析具体包括两种方法，即销售差距分析和个别销售分析。

1）销售差距分析。这种方法主要用来衡量造成销售差距的不同因素的影响程度。例如，假定年度计划要求在第一季度以每平方米 4 000 元的价格销售 10 000 平方米的商品住宅，预期销售收入为 4 000 万元。但该季度末的实际销售情况是只以每平方米 3 800 元的价格销售了 8 000 平方米，实际销售收入为 3 040 万元，比目标销售额减少了 960 万元，占预计销售额的 24%。

问题是绩效的降低有多少归因于价格下降？有多少归因于销售量的下降？

分析计算方法如下所示。

因价格下降造成的差异：（4 000−3 800）×8 000=160（万元），占 16.7%。

因销售量下降造成的差异：（10 000−8 000）×4 000=800（万元），占 83.3%。

由此可见，该房地产企业销售差额主要是销售面积下降造成的。因此，企业应该认真调查销售面积下降的原因，切实采取有效的措施。

2）个别销售分析。个别销售分析是分析个别房地产或地区销售额未能达到预期份额的原因。例如，某房地产企业共开发三种房地产产品，即普通住宅、写字楼和别墅。其年度计划销售收入分别为4亿元、3亿元和2亿元，共计9亿元，而企业的实际销售收入为4.2亿元、2.3亿元和1.2亿元，共计7.7亿元，占预期销售收入的85.6%。问题究竟出在哪种产品上？

就预期销售额而言，普通住宅的销售额完成了105%，超额完成5%；写字楼的销售额只完成了76.7%，未完成率为23.3%；别墅的销售额只完成了60%，未完成率为40%。显然，问题主要出在写字楼和别墅的销售上，尤其是别墅的销售。因此，企业要查明未完成年度计划目标的主要原因，并及时采取改进措施。

（2）市场占有率分析。销售分析不能反映出企业在市场竞争中的地位，而市场占有率是衡量竞争力的基本指标之一。通过市场占有率分析可以揭示出企业同其竞争者在市场竞争中的相互关系。如果企业的市场占有率升高，则表明企业营销绩效的提高，在市场竞争中处于优势；反之，如果企业市场占有率下降，则表明企业营销绩效的下降，在市场竞争中处于劣势。

市场占有率分析，首先必须明确市场占有率的度量方法，一般有以下四种不同的方法。

1）全部市场占有率。以企业的销售额占全行业销售额的百分比来表示。使用这种度量方法必须做两项选择：一是要以单位销售量或以销售额来表示市场占有率；二是正确认定行业的范围，即明确一行业所应包括的产品、市场等。

2）可达市场占有率。以其销售额占企业所服务市场的百分比来表示。所谓可达市场，一方面是指企业产品最适合的市场，另一方面是指企业市场营销努力所及的市场。企业可能有近100%的可达市场占有率，却只有相对较小百分比的全部市场占有率。

3）相对于三个最大竞争者的相对市场占有率。以企业销售额对三个最大的竞争者的销售额总和的百分比来表示。例如，某企业有30%的市场占有率，其三个最大的竞争者的市场占有率分别为20%、10%、10%，则该企业的相对市场占有率是75%。在一般情况下，相对市场占有率高于33%就被认为是实力较强的企业。

4）相对于市场领先者的相对市场占有率。以企业销售额相对市场领先者的销售额的百分比来表示。相对市场占有率超过100%，表明该企业是市场领先者；相对市场占有率等于100%，表明该企业与竞争者同为市场领先者；相对市场占有率的增加表明企业正接近市场领先者。

（3）市场营销费用与销售额比率分析。年度计划控制的任务之一，就是在保证实现销售目标的前提下，控制销售费用开支和营销费用的比率。市场营销管理人员的工作，就是密切注意这些比例，以发现是否有任何比例失去控制。当一项费用对销售额比例失去控制时，必须认真查找原因。

（4）顾客态度分析。年度计划控制除了以金额、数量或相对值作为衡量标准外，还需要对市场营销的发展变化进行定性分析和描述。为此，企业建立专门机构来追踪其顾客的态度,对于在营销控制过程中分析原因、寻找调整措施,将是十分必要的。一般可从以下三个方面进行顾客态度的追踪分析。

1)建立听取意见制度。企业对来自顾客的书面或口头意见应该进行记录、分析,并做出适当的反应。对不同的意见应该归类成册,对意见比较集中的问题要查找原因,加以改进。企业应该鼓励顾客提出批评和建议,使顾客经常有机会发表意见,这样才能搜集到顾客对其产品和服务反馈的完整资料。

2)固定顾客样本。有些企业建立由有一定代表性的顾客组成的固定顾客样本,定期通过电话访问或邮寄问卷了解其需求、意见和期望。这种做法有时比听取意见更能代表顾客态度的变化及其分布范围。

3)顾客调查。企业定期随机让一批顾客回答一组标准化的调查问卷,其中涉及的问题包括职员态度、服务质量等。通过对这些问卷的分析,企业可及时发现问题,并及时予以纠正。

通过上述分析,企业发现营销实际与年度计划指标差距较大时,可考虑采取调整市场营销计划指标或调整市场营销策略等措施。

2. 盈利能力控制

除了年度计划控制之外,企业还需要衡量不同产品、不同销售区域、不同顾客群体、不同渠道和不同购买规模的盈利能力,并在此基础上采取相应措施。对盈利能力可做如下具体分析。

(1)营销成本分析。营销成本是指与营销活动有关的各项费用支出。营销成本直接影响企业利润。因此,企业不仅要控制销售额和市场占有率,亦要控制营销成本。营销成本主要包括以下几项内容。

1)直接推销费用,包括直销人员的工资、奖金、差旅费、培训费、交际费等。

2)促销费用,包括广告媒体成本、产品说明书、印刷费用、赠奖费用、展览会费用、促销人员工资等。

3)其他市场营销费用,包括市场营销管理人员工资、办公费用等。上述成本连同企业的生产成本构成了企业的总成本,直接影响企业经济效益。

(2)盈利能力的指标考察。在对市场营销成本进行分析之后,还应考察如下盈利能力指标。

1)销售利润率。销售利润率是评估企业获利能力的主要指标之一。

$$销售利润率 = \frac{本期利润}{销售额} \times 100\%$$

但是,在同一行业中各个企业的负债比率往往大不相同,而对销售利润率的评价又常需要与同行业平均水平进行对比。所以,为了较准确地评价市场营销效率。在评价企业获利能力时最好能将税后利润加上利息支出,这样将能大体消除由于举债经营而支付的利息对利润水平产生的不同影响。计算公式为

$$销售利润率 = \frac{息前税后利润}{产品销售收入净额} \times 100\%$$

2）资产收益率。资产收益率是指企业所创造的总利润与企业全部资产的比率。计算公式为

$$资产收益率 = \frac{本期利润}{资产平均总额} \times 100\%$$

与销售利润率的理由一样，为了在同行业间有可比性，资产收益率可以用如下公式计算：

$$资产收益率 = \frac{息前税后利润}{资产平均总额} \times 100\%$$

其分母之所以用资产平均总额，是因为年初和年末余额相差很大，如果仅用年末余额作为总额显然不合理。

3）净资产收益率。这是衡量企业偿债后剩余资产收益率的指标，计算公式为

$$净资产收益率 = \frac{税后利润}{净资产平均余额} \times 100\%$$

其分子不包含利息支出，因为净资产已不包括负债。

4）资产管理效率，可通过以下比率来分析。

①资产周转率。该指标可以衡量企业全部投资的利用效率，资产周转率高，说明投资的利用效率高。计算公式为

$$资产周转率 = \frac{产品销售收入净额}{资产平均占用额}$$

②存货周转率。计算公式为

$$存货周转率 = \frac{产品销售成本}{存货平均余额}$$

这项指标说明某一时期内存货周转的次数，从而考核存货的流动性。存货平均余额一般取年初和年末余额的平均数。一般来说，存货周转率越高，存货量越低，周转越快，资金使用效率越高。

资产管理效率与获利能力密切相关。资产管理效率高，获利能力相应较强。这可以通过资产收益率与资产周转率及销售利润率的关系表现出来。资产收益率实际上是资产周转率和销售利润率的乘积：

$$资产收益率 = \frac{产品销售收入净额}{资产平均占用额} \times \frac{息前税后利润}{产品销售收入净额}$$

$$= 资产周转率 \times 销售利润率$$

3. 效率控制

如果盈利能力分析显示出企业关于某一产品、地区或市场所得的利润很少，那么需要进一步分析和控制的便是有没有用高效率的方式来管理销售人员、广告、营业推广等。具

体分析如下所示。

（1）销售人员效率。企业的销售经理要记录本地区内销售人员效率的几项主要指标，这些指标包括：①每个销售人员每天平均的销售接待次数；②每次接待的平均时间；③每次销售接待的平均收益；④每次销售接待的平均成本；⑤每次销售接待的招待成本；⑥每百次销售接待签单的百分比；⑦每个期间增加的新顾客数；⑧每个期间流失的顾客数；⑨销售成本对总销售额的百分比。

通过这些分析，企业可以发现一些非常重要的问题，如销售代表每天的接待次数是否太少，每次接待所花时间是否太多，是否在招待上花费太多，每百次接待中是否签订了足够的订单，是否增加了足够的新顾客并且留住了老顾客。如果企业重视这些问题，通常容易取得实质性的进展。

（2）广告效率。主要应统计和分析如下指标：①每一媒体类型、每一媒体工具接触每千名购买者所花费的广告成本；②顾客对每一媒体工具注意、联想和阅读的百分比；③顾客对广告内容和效果意见；④广告前后对产品态度的衡量；⑤受广告刺激而引起的询问次数。

企业高层管理者可以采用若干步骤来改进广告效率，包括进行更加有效的产品定位；确定广告目标；指导广告媒体的选择；寻找较佳的媒体；进行广告效果测定；等等。

（3）营业推广效率。为了改善营业推广的效率，管理者应该对每一次营业推广的成本及其效果进行统计和分析，并观察不同营业推广手段的效果，并选择效果最佳的手段。

效率控制的目的在于提高人员推销、广告、营业推广等市场营销活动的效率，营销经理必须关注若干关键比率，这些比率表明上述市场营销组合因素的功能执行的有效性和应该如何对执行情况加以改进。

| 案例 |

××××项目全程计划书

第 1 部分　项目背景分析
1. 基地基本资料
2. 基地附近环境分析

第 2 部分　市场环境分析
1. 市场数据
2. 2021 年—2023 年市场发展特点
3. 2024 年 ×× 市房地产市场发展预测
4. 产品个案分析

第 3 部分　产品 SWOT 分析
1. SWOT 分析
2. 目标设定

第 4 部分　市场定位
1. 目标区域定位
2. 目标客户群定位
3. 形象定位
4. 产品定位

第 5 部分　营销策略
1. 总体策略方针
2. 销售策略及推进
3. 价格策略及推进
4. 销售节奏控制

第 6 部分　广告策略与媒体行程计划
1. 总体策略方针
2. 广告推广主题（楼盘概念设计）
3. 广告口号（广告语）
4. 广告表现
5. 媒体策略与媒体组合
6. 广告推进
7. 媒体行程

第 7 部分　公关策略与活动安排
1. 总体策略与方针
2. 活动时机
3. 具体活动安排

第 8 部分　销售准备
1. 工地现场管理
2. 展示系统建立
3. 导视系统建立
4. 形象识别系统的建立
5. 销售资料制作
6. 示范单位建立
7. 统一销售流程

第 9 部分　营销控制
1. 广告效果评估
2. 客户访问统计与分析
3. 销售控制

第 10 部分　工作排期

| 思考题 |

1. 房地产市场营销计划包括哪些内容？
2. 实施房地产市场营销计划的步骤有哪些？
3. 房地产市场营销组织形式有哪些？每种组织形式的优缺点及适用条件是什么？
4. 影响房地产市场营销组织结构的因素有哪些？
5. 简述房地产市场营销控制的步骤。
6. 房地产市场营销控制有哪几种方法？

| 实训 |

为小组研究的楼盘撰写市场营销计划书。

第 12 章

房地产销售实务

⏰ 学习目标

1. 了解房地产销售前需要做哪些准备工作及销售人员的培训内容。
2. 掌握房地产各销售阶段的策略。
3. 了解房地产销售管理及销售业务流程。
4. 掌握房地产销售技巧。

📖 技能要求

1. 熟悉房地产销售业务流程。
2. 能够较灵活地掌握房地产销售技巧。
3. 学会做置业计划与正确填写商品房买卖合同。

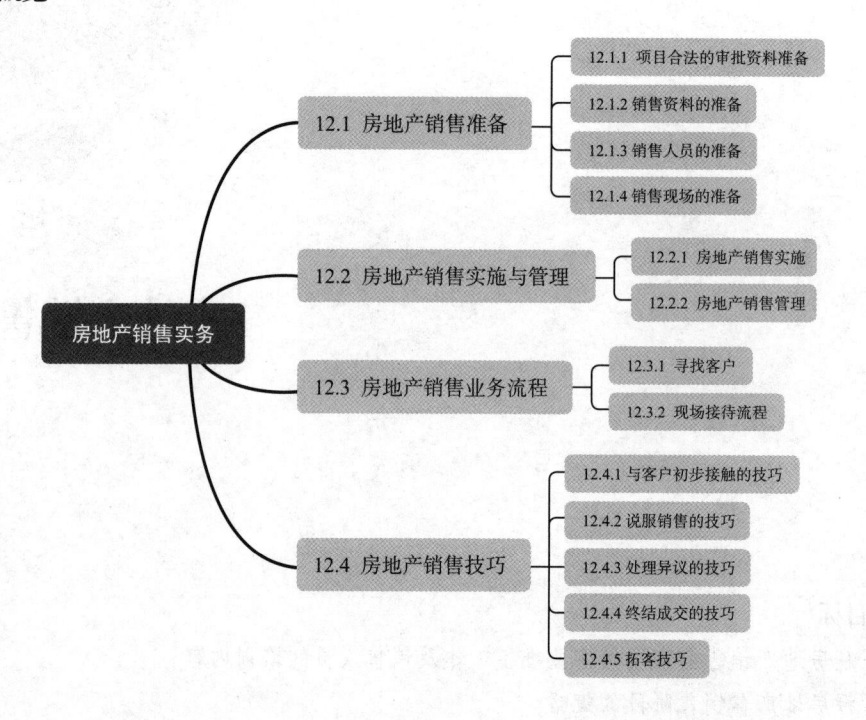

📖 **本章概览**

```
                              ┌─ 12.1.1 项目合法的审批资料准备
                  ┌─ 12.1 房地产销售准备 ─┼─ 12.1.2 销售资料的准备
                  │                    ├─ 12.1.3 销售人员的准备
                  │                    └─ 12.1.4 销售现场的准备
                  │
                  │                          ┌─ 12.2.1 房地产销售实施
                  ├─ 12.2 房地产销售实施与管理 ─┤
                  │                          └─ 12.2.2 房地产销售管理
  房地产销售实务 ──┤
                  │                          ┌─ 12.3.1 寻找客户
                  ├─ 12.3 房地产销售业务流程 ─┤
                  │                          └─ 12.3.2 现场接待流程
                  │
                  │                    ┌─ 12.4.1 与客户初步接触的技巧
                  │                    ├─ 12.4.2 说服销售的技巧
                  └─ 12.4 房地产销售技巧 ┼─ 12.4.3 处理异议的技巧
                                       ├─ 12.4.4 终结成交的技巧
                                       └─ 12.4.5 拓客技巧
```

12.1 房地产销售准备

12.1.1 项目合法的审批资料准备

国家对未竣工房地产项目和竣工房地产项目的销售分别设定了不同的法律规范。

1. 未竣工房地产项目销售

未竣工的房地产项目进入市场销售需要符合预售条件。目前，全国各地对项目预售的规定也不同。一般来讲，商品房预售条件及商品房预售许可证明的办理程序，按照《城市房地产开发经营管理条例》和《城市商品房预售管理办法》的有关规定执行。

房地产开发企业预售商品房，应当符合下列条件：

（1）已交付全部土地使用权出让金，取得土地使用权证书。

（2）持有建设工程规划许可证和施工许可证。

（3）按提供的预售商品房计算，投入开发建设的资金达到工程建设总投资的25%以上，并已经确定施工进度和竣工交付日期。

（4）已办理预售登记，取得商品房预售许可证明。

商品房预售实行许可制度。开发企业进行商品房预售，应当向房地产管理部门申请预售许可，取得《商品房预售许可证》。未取得《商品房预售许可证》的，不得进行商品房预售。

2. 竣工房地产项目销售

按照目前尚在执行的 2001 年建设部颁布的《商品房销售管理办法》规定，已竣工的房地产项目进入市场销售需要符合以下条件。

（1）现售商品房的房地产开发企业应当具有企业法人营业执照和房地产开发企业资质证书。

（2）取得土地使用权证书或者使用土地的批准文件。

（3）持有建设工程规划许可证和施工许可证。

（4）已通过竣工验收。

（5）拆迁安置已经落实。

（6）供水、供电、供热、燃气、通信等配套基础设施具备交付使用条件，其他配套基础设施和公共设施具备交付使用条件或者已确定施工进度和交付日期。

（7）物业管理方案已经落实。

符合法律规定可以进入市场销售的项目，开发商可以自销或委托代理销售公司进行销售。房地产销售代理公司必须具有承担该业务的合法资格，并与委托方签署正式委托销售合同。

12.1.2 销售资料的准备

销售资料的准备一般包括法律文件、宣传资料和销售文件的准备。

1. 法律文件的准备

（1）建设工程规划许可证。根据相关法律规定，在城市规划区新建、扩建、改建建筑工程和市政工程应向市规划主管部门或派出机构领取《建设工程规划许可证》方可办理开工手续。《建设工程规划许可证》的附图和附件是该证的配套文件，具有同等法律效力。取得《建设工程规划许可证》后超过一年未开工的，《建设工程规划许可证》自行失效。

建设工程竣工后，建设单位或个人持建筑工程竣工测绘报告向原审批部门申请规划验收，未经验收或验收不合格的，不予发放《规划验收合格证》，不予房地产权登记，不得投入使用。

（2）土地使用权出让合同。土地使用权出让合同，由土地管理部门与土地使用者共同签订。土地使用者与土地管理部门签订或变更土地使用权出让合同时，必须向土地管理部门交纳土地开发费与市政配套设施费。

（3）预售许可证。符合规定预售条件的，经主管机关核准后，发给《商品房预售许可证》。

（4）房地产买卖合同。这里主要是指当地规划国土房地产主管部门制定的标准合同文本。

对于现房的销售需要"五证二书一表"，即《建设用地规划许可证》《建设工程规划许可证》《建筑工程施工许可证》《国有土地使用证》《商品房销售（预售）许可证》《住宅质量保证书》《住宅使用说明书》《竣工验收备案表》。

2. 宣传资料的准备

房地产销售的宣传资料有形象楼书、功能楼书、折页、置业锦囊、宣传单页等形式。在进行资料准备时，一般要根据项目具体规模、档次、目标客户群等来选择其中一种或多种组合使用。

（1）形象楼书。形象楼书是向消费者介绍开发企业及楼盘产品特性的书面资料，它包括企业的发展历程、楼盘的地理位置、周边配套、小区配套、物业服务等信息，主要是展现企业形象和进行楼盘形象宣传。

（2）功能楼书。功能楼书一般来说是对房地产项目各方面较全面的说明，可以理解为一本简单的"产品说明书"。它将楼盘的开发商、整体规划、交通、建筑特色、内部规划、各层功能分区、各种户型介绍等展现在客户面前。让客户看后应对楼盘整体功能有一个较全面的了解。

（3）折页、置业锦囊、宣传单页。折页主要是形象楼书和功能楼书的一种简易版本和补充。在折页上，外页用来表现形象包装的内容，而里页配以各种户型或楼盘的介绍，其他方面内容的介绍也可以采用插页夹在其中。置业锦囊则主要侧重于生活配套及目标客户关注问题的说明，有时可起到以小见大的效果。宣传单页一般用于大量派送，如展销会或街头派送等。

上述资料不一定每一个项目都样样具备，一般可根据项目特点搭配使用，使其既能达到房地产项目的宣传效果，又能控制成本。常见的搭配方案包括：①功能楼书＋形象楼书＋宣传单页；②形象楼书＋置业锦囊＋折页；③形象楼书＋功能楼书；④功能楼书＋置业锦囊＋宣传单页；等等。

3. 销售文件的准备

（1）客户置业计划。项目在推向市场时，不同的面积、不同的楼层、不同的朝向，总价都会不同。应事先制订出完善的客户置业计划，这样可以明确地告诉置业者不同付款方式和金额。图12-1是某项目的客户置业计划范本。

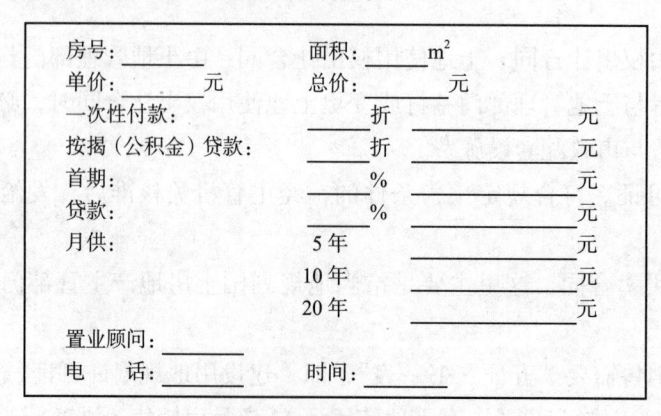

```
房号：_____        面积：_____ m²
单价：_____元        总价：_____元
一次性付款：            ____折    _____元
按揭（公积金）贷款：    ____折    _____元
首期：                  ____%             _____元
贷款：                  ____%             _____元
月供：         5 年                        _____元
              10 年                        _____元
              20 年                        _____元
置业顾问：_____
电  话：_____        时间：_____
```

图 12-1　客户置业计划

（2）认购合同。在房地产销售过程中，当置业者选中了自己喜欢的单位，须交纳一定数量的定金来确定其对该房号的认购权，但此时还没有签订正式房地产买卖合同，这样就须签订认购合同来保障置业者和开发商双方的合法权益。

（3）购楼须知。房地产属于大宗消费品，购买过程复杂，为明晰置业者的购买程序，方便销售，事先应制订书面的购楼须知。购楼须知内容包括物业介绍、可购买对象、认购程序等。

（4）价目表。价格策略制定完成后要制作价目表，价目表可以按"一房一价"的原则列出每套房的单价，也可以按每套房的总价编制，或者同时按每套房的单价和总价编制，如表12-1所示。

表 12-1　价目表

	单元	房号	建筑面积（m^2）	套内面积（m^2）	公摊面积（m^2）	单价（元/m^2）	总价（元）
3层	一单元	301	206.61	161.59	45.02	8 960	
		302	154.07	123.33	30.74	8 970	
	二单元	301	142.70	114.23	28.47	8 970	
		302	143.68	114.23	29.45	8 970	
	三单元	301	143.68	114.23	29.45	8 970	
		302	143.68	114.23	29.45	8 970	
	四单元	301	141.88	114.23	27.65	8 970	
		302	171.78	138.30	33.48	8 950	

（5）付款方式。房地产销售有不同的付款方式，如一次性付款、按揭付款、建筑分期付款等。按揭付款有不同的按揭年限、按揭成数。在项目准备阶段，应制定出开发商可接受的不同的付款方式，如表12-2所示。

表 12-2　某项目付款方式

付款方式	折扣率	备注
一次性付款	0.88	15天内付30%，30天内付剩余70%
七成15～20年按揭	0.90	15天内付30%，45天内办理剩余70%的按揭手续
七成20年按揭	0.95	15天内付10%，45天内办理剩余的70%的按揭手续，入住前付20%
3年免息分期	0.98	15天内付30%，剩余70%，3年免息，36期供完

（6）其他相关文件。其他应准备的文件可根据项目自身来确定，如办理按揭指引、需交税费一览表、办理入住指引等相关文件。

12.1.3　销售人员的准备

1. 确定销售人员

房地产销售一般根据项目的销售量、销售目标、广告投放等因素决定销售人员的人数，然后根据销售情况进行动态调整。例如，某楼盘有500套房屋，按照3个月销售30%的目标，按8%的平均成交率计算，总共须接待约1 875批客户，因此正常销售期间每天必须保证接待 21 批客户，若按每个销售人员每天接待 4～5 批客户，每天需要 5～6 人上班，综合考虑调休等因素，该项目在此销售阶段须安排 8～9 名销售人员。

选择销售人员时，应注重他们的素质。首先要有良好的个人品德和个人形象，其次还要有基本的专业素质和沟通能力，能为客户提供专业及优质服务。根据不同的房地产项目选择熟悉该地区、该类客户、该房地产类型的销售人员，为房地产销售打下良好的人员基础。

2. 确定培训内容

为了达到一个预期的销售目标，在正式上岗前对销售人员的培训是非常重要的，同时在销售过程中也要不断结合销售中出现的新问题进行后续培训。对销售人员的培训一般有以下内容。

（1）公司背景和目标。公司背景、公众形象、公司目标（项目推广目标及公司发展目标）；销售人员的行为准则、内部分工、工作流程、个人收入目标。

（2）楼盘详情。项目规模、定位、设施、买卖条件；物业周边环境、公共设施、交通条件；该地区的城市计划，宏观及微观经济因素对楼盘的影响情况；项目特点，包括项目规划设计内容及特点（如景观、立面、建筑类型、容积率等）；平面设计内容及特点（如总户数、总建筑面积、总单元数、单套面积、户内面积组合和户型优缺点、进深、面宽、层高等）；项目优劣势分析；竞争对手优劣势分析及对策。

（3）销售技巧。售楼过程中的洽谈技巧，探寻客户需求、经济状况、期望等方法，掌握买家的心理；恰当使用电话技巧；掌握推销技巧、语言技巧、身体语言技巧。

（4）签订买卖合同的程序。签订买卖合同的程序主要包括：①售楼处签约程序；②办理按揭及计算；③入住程序及费用；④审读合同说明、其他法律文件；⑤填写所需的各类表格。

（5）物业管理。物业管理主要包括：①物业服务内容、收费标准；②管理规则；③公共契约。

（6）其他内容。除以上培训内容外，还包括销售人员礼仪、建筑学基本常识、财务相关制度等的培训。

3. 确定培训方式

（1）课程培训。课程讲解、传授的内容包括：国家及地区相关房地产业的政策法规、税费规定；房地产基础术语、建筑常识、识图、计算户型面积；心理学基础；银行的按揭知识，涉及房地产交易的费用；国家、地区的宏观经济政策、当地的房地产走势；公司制度、组织和财务制度；等等。

（2）销售模拟。以一个实际楼盘为例进行实习，运用全部所学方法技巧完成一个模拟交易；利用项目营销接待中心、示范单位模拟销售过程；及时讲评、总结，必要时再次实习模拟。

（3）实地参观销售现场。结合现场销售流程进行实地讲解。

12.1.4 销售现场的准备

房地产销售现场的准备是销售前准备工作中非常重要的一环。有购买意向的客户在接收到楼盘销售的信息后，会来现场参观，现场状况的优劣将直接影响其购买行为。现场准备工作主要包括建立和布置售楼处、模型、看楼通道、样板房、形象墙、围墙、示范环境、施工环境、广告牌、灯箱、导示牌、彩旗等设施。

1. 售楼处

售楼处又称销售中心，主要是向客户介绍楼盘和展示楼盘形象的地方，同时也是客户做出购买决定并办理相关手续的地方。因此，其地点的选择和装修设计风格都要精心安排。

（1）售楼处位置选择。应遵循以下原则：①最好迎着主干道（或主要人流）方向，有较好的环境和视线；②设在人车都能方便到达，并且有一定停车位的位置；③设在能方便到达示范单位的位置；④设在与施工场地容易隔离、现场安全性较高的位置。

（2）售楼处的设计、布置原则。

1）功能分区明确，一般设有门前广场、停车场、接待区、洽谈区、展示区、影像区、办公区、客户休息室、儿童娱乐区、卫生间、储藏室、更衣室等。

2）进入销售中心前要有明确的导示，如挂旗、灯杆旗、彩旗、指示牌灯等，入口广场上要有渲染氛围的彩旗、花篮、气球、绿植等，在空间够大的情况下，还可以布置水体、假山石、花架、休闲椅等。

3）销售中心的内外空间要尽可能通透；室内灯光要明亮，重点的地方要有灯光配合作为强调，如展板、灯箱、背景板等；展示区要与洽谈区相邻或融为一体；在必要的地方布置小饰品和绿植。

4）在接待区要通过背景板营造视觉焦点，背景板可以展示楼盘的标识、名称，也可以用图片渲染一种氛围；接待区的灯光要经特别处理，做到整体和局部的融合，天花板的造型要特别；接待区要布置在离入口处较近且方便销售人员看到来往客户的位置。

5）主卖点要有明确的展示，如展板、图片及实体展示；要配合楼盘性质营造氛围，如普通住宅的温馨、高档住宅的尊贵奢华、写字楼的庄重等。

2. 模型

模型主要用于在无法完整、直接地看到楼盘实际效果时，用来告知客户完成后楼盘的完整形象，同时，也方便业务员给客户讲解时指明具体户型的位置、方位。模型一般包括社区整体规划模型、分户模型、局部模型。

（1）整体规划模型。整体规划模型又称为沙盘，可分为区域沙盘和项目沙盘两种。区域沙盘展示的是项目在行政区域的位置，显示项目周边的交通和单位。项目沙盘展示的是楼盘的全貌，不仅是建筑物的浓缩，还要体现小区的景观、绿化、生活配套设施、休闲娱乐场地等，实际上是建成小区的微缩景观。制作精美的模型使购房者对未来小区有一个直观的感受,加上销售人员导游似的介绍,未来的美好生活空间画面便一幕幕地展现在看房者的眼前,从而激发其购买欲望。

(2)分户模型。分户模型是把户型的平面和立体结构展示出来,使购房者清楚地感受到未来家的结构。主要用在实体示范单位和交楼标准不能展示全部户型时,方便客户对户型的实际布局和户内空间大小尺寸进行了解,常规比例为1∶25。

(3)局部模型。局部模型主要用于楼盘现场及其他模型都不能充分表现的局部,可以是建筑的阳台、建筑的空中花园、建筑的屋顶或屋顶会所,也可以是建筑的一段外墙、建筑内墙、小区或户外的环境局部、会所的局部等。这些往往是楼盘的主卖点或需要展示的主要地方,比例可以根据实际情况确定。

3. 看楼通道

看楼通道是连接售楼处和示范单位(如样板房)之间的交通通道。布置看楼通道应注意以下几点。

(1)看楼通道的选择以尽可能保证线路短和安全通畅为原则;对于有转弯的地方或不符合人们日常行为功能的地方要有提示,如高低不平、顶梁过低等。

(2)要保证通道有充足的采光或照明;在通道较长的情况下,要做到一步一景,要丰富而不单调。

(3)最好要有利于施工组织,尽可能不要形成地盘分割。

(4)一般排列的方式有平列式、下走式、架空式。

4. 样板房

房地产项目在预售时,由于客户在产生购买行为时看不到完整的房屋状况,因此,样板房的制作主要是让客户在此之前对所购买的物业有一个直观的感觉和印象。样板房装修布置应表现真实,同时在具体选择和装修上要遵循以下原则。

(1)样板房选择的基本原则。

1)选择主力户型、主推户型。

2)设在朝向、视野和环境较好的位置。

3)设在可方便由售楼处到达的位置。

4)多层期房尽可能设在一楼或低楼层;高层期房一般布置在4~6层;高层现房一般设在较高楼层。如果小区配套设施已布置好或周边景观较好,也可以利用施工吊笼或临时电梯作垂直交通工具布置在尽可能高的楼层。

(2)样板房装修原则。

1)装修应充分展示户型空间的优势;要有统一的标识系统(如门前户型说明、所送家具或电器的标识)。

2)针对空间的使用要给客户进行引导(特别是难点户型和大面积户型)。

3)装修的风格和档次要符合项目定位和目标客户定位。例如,经济型用房要着力展示空间的实际使用功能,小户型住宅可从空间的有效性和生活的情调两方面展示,高档物业着力表现其尊贵豪华和突出品位；内部展示的电器、家具、小饰品都应协调。

4）色彩明快温馨；光线要充足；家具的整体风格要统一，不可零乱；做工要精细。

5）对于周边有安全网的样板房，其窗、阳台与围板间保留约30cm的间隔，用以绿化；在样板房上两层阳台等入口处设挡板，以防施工掉物，给客户留下安全性不高的印象。

6）样板房门前要设置鞋架或发放鞋套，最好可以让客户直接进入。

5. 形象墙、围墙

（1）形象墙、围墙一般主要是用在分隔施工场地，保证客户看楼安全和视线整洁的地方；一般可用普通的砖墙，也可用围板；在客户视线可及的地方要进行美化和装饰；可以上裱喷绘，或者用色彩直接上绘。

（2）墙上的内容可以仅仅是楼盘的 LOGO 和售楼电话，也可以根据其墙所在的位置结合灯箱、广告牌来展示楼盘的形象和卖点，其风格和色彩应与整体推广相统一，具有可识别性。

6. 示范环境

室外空间要进行专项环境设计，根据空间的大小可设置水体造型，如喷泉、叠泉等。水池要与环境结合紧密，也可结合假山石、休闲椅、花架等。绿植类一般是必需的，在项目开盘时最好多选择一些时令花卉，以烘托气氛。

7. 施工环境

施工现场应保持干净、整洁、有条理。施工现场的组织与管理水平直接代表着建筑施工公司的水平及实力，而建筑施工公司的水平及实力又直接影响着房地产产品的质量，因此在选择合格的施工公司后，对施工现场环境的维护和有序的管理，将直接影响项目的形象及其在市场中的口碑，从而影响消费者的购买信心。

8. 广告牌、灯箱、导示牌、彩旗

当项目位置处于非主干道或是销售中心位置不便发现时，广告牌、灯箱、导示牌、彩旗的作用就非常明显。它们可以将项目的重要信息（如位置、咨询电话等）在更广阔的地域向外发布，更重要的是它们可以将客户从主干道或其熟悉的地方引导至项目现场，同时对项目现场气氛起到烘托的作用。

12.2 房地产销售实施与管理

12.2.1 房地产销售实施

1. 销售实施阶段的划分

销售实施阶段的划分根据市场销售规律、工程进度及形象配合等因素进行。由于实际

情况的不可预估性,后期的策略应根据本项目的实际销售情况、工程进度和同期市场竞争状况再进行相应调整。

按项目销售时间及进度,可将房地产销售分为四个阶段:预销期、强销期、持续销售期、尾盘期(见表12-3)。一个项目的销售期约按12个月划分。

表12-3 房地产销售实施阶段累计销售量

阶段	时间	累计销售量
预销期	开盘前第1~2个月	5%~10%
强销期	开盘后第1~2个月(2个月)	40%~50%
持续销售期	开盘后第3~6个月(4个月)	70%~80%
尾盘期	开盘后第7~10个月(4个月)	90%~95%

2. 各销售阶段的策略

房地产项目进入销售阶段,通过前期市场定位及各销售阶段的总结,可得出下一阶段的销售策略。

(1)预销期的销售策略。房地产市场的发展越来越理性,购房者在购房时都会反复比较和挑选,寻求性价比最高的楼盘,注重眼见为实。相比现房,购房者对期房的信心相对不足。因此,入市的时机一方面取决于当时市场的竞争状况,另一方面更取决于入市时的工程形象和展示是否到位。

一般来说,项目在正式进入市场前都要有一个预热及提前亮相的阶段,通常有以下几种作用。

1)不具备销售条件,但需要提前发布将要销售的信息以吸引客户等待。

2)面对市场竞争日益激烈,提前预销可分流竞争对手的部分客户。

3)为了在开盘时达到开门红,先行在市场中建立一定知名度和客户基础。

4)对目标客户及市场进行测试,为正式开盘时的销售策略提供准确依据。

(2)强销期的销售策略。此阶段一般为项目正式进入市场开始销售,在此阶段,项目会投入大量的广告费、推广费用,一般还配合有开盘仪式和其他各种促销活动等。相应地,此阶段的销售量及市场需求也较高。强销期内须注意以下问题。

1)顺应销售势头,保持较充足的房源供应量,否则有可能造成客户资源的浪费,如需要保留房号,数量不宜超过总量的15%。

2)此阶段现场热销气氛非常重要,因此应加强促销,不要轻易停止,可根据实际情况变换不同方式,以保持热销场面。

3)价格调整幅度不宜过大,一般每次不应超过1%,但在客户可接受的前提下,可采用小步慢跑式(可多次提价,但每次幅度较小)。

4)此阶段为项目的最关键阶段,如在市场中成功建立入市形象及市场认同感,则为持续期及尾期奠定了较好基础。

(3)持续销售期的销售策略。项目通过大规模广告及促销后,逐渐进入平稳的销售期,此阶段即为持续销售期。此期间上门客户量逐渐趋于平稳,广告量也不如前段那么多,因此该阶段应根据项目和所剩房源特点挖掘潜在需求进行销售。

如某项目因其紧靠山景公园,楼盘最大卖点为山景高尚住宅,因此,朝向山景的住宅在前期销售较好。销售在进入持续销售期后,剩余大量房源为无山景的住宅,此时及时挖掘这部分住宅的价值,发现住宅背山面水别有一番风景,故对此部分住宅主推此卖点,吸引大量客户前来购买,很快取得效果。

(4)尾盘期的销售策略。项目进入尾盘期,销售速度明显放缓,项目入住临近,销售问题尤其突出。一是可供客户选择的房号较少,剩余户型集中在户型设计相对不合理或总价较高部分,无市场竞争力;二是部分户型定位与区位环境不符合。进入尾盘期后,一般剩下的销售额即为开发商利润,因此解决此部分的销售对开发商特别关键,解决尾盘期的销售问题应注意以下两个方面:

其一,既考虑售价,又考虑时间,即尾盘不能追求高价格,如果因追求高价而不能变现,反而增大风险。

其二,可多考虑现房因素,多做促销。

12.2.2 房地产销售管理

1. 销售日常管理

(1)人员管理。销售的日常工作可以划分为销售任务与服务任务两部分。执行销售任务的人员主要面对顾客、接待顾客、推荐楼盘、实现成交;执行服务任务的人员主要包括售楼经理、售楼主任及当班售楼人员、保安、财务人员等,为销售工作提供必要的后勤服务。

1)销售流程的设定。项目销售流程设计应该有条不紊、运作高效。

2)销售会议。每天例行的早会和总结性晚会,互相交流,反馈信息,检查当天的工作情况。

3)销售考勤。通过现场签到及电话抽查制度,保障销售考勤的严肃性。

4)销售控制。采用隐含销售控制的方法,由专人负责,每天与开发商核对销售控制情况。

5)销售制度。在分清职责的前提下,采用计划管理与目标管理双管齐下的方法,用制度强化规范管理,减少人性偏差。

6)激励机制。有奖有罚,以提高销售人员的工作能动性,减少销售人员挑客、争客的现象。例如,每月评选"最佳售楼人员"1名,每季评选"高额售楼人员"3名,报公司嘉奖;连续三个月销售排名倒数第一者建议转岗或劝退等。

(2)物品管理。物品管理包括销售资料的管理(设立资料台账,专人管理,有计划派发,尽量做到有效利用,减少浪费),日用品的管理和样板房及示范单位的管理(专人管理,设立资产账,做好日常维护及每季盘点工作)。

(3)财务管理。及时完成催、收款事务,收款要落实贯彻签收制度及证明人制度;专人专档管理销售合同；客户定金应交纳到财务处，不得私自收取；临时定金收据应交销售主任签收保管，退订单据由销售人员签字证明。

2. 销售人员薪酬管理

房地产产品价值得以最终实现，在于销售人员自身的努力和团队的协作，而这种努力和协作除了有好的组织架构来安排，更需要有合理的报酬激励制度来维护。现行销售人员的薪酬制度，一般有薪金制、佣金制和底薪加奖金混合制三种。其中，底薪加奖金的混合制各取所长，弥补了薪金制和佣金制的不足，目前采用较为普遍。底薪加奖金的混合制通常有以下4种形式，它们各自适合于不同的情况。

（1）高薪低奖。该薪酬制度适合于二线的一般行政人员和刚进公司不久的新进人员。行政人员因为工作性质不同，个人主观能动性的发挥与绩效关联不是最直接的，高薪低奖可以调动其工作积极性；新进人员因为对业务不熟练，工作开展尚有一段孕育期，高薪低奖可以稳定他们安心学习，迅速掌握工作技能。

（2）低薪高奖。该薪酬制度适合于一线的销售人员，以低薪给予基本生活保障，让高额奖金刺激其提升销售业绩。因为销售业绩的好坏直接和企业收入的多少、个人奖金的高低密切相关，所以低薪高奖是双方都乐意实行的一种薪酬制度。

（3）高薪高奖。这是偏重于个人利益的一种薪酬制度，除非经济发展景气，或者个人去留对公司至关重要，一般很少采用。

（4）低薪低奖。这是偏重于公司利益的一种薪酬制度。但对于销售公司而言，其不利于激励员工不断开拓进取，更不容易形成工作绩效的良性循环。除非经济发展不景气，企业须维持现状，一般很少采用。

房地产销售是销售人员个人技能发挥的大舞台，同时又是一项团队的活动，它更需要相互间的支持合作。适当的激励机制应该是着重鼓励这种个人努力，并且保证这种个人努力与团队间的良好配合。因此，销售人员的个人奖往往会提留一部分作为团队奖来分发。事实证明，也只有这样，个人的努力才能充分发挥，团队的力量才能进一步增强。

12.3　房地产销售业务流程

12.3.1　寻找客户

要想把房子销售出去，首先要寻找到有效的客户。客户的来源有许多渠道，如咨询电话、房地产展示会、现场接待、促销活动、上门拜访、朋友介绍等。要了解不同来源客户的特点，做好接待工作。接听电话必须态度和蔼，语气亲切；客户在电话中问及价格、地点、面积、格局、进度、贷款等问题时，销售人员在回答时应将产品的卖点巧妙融入。

需要注意的问题有以下几点。

（1）在与客户交谈中，设法取得有价值的资讯：第一要件，客户的姓名、地址、联系方式等个人背景情况的资讯，其中，与客户联系方式的确定最为重要；第二要件，客户能够接受的价格、面积、格局等对产品的具体要求的资讯。

（2）最好的做法是直接约请客户来现场看房，约请客户应明确具体时间和地点。

（3）挂电话之前应报出业务员自己的姓名、联系方式，欢迎客户随时咨询，并及时将所得资讯记录在客户来电表上。

（4）接听电话时，尽量由被动回答转为主动介绍、主动询问。

（5）应将客户来电信息及时整理归纳，与现场经理、广告制作人员充分沟通交流。

此外，参加展销会，通过朋友或客户介绍客户等，都是较常见的寻找客户的渠道，要细心分析资料，收集信息，以找准目标客户。

12.3.2 现场接待流程

现场接待流程的"六部曲"如图12-2所示，即迎接客户－沙盘讲解－带看样板房－洽谈－签约成交－售后服务。

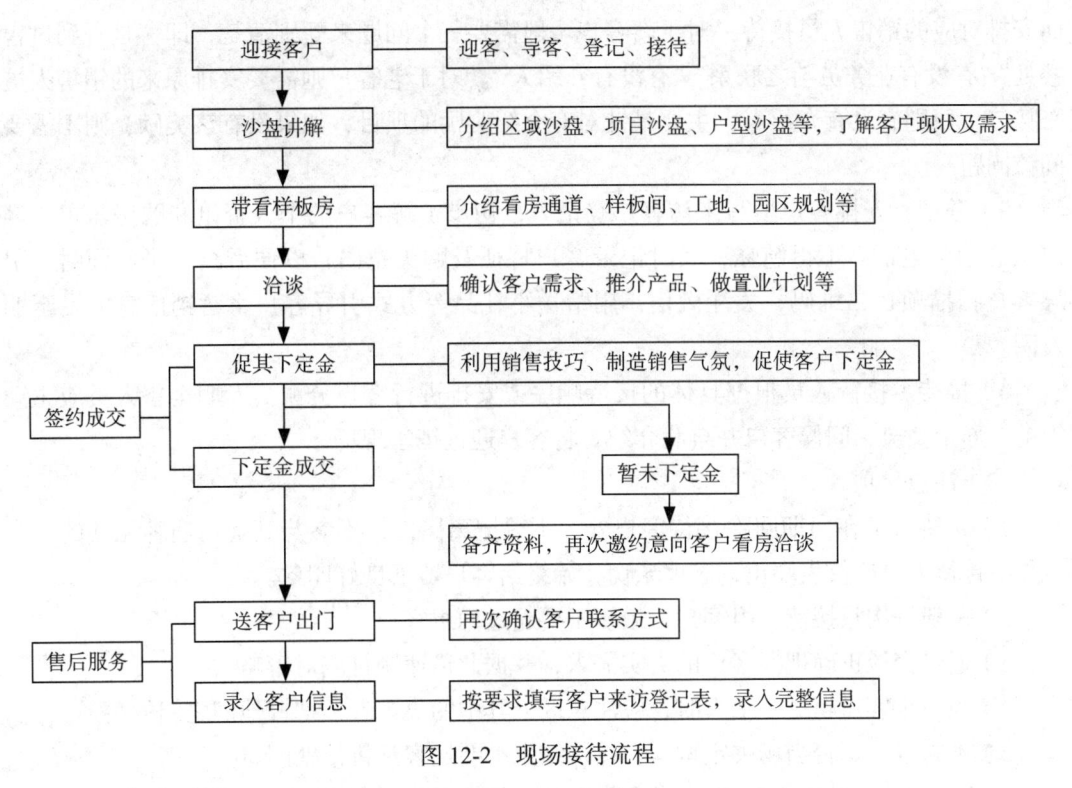

图 12-2 现场接待流程

1. 迎接客户

（1）迎接客户流程，如图12-3所示。

（2）基本动作。迎接客户作为现场接待的第一步，它的主要作用是拉近关系，收集客户资料，了解客户需求。同时，有经验的工作人员可以通过简单的询问来甄别新老客户，区别客户真伪。

1）迎客。客户走进售楼处大门，迎宾人员或轮值接待员应主动上前迎接，并热情打招呼"欢迎光临";帮助客人收拾雨具、放置衣帽;等等。

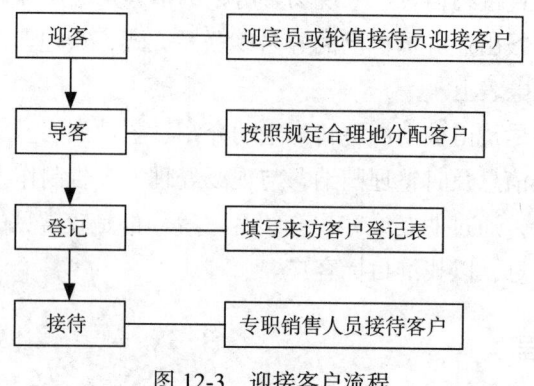

```
迎客 ── 迎宾员或轮值接待员迎接客户
  ↓
导客 ── 按照规定合理地分配客户
  ↓
登记 ── 填写来访客户登记表
  ↓
接待 ── 专职销售人员接待客户
```

图 12-3　迎接客户流程

2)导客。目的是合理地将客户分配给不同的售楼人员。通过询问甄别新老客户,从而安排对应的销售人员接待。对于新客户一般需要三个问题来甄别清楚,即"是否到过售楼处""有没有业务员与之联系""有没有介绍人"。对于老客户则需要安排原来的销售人员来接待。甄别有没有介绍人,主要是针对有介绍奖励的项目,如果没有该奖励,则不需要问该问题。

3)登记。安排客户填写来访客户登记表,初步了解客户的个人资讯和购房需求。客户执意不留电话,不得勉强;及时记录客户特征及购买意向,以便后续跟进。同时,引导客户扫描项目二维码,关注微信,用赠送小礼品等方式引导客户将营销信息转发至朋友圈。

4)接待。接待人员根据具体的接待顺序或安排进行客户分派。专职销售人员应主动上前,面带微笑,问候客户并自我介绍,将客户迎进销售现场。

(3)注意事项。

1)接待人员在岗期间除接待客户外,不得擅离岗位,不参与其他与迎客无关的日常工作。接待人员应仪表端正,态度亲切,始终给客户留下良好印象。

2)一般一次只接待一组客户,最多不要超过两组客户。

3)通过交谈正确把握客户的真实需求,并据此迅速制订应对策略。

4)当一组客户超过一个人时,应注意区分其中的决策者,把握他们之间的关系。

5)不管客户是否当场决定购买,接待结束都要送客到售楼处门口。

客户首次进入售楼处,位于一个陌生的环境,其内心肯定会略微紧张并产生戒备情绪。销售人员的第一步就是消除客户的戒备情绪,建立起客户对自己的信任和好感。成熟的销售人员通常会用一句问候语及引导过渡语来化解客户的戒备心理,并在最短时间内建立基本信任,之后再慢慢建立好感。建立好感主要有两大方法,即赞美和找关联。

赞美客户时要适度,过度的恭维、空洞的奉承或恭维、奉承频率过高都会令对方感到难以接受,甚至感到肉麻,令人讨厌,结果适得其反。只有适度的赞美才会令对方感到欣慰,适度因人、因时、因事、因地而异,需要不断摸索积累,掌握好这个"度"。

2. 沙盘讲解

（1）沙盘讲解流程，如图12-4所示。

（2）基本动作。通过上一环节的接触，销售人员对客户情况有了基本了解，接下来就要为客户围绕着项目做详细的介绍，让客户第一时间对项目有全面的印象。

在沙盘讲解过程中，销售人员应充分运用销售道具如沙盘模型、效果图、展板、灯箱和统一话术等，清晰地向客户进行介绍，包括开发商的介绍、项目环境的介绍和项目特点的介绍。在介绍中，销售人员要突出自己的专业水平，以使客户信服。另外，在介绍的过程中，销售人员还应时刻注意观察客户，留意客户的反馈，找准客户的主要关注点，有重点、有条理、有针对性、充满感染力地描述产品符合客户要求的地方，并机智、专业、随和地回答客户的问题。

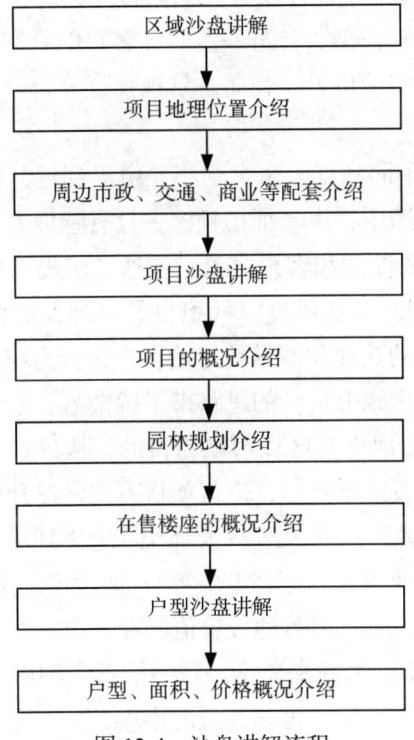

```
区域沙盘讲解
      ↓
项目地理位置介绍
      ↓
周边市政、交通、商业等配套介绍
      ↓
项目沙盘讲解
      ↓
项目的概况介绍
      ↓
园林规划介绍
      ↓
在售楼座的概况介绍
      ↓
户型沙盘讲解
      ↓
户型、面积、价格概况介绍
```

图12-4 沙盘讲解流程

沙盘讲解主线要体现由大到小、由外到里、由面到点的合理顺序。

1）介绍公司基本概况。在走向沙盘途中，简单介绍一下公司概况。主要介绍公司的发展历程、取得的辉煌成绩、以往比较成功的本地项目等。可以根据公司的知名度和客户对公司的了解程度，选择介绍内容的范围和多少。

2）借助区域沙盘，介绍项目定位和周边配套。首先，对项目进行准确定位，指出项目所在城市的区域。项目位置定位要求简洁明了。其次，介绍大环境，包括经济环境、人文环境、自然环境、城市规划、未来发展等。根据楼盘特点突出重点，尤其是要结合客户的需求点。最后，指明周边配套，配套话术分教育、景观、商业、文化、医疗、交通等方面，关系到客户以后的居住生活。介绍过程中要采用量化、具象的表述方式，尽可能指出距离有多远，用路程或时间来衡量，加大感染力度。其中，涉及距离时，10公里以内数据用"米"进行传达会更清晰，也便于拉近客户心理距离。

3）借助项目沙盘，介绍项目规划及配套。首先，确定项目方向定位，介绍周边的道路或建筑物，一般常用上北、下南、左西、右东来界定；其次，售楼处在项目中的位置定位；再次，介绍项目规划、分期情况、建筑类型、建筑结构优点、建筑材料、园区景观、绿化和小区的建筑理念等；最后，介绍项目地块规划的各栋名称、层数、建筑高度、大堂配置、单层布局、标准层面积、标准层高度等数据，以及电梯配置、空调配置、智能化系统、交房标准等。此过程重点介绍项目的特点，如小区建筑设计理念、科学的户型布局、生态景观设计等，以吸引客户。同时，也要兼顾到客户的主要关注点，进行强化推介。

4）借助户型沙盘，讲解户型设计及其亮点。首先，要根据目前推销的楼号和已知的客户需求，选择推介的楼号和户型，并进一步验证客户的真实需求；其次，客户默认该户型以后，再详细介绍推介户型的位置、朝向、景观视野等。

（3）注意事项。

1）按次序进行介绍，由面到点、由大到小、由远到近，尽量突出卖点。沙盘讲解必须有激情，语言精练，语速适中，声音抑扬顿挫，具有感染力。

2）在每一个环节，都要注意和客户交流、沟通，多提一些问题，以了解并明确客户需求，把握客户对问题的理解和认可度，杜绝自顾自地侃侃而谈，演讲式的一言堂。同时，在介绍过程中要将自己的热忱和诚恳传递给客户，努力与其建立相互信任的关系。还要注意掌握主动权，引导客户跟上自己的思路来了解楼盘。

3）区域沙盘的讲解核心以提升区域形象为目的，从景观、地段、资源等角度选取国际、国内或当地知名标杆地段进行对标，进行项目占位，提升项目价格预期。

4）沙盘讲解必须要有逻辑层次，应从大环境（地理环境、周边设施）到小环境（外观设计、楼间距、绿化、物业服务、配套设施等）。地段讲解突显地段价值，以数据说话，从区域定位、未来发展层面，阐述项目地段价值所在。

5）力求准确地推荐户型，最好是二选一法。推荐户型由大到小、价格由高到低的顺序，形成明显的对比。定好户型后，再聊其他的事项，如交通、环境、配套，并注意适可而止。

所有沙盘讲解的主线将按照从整体到局部，从周边到本身，从全部到特殊。从规模、规划、园林和建筑等方面展示项目全貌，并结合竞品点对点PK实现项目的排他性。

3. 带看样板房

（1）带看样板房流程，如图12-5所示。

（2）基本动作。客户在基本了解产品的情况后，会希望看样板房（包括现场样板房、实地样板房）和了解工地实情等。销售人员此时应主动提议，并从销售控制区拿取工地安全帽，带上必要的销售资料，指引客户去工地看房。在看房的过程中，销售人员将对已熟知的工地状况有目的、有步骤、有技巧地进行引导介绍,并对客户看房过程中的情形予以分析,了解其满意度及抵抗度,从而做好下一步实质谈判的准备。

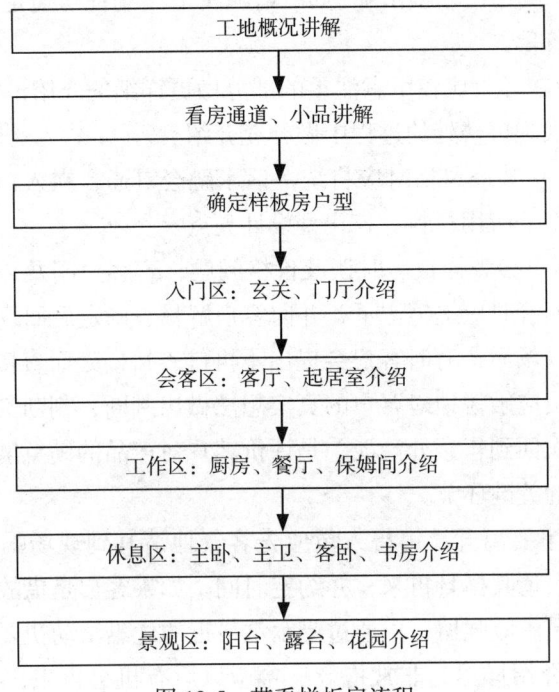

```
┌─────────────────────────┐
│      工地概况讲解        │
└───────────┬─────────────┘
            ▼
┌─────────────────────────┐
│   看房通道、小品讲解     │
└───────────┬─────────────┘
            ▼
┌─────────────────────────┐
│     确定样板房户型       │
└───────────┬─────────────┘
            ▼
┌─────────────────────────┐
│  入门区:玄关、门厅介绍   │
└───────────┬─────────────┘
            ▼
┌─────────────────────────┐
│ 会客区:客厅、起居室介绍 │
└───────────┬─────────────┘
            ▼
┌─────────────────────────┐
│工作区:厨房、餐厅、保姆间介绍│
└───────────┬─────────────┘
            ▼
┌─────────────────────────┐
│休息区:主卧、主卫、客卧、书房介绍│
└───────────┬─────────────┘
            ▼
┌─────────────────────────┐
│景观区:阳台、露台、花园介绍│
└─────────────────────────┘
```

图 12-5 带看样板房流程

此时,销售人员需要根据上一环节的接待情况,确定是否带客户参观工地和样板房。对明显没有购房意向的客户可以不参观样板房;对只要还有一线希望的客户,则可以通过带看样板房来"加温",提升客户的购买意愿。

1)工地概况讲解。结合工地现状和周边特征,边走边介绍,解答客户所提出的各种问题。

2)经过看房通道,沿途进行小品讲解,简要介绍户型总体情况。

3)确定样板房户型。根据对客户需求的了解,推荐两三种户型的样板房进行对比参观。采用"先中、后优、再差"原则。

4)样板房讲解。把样板房分为五大区,分别进行介绍。依次讲解入门区、会客区、工作区、休息区和景观区。结合户型图、规划图让客户真实感觉自己所选的户型,重点把握,最大限度突出卖点。

5)根据统一话术自然而又有重点地介绍产品,着重户型优劣、各功能空间面积大小、户型可变性、家居动线体验。

(3)注意事项。

1)带看工地、参观样板房之前应先尽量了解客户意向面积和户型,要清楚客户的看房目的,深入了解客户的家庭信息,从而有针对性地选择介绍重点;侧重强调户型中的家居体验,以引导客户思路,让客户为你所吸引。

2）路线应事先规划好，注意沿线的整洁和安全。嘱咐客户戴好安全帽和采取其他安全措施。

3）在参观过程中，使用规范用语，如"请随我来""请往这边走"等，走在客户前面，替客户开门、操作电梯等。

4）介绍过程中应在客人比较留意注重的部分做更详细的介绍说明。若介绍时间不足，可在参观完样板房，回到售楼处的过程中做补充介绍。

5）介绍每套样板房装修风格时应将统一话术融会贯通，在入户后边走边介绍，应穿插介绍安防系统、各部分所用材料、各户型设计亮点。

6）尽量避免在客户参观样板房时谈及价格问题，若客户问及，可轻轻带过。若遇客户所提问题无法当场回答时应提笔记下，并向客户解释、确定后回复。

当客户看完工地现场后，有时客户会提出不再进入售楼处而直接回去考虑或到其他地方看房，此时销售人员应敏锐地对客户的真实想法做出判断，判断其不回售楼处的真实原因。能否在看房后再次回到售楼处洽谈，是评价客户对产品的满意度及评价销售人员前面的销售工作是否成功的关键环节。

假设客户真的有事要离开，销售人员应先客气地请其到现场喝杯水或稍息片刻，然后再礼貌地同其道别，请其择日再来，并约定时间；如果客户是借故推辞，则表明其意向还不够明确，销售人员不应强留，可通过暗示"最近的优惠活动快要结束了，所以客户较多，工作较忙，未能介绍详尽，非常抱歉！希望以后有机会再来，会提供更加详细的介绍"，来给客户留下一个好印象，并为以后的销售留下一个机会。

高明的销售人员会在带客户到工地看房之前，保留其欲知情况，待看房后再谈，以此来引导客户在看房后重回现场售楼处，以使客户更好地做出判断。

4. 洽谈

（1）洽谈流程，如图12-6所示。

（2）基本动作。在客户看完样板房后，销售人员要及时引领客户返回销售现场。在深入了解客户需求的前提下，重点推荐一个户型，做消费引导，进行详细的介绍。同时，询问客户采用的付款方式，根据客户要求帮客户计算单套房的不同付款方式，并填写相应的置业计划。

1）倒茶寒暄，引导客户入座洽谈。

2）在客户未主动表示时，应该立刻主动地询问其看过现场之后的感受。

3）根据客户喜欢的户型，在肯定的基础上，做更详尽的说明介绍。当客户对产品的总体情况表示认可，并开始选择其满意的具体房源时，销售人员应予以引导，将较适合客户的一户房源推荐给客户。

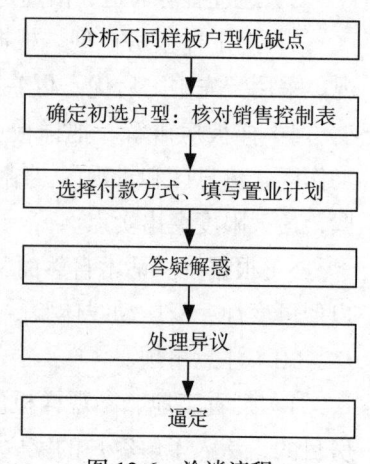

```
分析不同样板户型优缺点
        ↓
确定初选户型：核对销售控制表
        ↓
选择付款方式、填写置业计划
        ↓
    答疑解惑
        ↓
    处理异议
        ↓
      逼定
```

图12-6　洽谈流程

4）核对销售控制表。在房源推荐时，销售人员应与柜台进行销售控制沟通，确认推荐房源是否存在，确认是否推荐。同时，该环节也是后续有效逼定的手段之一。

5）帮助客户做置业计划。计划要清晰，最好直接写在户型单页上，方便客户对照查看。

6）当客户产生疑问时，应详细、耐心地倾听客户的疑问，并不断点头表示清楚客户的疑问，在客户停顿时进行解答，帮助其逐一克服购买障碍。

7）处理异议。对有争议的事情，与客户商讨或请示上级主管，想办法合理解决，在职权范围内可以做适当让步。当客户选定房源后，就会针对此房源同销售人员谈论价格。销售人员将面临一次比较重大的销售挑战，因为价格始终是销售过程中买卖双方最敏感及最关键的因素。销售人员将针对此同客户展开论价大战，原则上销售人员是没有让价余地的（当然，有时公司根据具体楼盘销售情况，也可能给予销售人员适当底价，但一般而言，让价将由专案来确认）。销售人员可综合楼盘的优势、客户的满意度及成交率、周边楼盘的价格比较、客户付款方式、楼盘成本分析等各种情况向客户阐述此价位的合理理由来阻止客户杀价。

8）在客户有70%的认可度的基础上，再有针对性地介绍，同时可再次强调该户型的优点、适合客户的程度和目前该有的各种优惠，以增强客户的购买欲，设法说服他下定金购买，力争成交。

9）逼定，即引导客户付订金或定金，这是销售流程中的关键环节。是否逼定是判别销售是否进行到买卖阶段，而非停留于介绍阶段的依据。好的逼定话术能使客户迅速下订，从而锁定准客户，提高销售成功的概率，而差的逼定话术会使原本有意向的客户犹豫。因此，如何把握现场逼定尤为重要。

（3）注意事项。

1）入座时，注意将客户安排在一个不受打扰、便于服务的范围内。

2）个人的销售资料和销售工具应准备齐全，随时满足客户的需要。

3）全面了解客户的真正需求，推荐适合客户的房源。

4）注意与现场同事的交流和配合。适时制造现场气氛，强化购买欲望。销售人员同销售控制人员就信息、想法沟通完毕后，再向客户予以解释、说明。另外，为了让客户相信本案或其选择类型房源颇受欢迎，并且机会有限，从而满足其从众心理及激发其紧迫感，柜台的销售控制人员将适当地封去几套询问房源，这样对于销售人员后期的逼定、签单、守价等都有着重要意义。

5）销售人员要严格按照规定进行介绍并答复客户的相关问题，切不可随意许诺，产生越权，引发不必要的纠纷和不良影响；不是职权范围内的不承诺，及时呈报，请现场经理帮忙解决。

6）掌握良好的议价技巧是销售人员成熟的标志。销售人员应该记住，在没有谈及房屋实质问题时不要议价，因为这将是毫无意义的。由于议价往往和现场销售、现场逼定紧密联系在一起，因此，销售人员应该是守价及抬高客户心理价位的中间人。优秀的销售人员应根据客户心理价位和房源的底价进行价格协调,从而为逼定做好铺垫。

5. 签约成交

(1) 签约成交流程,如图12-7所示。

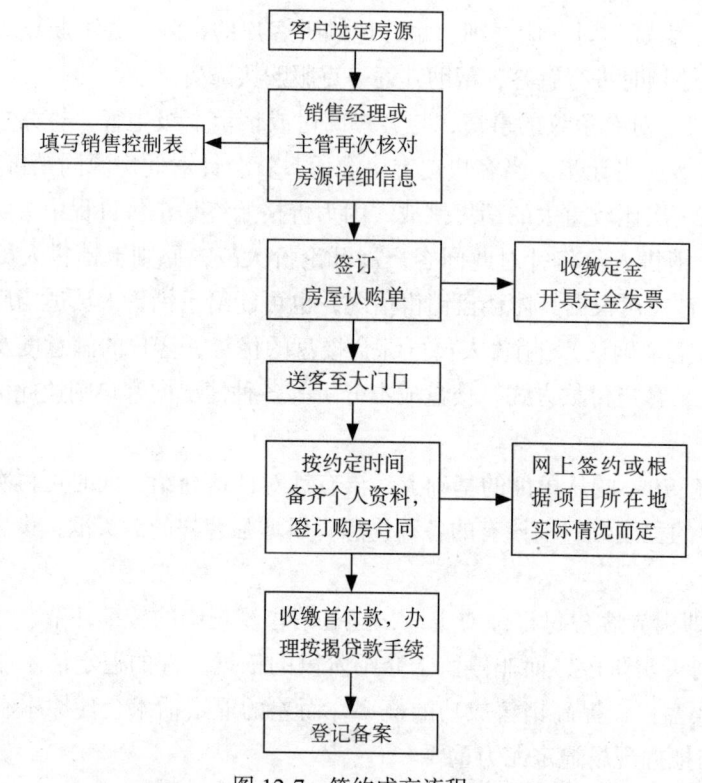

```
客户选定房源
      ↓
销售经理或主管再次核对房源详细信息 ← 填写销售控制表
      ↓
签订房屋认购单 → 收缴定金 开具定金发票
      ↓
送客至大门口
      ↓
按约定时间备齐个人资料,签订购房合同 → 网上签约或根据项目所在地实际情况而定
      ↓
收缴首付款,办理按揭贷款手续
      ↓
登记备案
```

图12-7 签约成交流程

(2) 基本动作。经过洽谈,客户选择了购买,下面需要做的就是办理各种手续。销售人员要亲自带领客户办理。

1) 客户选定了户型决定购买,要先恭喜客户选择自己的房屋,并及时告诉现场经理,再次查看销售控制表,确认可以销售。

2) 视具体情况,收取客户大定金或小定金,并告诉客户对买卖双方行为的约束。收取定金要请客户、经办销售人员、现场经理三方签名确认。若是小定金,需要与客户约定大定金的补足日期及应补金额,填写于单据上。

3) 签订房屋认购单。详尽解释认购单填写的各项条款和内容。与客户约定商品房买卖合同签订日期及首期应交付的金额;注明折扣金额及付款方式,或者其他附加条件。

4) 将客户送至售楼处大门口,再次表示恭喜和感谢。

5) 签订合同,收缴首付款。一般是交定金后的七日内签订合同、交首付款。出示商品房预售示范合同文本,根据情况解释合同的主要条款:购房人的姓名或名称、住所,房地产的位置、面积、层数、土地所有权性质、土地使用权获得方式和使用期限,房地产规划使用性质,房屋的平面布局、结构、构筑质量、装饰标准和附属设施、配套设施等状况、房地产转让的价格、支付方式和期限，房地产交付日期，违约责任，争议的解决方式。因为是统一的格式文本，所以不必解释得太详细。

6）办理按揭贷款手续。有专人负责帮助客户办理贷款事项，按照贷款方式不同，有不同的手续和材料。销售人员应该协助办理，不能撒手不管。

7）销售控制更新，专案秘书收到完全签订的订单后，应立即进行销售控制表登录（包括销售控制表与日营销情况变动表），不得出现延误与遗漏。

8）签约后的合同，应迅速交房地产交易机构审核，并报房地产登记机构备案。登记备案后买卖才算正式成交。

（3）注意事项。

1）与现场经理和其他销售人员密切配合，制造并维持现场气氛。

2）定金为合约的一部分，若双方任一方无故毁约，都将按定金的一倍予以赔偿。定金保留日期一般以七天为限，具体情况可自行掌握，但超过时限，定金没收，所保留的产品将自由介绍给其他客户。当客户对某产品有兴趣或决定购买但未能带足够的钱时，鼓励客户支付小定金是一种行之有效的办法。

3）销售人员在签订订单过程中应引导客户看订单，并且迅速填写订单。填写订单后应请客户确认签名并收取预付定金。签单收款完毕后，应马上请柜台核准，核准通过后再拿回订单，将其中的客户联交给客户作为凭证保存，随后同客户进行寒暄。切记，签章完毕不要匆忙送客。

4）小定金或大定金的交付时间与签合同日之间的时间间隔尽可能短，以提高成交效率。

5）示范合同文本应事先准备好。事先分析签约时可能发生的问题，向现场经理报告，并研究解决办法。

6）解释合同条款时，在感情上则应重于客户的立场，让其有认同感。折扣或其他附加条件，应呈报现场经理同意备案。

7）签订合同最好由购房户主自己填写具体条款，并一定要其本人亲自签名、盖章。

8）签约和支付首期购房款后，销售人员应向客户介绍后续需要办理的相关事宜，如办理贷款手续、签订物业服务合同、办理交房和入住手续、办理房产证等事项，并提醒客户依据合同时间提前准备相关文件和资料。

6. 售后服务

从达成交易签订购房合同到客户入住这段时间，短则几个月，长达一年以上，在这段时间内，售楼人员需要和客户保持经常联系，以增进双方之间的信任和感情。这段时间的工作称为售后服务，售后服务对于销售人员和客户都是非常必要的。

（1）售后服务流程，如图12-8所示。

（2）基本动作。签订购房合同时，客户可以选择不同的付款方式。常见的付款方式有三种，即一次性付款、分期付款、按揭贷款。三种付款方式各有利弊，需要客户根据实际情况来选择确定。付款方式不同，后续的跟踪服务会有所不同。目前，大多数购房者选择的是按揭贷款的方式。

1）确定付款方式，提醒客户下一个环节应该办理的事项。

2）如果是按揭贷款，需要协助客户办理按揭手续。通常开发商会有专人负责这一项业务，销售人员主要是负责沟通和提醒，协助完成贷款办理。

3）提醒客户保管好贷款材料，按时缴纳月还款额。

4）办理收房入住手续。及时将收房日期告知客户，应让客户清楚知道办理入住手续时，需要缴纳的款项及应注意的有关事项，并协助客户办理入住事宜。

5）办理不动产权证。开发商会有专人负责这一项业务，销售人员主要是负责沟通和提醒，协助完成办理不动产权证。

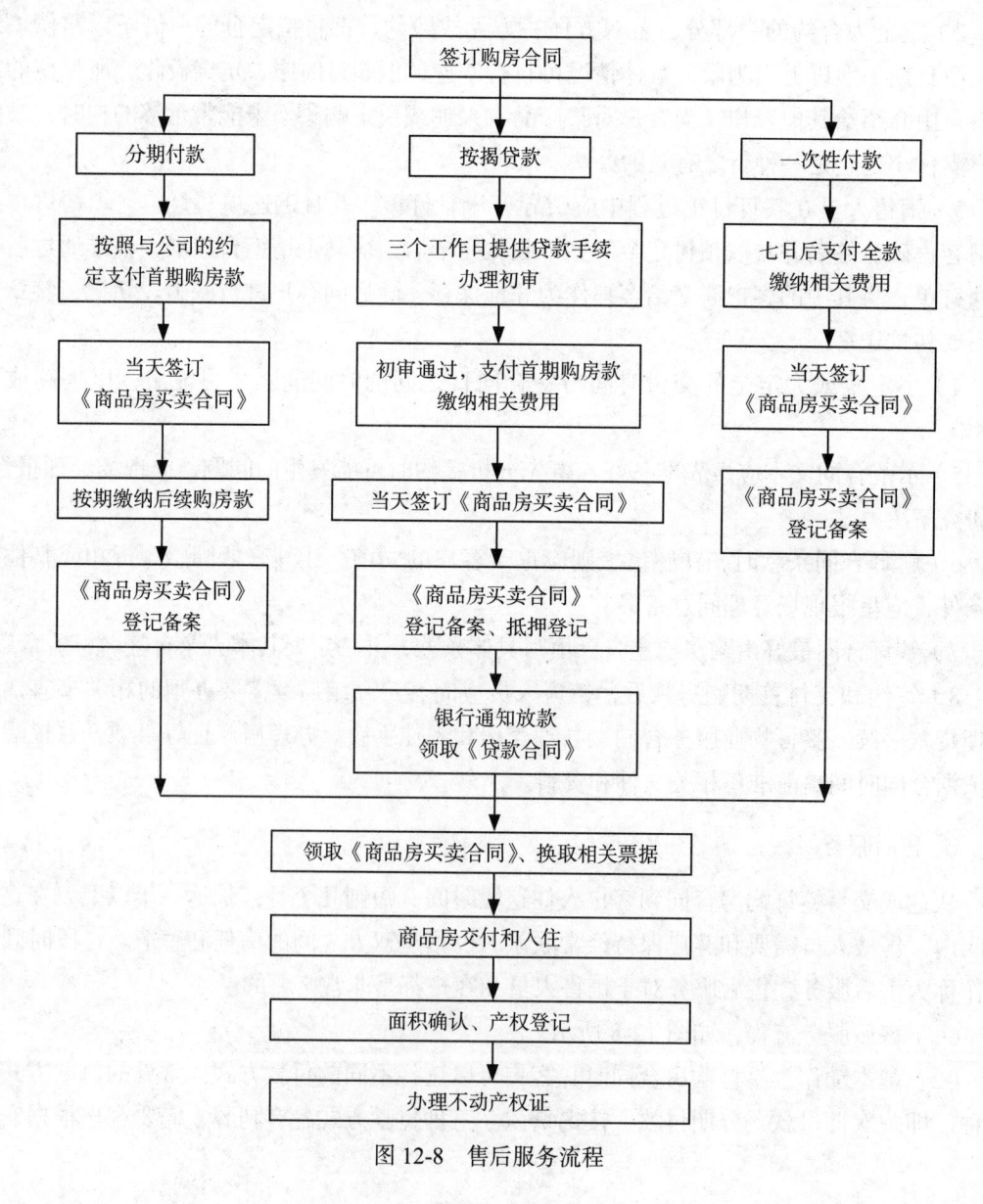

图 12-8 售后服务流程

（3）注意事项。

1）办理贷款时要提醒客户准备齐全材料，对不同的贷款方式、不同的贷款种类，银行要求会有所不同，事先一定要清楚。

2）要提前半个月邮寄收房通知书，通知客户收房日期。收房的前一天最好再次和客户联系一下，恭喜的同时告知要带齐收房的所有材料。

3）销售人员最好能在办理收房入住的现场，耐心、细致、热情地为客户做好咨询和引导工作，以提高客户的满意度，提升开发商的形象。

4）虽然客户已经验收了房屋，成为真正的业主，但开发商仍然要积极地为业主代办或协助办理不动产权证，提供售后服务，从而树立良好的服务品牌和企业形象。

5）售楼人员的售后联络一般是电话联系，也可以通过微信、信函、上门走访等方式，当客户买房后再来售楼处或来电、来信询问，或者要求解决有关事情时，售楼人员一定要热情接待、关怀备至，以彰显良好的服务意识，提升开发商的品牌形象。

7. 其他事项

（1）暂未成交。

1）如果接待的客户暂时无法成交，应再次告诉客户联系方式，承诺为其做义务购房咨询，并将销售资料和海报备齐一份给客户，让其仔细考虑或代为传播。

2）每天或每周，应由现场经理定时召开工作会议，及时分析未成交或暂未成交的原因，记录在案；根据客户资料表检讨销售情况，并采取相应的措施。

3）需要立刻填写客户资料表。客户资料应认真填写，越详尽越好。填写重点包括客户的联系方式与个人资讯、客户对产品的要求和成交或未成交的真正原因。客户资料表是销售人员的"聚宝盆"，应妥善保管，为以后追踪客户做储备。

4）根据成交的可能性，将客户分为很有希望、有希望、一般、希望渺茫四个等级认真填写，以便后续跟踪客户时更有选择性和针对性；应视具体情况，对客户等级进行阶段性调整；近期再次邀约很有希望的客户看房。

5）未成交或暂未成交的客户依旧是客户，销售人员应该对其态度亲切，始终如一。针对未成交或暂未成交的原因，报告现场的经理，视具体情况，采取相应补救措施。

（2）追踪客户。

1）追踪客户的最终目的是尽一切可能，努力说服客户再次来售楼处洽谈甚至签订合同。

2）对于很有希望、有希望等级的客户，销售人员应列为重点争取对象，保持密切联系，调动一切可能努力说服。

3）将每次追踪情况详细记录在案，便于以后分析判断。

4）无论最后成功与否，都要婉转要求客户帮忙介绍客户。

5）追踪客户要注意切入话题的选择，做好追踪前的准备工作，区别对待不同的客户，做到有的放矢；切勿给客户留下销售不畅、强硬推销的印象。

6）追踪客户要注意时间间隔，一般以2～3天为宜，过于频繁易使客户产生被骚扰的感受，引起客户投诉。

7）注意追踪方式的多样化，可以采用打电话、发微信、寄宣传资料、上门拜访、赠送节日小礼品、邀请参加售楼处的促销活动等方式。

8）超过一人与同一客户有联系时应该对称信息，统一立场，协调行动。

（3）客户退房。

1）客户提出退房时，销售人员要耐心做好客户的说服及解释工作，同时立即口头汇报给现场销售主管或经理。

2）劝说无效，客户需要填写《退房申请单》时，退房申请最好由客户本人书写，或者至少要由客户本人签字。

3）公司领导审批同意后，由销售人员通知客户带齐相关资料来售楼处办理退房手续。

4）原销售合同收齐后，加盖作废章，连同退房协议、客户退房申请、公司处理意见等资料一起交给销售助理，然后提交相关部门。

12.4 房地产销售技巧

12.4.1 与客户初步接触的技巧

接触的成功与否决定销售的成败。在与客户初步接触时，第一印象是非常重要的。

1. 抓住接近客户的技巧

销售人员在什么时候与客户进行第一次接触而不显得唐突，这是有讲究的。下面介绍几个接近客户的最好时机。

（1）当客户走进售楼中心的时候。如果客户走进售楼中心，就开始东张西望，看上去似乎是在寻找什么，那么这一定是客户要寻求帮助。这时，销售人员应该主动接近客户，并热情地同客户打招呼。

（2）当客户驻足观看的时候。一般来说，在大型的售楼活动中客户比较多，销售人员在人群之中认清目标客户是有一定难度的。当看到有客户驻足观看或很出神地观看房产模型和介绍书时，销售人员应该抓住时机接近客户，使他成为你的客户资源。

2. 做好开场白

开场白是销售人员与客户进行接触的第一句话，这关系到客户对销售人员的第一印象。因此，销售人员必须做好开场白，赢得客户的好感，下面是一些做好开场白的方法。

（1）换位法。销售人员站在客户的立场上，替客户设身处地着想，从谈论客户本身需求与楼盘相关的信息入手，使客户对推销的产品产生兴趣，则会赢得对方的好感和信任。

销售人员如果只是为推销楼盘而过度吹嘘楼盘本身的话，是很难吸引客户的。

（2）利益刺激法。客户购买楼房是因为楼房能满足他们的某些需要，因此销售人员在与客户见面时即应告诉他，该楼盘能给他带来何种好处，能满足他的哪些需求，这样客户就会对楼盘产生兴趣。

（3）适度的赞美。人都有虚荣心，销售人员贴切的赞美往往能引起客户的好感，但过度夸张的吹捧则会令人讨厌。所以销售人员要把握住不同客户的心理需求，巧妙而得体地赞美客户，这样就很有可能取得极佳的促销效果。例如，带小孩的年轻母亲，更喜欢别人夸她的小孩；未婚的女性，则喜欢别人夸她的穿戴、服饰；中年人喜欢别人夸他的事业和成就；老年人喜欢别人夸他的阅历和经验；等等。

3. 注意礼节

销售人员见到客户的第一件事就是向客户问候。一句恰到好处的问候，会给客户留下一个良好的印象。问候时要根据客户的身份、年龄、职业等特征，使用不同的称呼。称呼要恰当，使对方有亲切感。称呼客户随便一些还是郑重一些，要根据推销场合的不同而有所区别。如果不顾场合随便称呼，会给对方留下不好的印象，出师不利。

另外，在向客户问候时，必须注意和客户在一起的其他人员，并且一一问候。因为这些人往往是客户的亲属、朋友、同学或同事。

此外，还要注意使用名片的礼节和握手的礼节。

12.4.2 说服销售的技巧

说服销售是销售人员了解客户的需求，为客户需求匹配适当的利益，通过沟通技巧将客户的需求和能得到的利益介绍给客户并使他认可、购买的过程。只要说服技巧使用恰当，就可以有效提高销售的成功率。

1. 断言的方式

销售人员如果掌握充分的产品知识及切实的客户情况，那么其在客户面前就可以很自信地说话了。没有自信就缺乏说服对方的力量。有了自信以后，销售人员在讲话的语尾可以做清楚的、很强劲的结束。由此给予对方确实的信念。例如，"一定可以使您满意的"，此类语言就会使客户对你介绍的产品产生一定的信心。

2. 反复

销售人员讲的话，不会百分之百地留在对方的记忆里。而且，很多时候就连你强调的部分也会只是通过对方的耳朵却不留下任何记忆的痕迹，很难如你所愿。

因此，你想强调说明的重点内容最好能反复说出，从不同的角度一再说出。这样，可以使客户相信并加深印象。

切记，要从不同的角度、用不同的表达方式，使对方明白你重点说明的内容。

3. 感染

只依靠销售人员流畅的讲话水平及丰富的知识是不能说服所有客户的。

"太会讲话了!"

"这个业务员能不能信任呢?"

"这种条件很好,会不会是真的?"

客户的心中常会产生以上种种疑问和不安。要消除疑问和不安,最重要的是将心比心,坦诚相待。因此,对于企业、产品、自己本身都必须有自信去讲。这样的态度及语言表现出的内涵,自然会感染对方。

4. 做良好的听众

在销售过程中,尽量促使客户讲话,自己转为一名听众,且必须有这样的心理准备。让客户觉得产品是自己选择的,依自己的意志购买的,这样的做法才算是高明的销售方法。强迫销售、自夸的话只会使客户感到不愉快。必须有认真听取对方意见的态度,中途打断对方的讲话而自己抢着发言这种事一定要避免,要巧妙地附和对方的谈话。为了让对方顺利讲下去,也可以提出适当的问题。

5. 提问的技巧

高明的商谈技巧应使谈话以客户为中心来进行,为了达到此目的,销售人员应该发问,采用一边让自己听一边也让对方听的谈话方法。

通过有技巧地提出问题,我们可以:

(1)从顾客有没有搭上你的话,可以猜到其关心的程度。

(2)以顾客的回答为线索,拟定下次谈话的对策。

(3)当顾客反对时,以"为什么""怎么会"发问,了解其反对的理由,并由此判断接下来该如何做。

6. 利用在场的人

通过有技巧的方法,将客户的亲属、朋友、同事引向我们的立场或不反对我们的立场会促进销售。事实也表明,让他们了解你的意图,成为你的朋友,对销售的成功有很大帮助。

优秀的销售人员会多花一些心思在在场客户的友人身上,如果周围的人替你说"这个户型不错,可以考虑考虑"的时候,那就会更有帮助。相反,如果他们说"还是算了吧",那么情况就不妙了。因此,无视在场的人是不会成功的。

7. 利用资料

熟练准确运用能证明自己立场的资料。一般来说,客户看了这些资料会更加了解你销售的产品。

销售人员要收集的资料不限于公司平常所提供的内容,还有拜访记录,对竞争对手信息、相关报道也应加以收集、整理成宗，在说明介绍时，拿出来利用，或者复印给对方看。

8. 用明朗的语调讲话

明朗的人品会让对方对自己更有好感。忠厚的人、文静的人在做销售时要尽量表现得开朗一些。销售人员在客户面前要培养自己用专业的态度、以明朗的语调交谈，做好成功的铺垫。

9. 提出须特别回答的问题

"你对这套房子有兴趣吗？""你是否现在就可以做决定？"这样的话最好别说，因为会产生对销售人员不利的回答，也会因为谈话不能继续下去而出现沉默。

"你对这套房子感觉如何？""如果现在就购买的话，还可以获得一个特别的礼品呢！"要用这样的话，去试探顾客的心理。

10. 心理暗示的方法

销售人员本身的心态会在态度上表现出来，不好的态度是不良心态的表现，而好的态度是良好心态的证明。

业绩良好的销售人员在商谈时，常表现出肯定性的身体语言。我们做出点头动作就是表示肯定的信息，而向左右摇动就是表示否定的信息，由于我们在商谈时，都希望使对方说"是"，所以这种点头或把整个身体向前后摇动的姿势，可以认为是一种催眠术，因而若站着商谈，要将脚平行地张开，使身体尽量向前后摇动，假如是坐在椅子上，则勿把身体靠在椅背上。

一般来说，业绩不好的销售人员会有否定性动作出现，他们常不自觉或有意地向左右摇动着进行商谈，然后在临近商谈结束时，直接问对方"请你买好吗？"，这么一来，原本对方有心购买也无法成交了。

在说服销售的过程中不仅限于这些方法的应用，各种方法的组合、创新也会达到出人意料的效果。

12.4.3 处理异议的技巧

被客户拒绝之后应该怎么办？有没有一种更好的方法可以避免发生异议？怎样利用解决异议来达成销售？每一个销售人员都或多或少地想过这些问题。有的人对此束手无策，有的人则视而不见，这些态度都不能帮助我们有效地处理异议，达成销售。

其实，真正因为价格、质量等引发的异议只有很少一部分，大多数都是销售人员的表达方式、客户个人性格等引发沟通困难而造成不良心理反应，进而表现到行为上。

1. 异议的产生

异议是客户因为顾虑、某种理由或争论而对计划、意见或产品提出反对。虽然在日常销售过程中，我们曾遇到过被拒绝或被客户提异议的事情，但这并不代表客户将不购买我们的产品或不接受我们所提供的计划和意见，可能只是表示其尚有些顾虑或其他想法。由此可以看出，拒绝不仅不会阻碍销售，还可以使我们因循客户的拒绝找到成交的途径。

异议产生前后，销售人员应做到以下两点。

（1）减少异议产生的机会。这是最重要的，因为较少或没有拒绝的销售是每一位销售人员都梦寐以求的。这就要求销售人员对客户有充分的了解，使其能预计拒绝发生的可能性。因此，销售人员应根据客户的情况、需要、限制和机会来选择合适的销售方式。因为被选择的销售方式已包含答案，所以此举可以减少客户产生异议的机会。

但实践中，并非所有的异议皆可预知。经验告诉我们，无论销售人员的销售方式如何详细、专业，客户仍然会提出异议。

（2）有效地处理产生的异议。买卖双方本来就是站在不同的立场，发生争议是很正常的。有时你会觉得提出的意见实在是无中生有，有时你甚至会怀疑顾客是不是在有意地难为你，故意为买卖设置重大的障碍。你仿佛看到，顾客正站在那里，脸上带着似笑非笑的神色，扬扬得意地注视着你，心里还在想：这下我算是套住了你。顾客的这种态度是够麻烦的，你可能束手无策了，火气一上来，头脑就发热，想想还是换一个行当好。不过，只要不让顾客的意见占上风，异议是不会成为买卖的障碍的；若巧妙地回答并有效地处理顾客提出的意见，反过来会使生意做得更牢靠。你知道，只要能妥善地消释顾客的异议，你就会改变他们对你的产品所持的看法和态度，在任何情况下都不能让他们"看到你直冒汗"，这就是理性销售。

那么，怎样能做到这一点？你不能正面去顶撞顾客，否则只能引起他们的反感；也不能全盘肯定顾客的意见，否则也只能使顾客更加相信他们表达的意见是正确的。怎么办呢？你要做的既不是去肯定也不是去否定顾客的说法，这里需要的是"理解"。

你要让他们知道，你完全理解他们的感受，如果你处在他们的地位，你也会抱有同样的想法，不过……就是在说这个"不过"时，你要去消除这个障碍，应当向顾客讲清楚购买你的产品对他以及他的家庭意味着什么。

2. 处理异议的态度

（1）情绪轻松，不可紧张。销售人员要认识到异议是必然存在的，在心理上不可有反常的反应，听到顾客的意见后应保持冷静，不可动怒或采取敌对态度，应当继续以笑脸相迎并对顾客的意见表示真诚的欢迎。一般多以"我很理解你提出的意见""你的意见有一定的道理""你的观察很敏锐"等应答。

当然，如果要轻松地处理异议，销售人员必须对产品、企业政策、市场及竞争者有深刻的认识。

（2）兴趣真诚，注意聆听。要注意聆听，不加阻挠；应认同异议的合理性，表示尊重，以便顾客接受你的相反意见。

（3）重述问题，证明了解。销售人员向顾客重述所提出的反对意见，表示已经了解。必要时可询问顾客重述是否正确，并选择反对意见中的若干部分予以诚恳的赞同。

（4）审慎回答，保持亲善。应以沉着、坦白、直爽的态度审慎回答顾客的异议；措辞恰当，语调缓和；不可"胡吹"。

（5）尊重顾客。切记不可轻视或忽略顾客的异议，以避免引起顾客的不满或怀疑，使交易谈判无法继续下去；不可赤裸地直接反驳顾客；不可直指或暗指其愚昧无知，否则会使顾客受到伤害。

（6）准备撤退，保留后路。我们应该明白顾客的异议是不能轻而易举解决的，不过面谈时所采用的方法对于双方将来的关系会有很大的影响。如果认为一时不能成交，那就应设法敲开今后重新洽谈的大门，以期再有机会去解决这些分歧。因此，要时时做好遭遇挫折的准备。如果还想得到最后胜利的话，在这个时候便应"理智地撤退"，不可露出不快的神色。

例如，销售人员可以说"也许这个楼盘项目不能满足您现在的要求，您能介绍一下您的亲戚或朋友中有谁需要我们的房子吗？如果有一天您要改变主意，希望您能与我们联络，我们会热情为您服务的。"从而体面撤退。

当然，只有正确的态度是不够的，还应运用恰当的方法积极地处理产生的异议，巧妙地将异议转化成终结成交的铺路石。

3. 处理异议的方法

将顾客可能提出的反对语列举出来，有针对性地各列出几种应对策略，确定可行之后就要牢牢记住并加以活用。

（1）质问法。对顾客的异议，可直接用问"为什么"来问其理由。由此可以了解顾客在想什么，并产生接下来的应对方法。同时也可熟悉对方的反对究竟是借口还是真意。

顾客："这栋房子太贵了！"

销售人员："你认为这个价格贵吗？"

（2）"对……但是"法。先接受对方的反对，然后慢慢地转变为应对的方法。

（3）引例法。对客户的异议，引用实例予以说服。

（4）充耳不闻法。完全把对方的话当真，并不一定有好处。为了避免落入对方的圈套，以及缓和商谈时的紧张心情，对于顾客的异议就采用这种方法，新入职的销售人员采用这种方法也很有效。

（5）资料转换法。这是将顾客的注意力吸引到资料及其他销售工具方面的方法，也就是用资料来吸引顾客的视线并加以说服。

（6）否定法。这是当面对顾客所讲的话加以否定的方法。例如，"没有这回事"。这种方法如果用错了，会使对方感到不愉快，应该注意。

顾客："没有钱啊！"

销售人员："说笑了……嘴说没有钱的人，才是有钱的。"

（7）回音式。就如同回音一样，将对方说过的话完全重复一次，这也是颇具经验的销售人员经常使用的方法。

顾客："因为你的话不可靠。"

销售人员："咦，我说的话不可靠吗？"

（8）暗示后果法。对那些优柔寡断的顾客，销售人员可以在清楚地介绍产品特点、使用产品的意义和价值后，采用低调的施压方式。

"上午有一对夫妇也看好了这套房子，回家和父母商量后做决定。如果您看好的话，我建议您尽早下决心，否则这套房子就有可能被别人买走了。"

销售人员需要学会处理各种各样的异议和拒绝，专业销售人员可将拒绝当作起点，通过提问找出拒绝的真正原因。让顾客参与谈话，这样销售人员可以了解更多的信息。

12.4.4 终结成交的技巧

1. 终结成交的时机

终结成交是销售过程中的自然结果之一，在对顾客进行销售介绍时，顾客一旦暗示他希望获得你的产品或服务，销售人员就应该立即准备终结成交。常常会有这样的情况，销售人员在销售前做了充分的准备和计划，并预见到了在销售介绍中顾客可能提出的问题，对问题进行了充分的准备。而在面谈时，顾客一开始就表现出极大的购买兴趣，可这位销售人员依然按惯性使用销售程序，视顾客的购买信号为对他成功介绍的嘉许，由于顾客的热情被反复冲击，反而开始怀疑销售人员的目的与动机，甚至从销售人员的介绍中发现了自己原来未想到的几个问题，最终导致与顾客成交失败。

对于销售人员来讲，未能及时抓住终结成交的时机是十分可惜的，因此，销售人员在开始销售介绍时，就应留意顾客的购买信号，一经发现立即终结成交。即使有认为非常重要的问题尚未与顾客讨论时，也应终结成交。而在以后的见面中，以销售服务的方式向顾客再进行阐述与指导，反而会增进与顾客的关系。

销售人员应留意自己的顾客提供的以下购买信号。

（1）当销售人员将产品的细节、付款方式等详细说明后，如果看到顾客表现出认真的神态，销售人员应及时用清晰的语气问"您希望购买哪一套呢？"然后闭上嘴，静静等待顾客的回答。如果顾客还提出什么异议，应有技巧地消除他的顾虑，并再次试探终结成交。

（2）在听完产品的介绍后，顾客之间可能会彼此对望，通过眼神来传递对你介绍的产品或服务的看法，当你看到顾客表现出向他人征求意见的情形时，就能较明确地分辨出决策者和对决策者有影响的人。如果我们的介绍和说明尚不能完全打动决策者，我们就应围绕有影响力的人聊一些事情，并设法让决策者加入进来，引起兴趣，气氛轻松后，再引入到交易中来，一般情况下，会顺利成交的。

（3）当你的销售介绍结束后，顾客可能会把前倾的身体靠在椅背上，轻松地吐出一口气,眼睛盯着桌上的文件,这时销售人员应立即说明"请您试选一套吧!"

(4)当我们在销售介绍过程中,发现顾客表现出神经质的举止,如用手抓头发、舔嘴唇、面色微红、坐立不安时,一般说明顾客内心的斗争在激烈进行,销售人员应根据现实状况,提出几个可能是问题或异议的解决方案,把顾客的忧虑或想做的事清楚地说出,那么离成交就不远了。

(5)顾客靠在座椅上,左右相顾突然双眼直视你,那表明,一直犹豫不决的人下了决心。

(6)当顾客在你做销售介绍时,反复询问有关房子的细节问题或反复阅读说明书时,表明顾客不仅对该产品极感兴趣,而且也准备购买了。

(7)如果在做销售介绍时,你能明显地看到顾客有类似孩童的兴奋反应,那表明顾客决定购买了。

(8)如果一位口若悬河的顾客,开始询问一些与产品相关的问题并积极讨论时,则表示该顾客有购买意向。

(9)如果一位专心聆听、寡言少语的顾客,询问有关价格或付款的问题,那也表明该顾客有购买意向。

(10)销售人员在做销售介绍时也可以用贴近顾客的方式,获得顾客的认同感,使之难以拒绝而购买。

在销售过程中,顾客会从表情、体态、语言三方面向销售人员暗示购买信号,抓住它,成功的可能性就会大一些。

2. 有碍终结成交的言行举止

(1)惊慌失措。由于终结成交的成功即将到来,销售人员表现出微汗、颤抖等神经质动作,会使顾客重新产生疑问和忧虑,如果顾客因此失去信心,那你会失去顾客的信赖甚至是订单。

(2)多言无益。已经准备终结成交,说明顾客的异议基本得到满意的解释,在此关键时刻,应谨言,以避免任意开口导致顾客横生枝节,提出新的异议而导致成交失败。

(3)控制兴奋的心情。一般来讲,经过努力而获得成功是件兴奋不已的事情,但在硕果将出之时,喜怒不形于色是非常重要的,讨价还价后签约是销售过程的一部分,此时的一颦一笑都可能会使顾客产生不良感受。尤其是新的销售人员,如此时得意忘形,那无异于自酿苦酒。

(4)不做否定性的发言。终结成交的时刻,应向客户传达积极的消息,使之心情舒畅地签约。

(5)体面引退。终结成交后,不要继续长时间留在顾客处闲聊不走,应迅速离去。即使失败,也要不失体面地向顾客道谢告别,以利于再造访顾客时不致产生尴尬局面。

12.4.5 拓客技巧

1. 电话拓客技巧

电话拓客又称为 Call 客，这是效果较好的拓客手段之一，尤其在信息直达、与客户互动和成本上有较明显的优势，也使它成为与房地产项目息息相关的直销工具。但电话拓客难度最大，要在不到 1 分钟的时间内成功邀约顾客上门，这非常考验拓客人员的功力。

先来对比一下两个不同版本的话术：

话术 1：您好，我是××××的客服，想问一下您最近有买房意向吗？

话术 2：您好，二环东路的房子，5 000 多元一平方米起，外国语学校的学区房，有兴趣了解一下吗？

对比之下，差异就出来了，话术 1 平铺直叙，没有突出点，很难吸引客户。而话术 2 开门见山，突出价格、学区、位置等关键点，单单一句话已经给顾客传递了不少有价值的信息。

由此可见，渠道人员经常被顾客拒绝，很大一部分原因是话术不对。好的电话拓客话术是辅助销售与潜在客户直接交流的重要工具，是促进顾客上门的利器。

注意事项：对顾客所有提问解答完毕之后，用疑问句结尾，最好用选择疑问句。例如，

顾客问："在哪儿？"

销售人员答："在全福立交桥附近，离洪家楼不远，您是要商铺还是住宅？"

从上述的话术可以看出，第一，这个话术生活化、情景化；第二，传递了很有价值的信息，不是空话套话；第三，广告比较少，采用拉家常的方式传达信息；第四，结尾是选择疑问句，结尾也可以是"您要二室、三室还是四室""您要商铺还是住宅"等。

2. 接电说辞

铃声响起三声以内接起。

销售人员："您好！××××售楼处，很高兴为您服务。"（如果超过三声再接听时，要先说："您好，××××售楼处，不好意思，让您久等了。"然后，礼貌地回答顾客的问题。）

顾客询问完第一个问题后就可以跟进。

销售人员："请问先生（女士）贵姓？您是通过什么渠道知道我们项目的？"

顾客："你们楼盘的位置在哪儿？"

销售人员："项目位于××区××路以东、××路以西、××路以北。请问您现在住在哪里？"

顾客说出后，销售人员判断与售楼处的距离，设计驾车路线或多条公交线路。

顾客："你们房子卖多少钱啊？"

销售人员："××先生（女士），由于位置及景观的不同，每个户型的单价不一样。而且目前项目还未销售，暂时未定价格。您可以到我们的售楼处，根据现场实际情况挑选您最满意的房子，到时由我为您详细介绍。您准备什么时候与您家人来售楼处看一下？您今天有空吗？明天呢？（您看今天、明天哪天有空？）周六或周日？"

顾客有时间来，则详细确定时间、联系电话。

顾客："最近没有时间。"

顾客："你那里都有什么户型、多大面积？"

销售人员："我们这里两室、三室和豪华四室户型一应俱全，面积在90～160平方米之间，并且全部为全明设计。请问，您需要多大面积、什么户型的房子？"

……

按照公司的统一话术回答顾客提出的问题，尽可能在回答问题的同时提出问题，以便更多地了解顾客的购房需求。对于顾客的询问，应抓住重点耐心讲解，通话时间控制在5分钟之内为佳。尤其在登广告期间，来电比较多，为了能够接听更多的来电，应注意在给顾客清晰明了的解答的同时，尽量缩短解释的时间，邀请顾客到售楼处。

销售人员："××先生（女士），真是太巧了，公司这两天有优惠活动，所有打进电话的客户都有一份精美的礼品，我会帮您留存的，有时间您过来取一下。××先生（女士），您可以给我留一个您的联系电话吗？稍后我把我的姓名、电话号码和来我们售楼处的具体路线以短信形式告知您，您留意接收一下，方便您来的时候找对路线。以后您有什么想要了解的也可以直接打我手机。"

顾客："好的。130××××××××。"

销售人员："感谢您的来电！期待您能尽快安排时间来售楼处看一下，感受一下我们这里的优美环境。××先生（女士），祝您生活愉快！再见！"

3. 陌拜电话说辞

销售人员："您好！这里是××××销售中心，冒昧打扰，可以占用您2分钟吗？请问您近期有购房意向吗？"

顾客："没有。"

销售人员："对不起，打扰您了，请见谅！祝您生活愉快，再见！"

顾客："有（或正在考虑）。"

销售人员："请问怎么称呼您呢？您想买（或考虑）什么户型？多大面积的？"

顾客："我姓王，想考虑换个三室的，120平方米左右的房子。"

销售人员："太好了！三室二厅是我们××××项目的主推户型，性价比非常高。您这周末有时间到我们的售楼处来详细了解一下吗？"

顾客："不行，没时间。"

顾客："你们楼盘的位置在哪儿？"

销售人员："项目位于××区××路以东、××路以西、××路以北。请问您现在住在哪里?"

顾客说出后,销售人员判断与售楼处的距离,设计驾车路线或多条公交线路。

顾客:"你们的房子卖多少钱啊?"

销售人员:"由于位置及景观的不同,每个户型的单价不一样。而且目前项目还未销售,暂时未定价格。您可以到我们的售楼处,根据现场实际情况挑选您最满意的房子,到时由我为您详细介绍一下。"

……

按照公司的统一话术描述项目特色,并回答顾客提出的问题。尽可能在回答问题的同时提出问题,以便更多地了解顾客的购房需求。

销售人员:"××先生(女士),稍后我会把我的姓名和电话以短信形式告知您,您什么时候有时间过来随时给我打电话,我会为您详细地介绍一下项目。电话给您带来的不便请见谅!祝您生活愉快,再见!"

4. 扫街派单说辞

销售人员:"您好!欢迎了解××××项目!(递上海报的同时追问)请问您近期有购房意向吗?"

顾客:"没有!"(结束)

顾客:"有(或不确定),你们这个项目在哪儿?"

销售人员:"××地产的全新力作,××××项目位于雁鸣湖畔,青年路与北环交汇,我们的产品全部都是精装修的。"

顾客:"哦,多少钱啊?"

销售人员:"因为项目还没有开盘,具体多少还没有定,应该在 7 500 ~ 9 000 元。如果您有意向可以留个电话,我们过一段时间会有一个留电送礼活动,这边有什么动态会第一时间联系您。您可以到×××外展点(拓客点)进一步了解,也可以去我们的售楼处深入了解一下。"

顾客:"好的。"(将顾客引入外展点或售楼处。)

顾客:"不用了。"

销售人员:"您放心,我们不会随便打电话打扰您的。只是公司规定,只有留有电话的顾客才有礼品赠送。"

顾客:"好吧,130××××××××。"

销售人员:"××先生(女士),稍后我会把我的姓名和电话以短信形式告知您,您什么时候有时间过来随时给我打电话,我会为您做详细的介绍。祝您生活愉快,再见!"

第二天可以打电话邀请顾客到售楼处领取礼品,从而引导顾客走进售楼处。

| 案例 |

××××楼盘销售前准备工作计划

1. 销售团队的组建及培训

	序号	准备事项	完成时间	责任部门	备注
销售团队的组建及培训	1	销售人员确定	10月15日	人力资源部	售楼人员5名，文秘1名
	2	销售人员忠诚度培训	10月20日	销售部	为公司培养可塑之才
	3	销售人员的基本素质培训	10月20日	销售部	穿插案例
	4	销售人员的销售技巧培训	11月5日	销售部	现场销售技巧，电话销售技巧，拜访客户技巧，穿插案例及演练考核
	5	客户分析	11月6日	销售部	对客户的购买行为进行分析
	6	专业知识培训	11月7日	销售部	基础知识部分，建筑与规划知识，商品房销售基本知识与法律常识
	7	价格与银行按揭及购房税费	11月8日	销售部	—
	8	公司各项管理制度	11月8日	销售部	售楼处管理制度等

注：整个培训的时间至少为期一个月。

2. 销售工具的准备

	序号	准备事项	完成时间	责任部门	备注
销售工具部分	1	销售话术的制定	10月20日	销售部	协助
	2	楼盘说明书	10月20日	广告公司、销售部	设计、印刷公司
	3	销售海报、单页	10月20日	广告公司、销售部	设计、印刷公司
	4	DM直邮、会刊	10月20日	广告公司、销售部	设计、印刷、邮寄公司
	5	销售名片、胸牌	10月25日	广告公司、销售部	设计、印刷、制作公司
	6	认购卡/VIP卡	10月25日	广告公司、销售部	设计、印刷、制作公司
	7	服装置办	10月25日	广告公司、销售部	设计、印刷公司
	8	办公用品置办	10月25日	销售部	设计、印刷公司
	9	手提袋	10月25日	广告公司、销售部	设计、印刷公司
	10	礼品	10月25日	广告公司、销售部	选择、订购公司

注：进场前准备完成。

3. 现场物料准备

	序号	准备事项	完成时间	责任部门	备注
现场物料准备	1	售楼处	9月25日	工程部、销售部	设计、土建、装潢、装饰公司
	2	样板房	10月10日	工程部、销售部	设计、土建、装潢、装饰、家具公司
	3	景观示范区	9月25日	工程部、销售部	含庭院灯饰和背景音乐
	4	看房通道	10月10日	工程部、销售部	路线选择、施工、照明
	5	工地规划	10月10日	工程部、销售部	场地划分、材料堆放、工房设置
	6	沿途景观	10月10日	工程部、销售部	选位、设计、制作、霓虹灯、照明
	7	工地大型形象看板	10月10日	工程部、销售部	选位、设计、制作、照明
	8	工地围墙美化	9月20日	工程部、销售部	入口、门楼及墙面设计、制作、安装、照明

(续)

	序号	准备事项	完成时间	责任部门	备注
现场物料准备	9	工地指示牌	10月10日	工程部、销售部	含友情指示牌、选位、设计、制作、照明
	10	工地布幅	10月10日	工程部、销售部	含形象和销售状态提示、选位、设计、制作
	11	沙盘	10月10日	工程部、销售部	比例、形式
	12	户型模拟	10月10日	工程部、销售部	比例、形式
	13	电子虚拟演示	10月10日	工程部、销售部	区域资源、建筑采光、景观视野
	14	建筑效果图	10月10日	工程部、销售部	区域鸟瞰、单体立面、部分剖面
	15	中庭景观效果图	10月10日	广告公司、销售部	主景观示意、局部小品
	16	装潢效果图	10月10日	广告公司、销售部	主功能区1～2处、室内剖面
	17	实物出样展示	10月10日	广告公司、销售部	新工艺、特殊建材、智能化
	18	室内展示	10月10日	工程部、销售部	展板、灯箱、图表、气球、旗帜

| 思考题 |

1. 何谓"五证二书一表"？
2. 房地产销售前须做哪些准备工作？
3. 简述售楼处位置选择的基本原则。
4. 简述不同销售阶段的策略。
5. 简述房地产销售业务流程。
6. 如何处理销售过程中的异议？
7. 简述终结成交的技巧。

| 实训 |

1. 模拟填写商品房买卖合同；
2. 学做置业计划

刘先生首次购房，选中了7-1-302，价目表如表12-4所示；一家三口都可以公积金贷款。请为他做置业计划。

表12-4 价目表

单元	房号	面积（m^2）	套内面积（m^2）	公摊面积（m^2）	单价（元/m^2）	总价（元）
7号楼 一单元	301	206.61	161.59	45.02	9 850	
	302	154.07	123.33	30.74	9 900	
二单元	301	142.70	114.23	28.47	9 950	
	302	143.68	114.23	29.45	9 980	
三单元	301	143.68	114.23	29.45	9 950	
	302	143.68	114.23	29.45	9 980	
四单元	301	141.88	114.23	27.65	9 900	
	302	171.78	138.30	33.48	9 850	

3. 分组进行模拟售楼。

| 附录 |

附录 12-1：商品房买卖合同（现售）示范文本

GF-2014-0172   合同编号：

商品房买卖合同（现售）示范文本

出卖人：_____

买受人：_____

中华人民共和国住房和城乡建设部
                                    制定
中华人民共和国国家工商行政管理总局

二〇一四年四月

目 录

说　明

专业术语解释

第一章　合同当事人

第二章　商品房基本状况

第三章　商品房价款

第四章　商品房交付条件与交付手续

第五章　商品房质量及保修责任

第六章　房屋登记

第七章　物业管理

第八章　其他事项

说　明

1. 本合同文本为示范文本，由中华人民共和国住房和城乡建设部、中华人民共和国国家工商行政管理总局共同制定。各地可在有关法律法规、规定的范围内，结合实际情况调整合同相应内容。

2. 签订本合同前，出卖人应当向买受人出示有关权属证书或证明文件。

3. 出卖人应当就合同重大事项对买受人尽到提示义务。买受人应当审慎签订合同，在签订本合同前，要仔细阅读合同条款，特别是审阅其中具有选择性、补充性、修改性的内容，注意防范潜在的市场风险和交易风险。

4. 本合同文本【　】中选择内容、空格部位填写内容及其他需要删除或添加的内容，双方当事人应当协商确定。【　】中选择内容，以划√方式选定；对于实际情况未发生或双方当事人不做约定时，应当在空格部位打×，以示删除。

5. 出卖人与买受人可以针对本合同文本中没有约定或者约定不明确的内容，根据所售项目的具体情况在相关条款后的空白行中进行补充约定，也可以另行签订补充协议。

6. 双方当事人可以根据实际情况决定本合同原件的份数，并在签订合同时认真核对，以确保各份合同内容一致；在任何情况下，出卖人和买受人都应当至少持有一份合同原件。

专业术语解释

1. 商品房现售：是指房地产开发企业将竣工验收合格的商品房出售给买受人，并由买受人支付房价款的行为。

2. 法定代理人：是指依照法律规定直接取得代理权的人。

3. 套内建筑面积：是指成套房屋的套内建筑面积，由套内使用面积、套内墙体面积、套内阳台建筑面积三部分组成。

4. 房屋的建筑面积：是指房屋外墙（柱）勒脚以上各层的外围水平投影面积，包括阳台、挑廊、地下室、室外楼梯等，且具备有上盖，结构牢固，层高 2.20M 以上（含 2.20M）的永久性建筑。

5. 不可抗力：是指不能预见、不能避免并不能克服的客观情况。

6. 民用建筑节能：是指在保证民用建筑使用功能和室内热环境质量的前提下，降低其使用过程中能源消耗的活动。民用建筑是指居住建筑、国家机关办公建筑和商业、服务业、教育、卫生等其他公共建筑。

7. 房屋登记：是指房屋登记机构依法将房屋权利和其他应当记载的事项在房屋登记簿上予以记载的行为。

8. 所有权转移登记：是指商品房所有权从出卖人转移至买受人所办理的登记类型。

9. 房屋登记机构：是指直辖市、市、县人民政府建设（房地产）主管部门或者其设置的负责房屋登记工作的机构。

10. 分割拆零销售：是指房地产开发企业将成套的商品住宅分割为数部分分别出售给买受人的销售方式。

11. 返本销售：是指房地产开发企业以定期向买受人返还购房款的方式销售商品房的行为。

商品房买卖合同(现售)

　　出卖人向买受人出售其开发建设的房屋,双方当事人应当在自愿、平等、公平及诚实信用的基础上,根据《中华人民共和国合同法》《中华人民共和国物权法》⊖《中华人民共和国城市房地产管理法》等法律、法规的规定,就商品房买卖相关内容协商达成一致意见,签订本商品房买卖合同。

第一章　合同当事人

出卖人:＿＿＿＿＿＿＿＿＿＿＿＿＿＿＿＿＿＿＿＿＿＿＿＿＿＿＿＿＿＿＿＿
通讯地址:＿＿＿＿＿＿＿＿＿＿＿＿＿＿＿＿＿＿＿＿＿＿＿＿＿＿＿＿＿＿＿
邮政编码:＿＿＿＿＿＿＿＿＿＿＿＿＿＿＿＿＿＿＿＿＿＿＿＿＿＿＿＿＿＿＿
营业执照注册号:＿＿＿＿＿＿＿＿＿＿＿＿＿＿＿＿＿＿＿＿＿＿＿＿＿＿＿＿
企业资质证书号:＿＿＿＿＿＿＿＿＿＿＿＿＿＿＿＿＿＿＿＿＿＿＿＿＿＿＿＿
法定代表人:＿＿＿＿＿＿＿＿＿＿＿＿＿＿联系电话:＿＿＿＿＿＿＿＿＿＿＿
委托代理人:＿＿＿＿＿＿＿＿＿＿＿＿＿＿联系电话:＿＿＿＿＿＿＿＿＿＿＿
委托销售经纪机构:＿＿＿＿＿＿＿＿＿＿＿＿＿＿＿＿＿＿＿＿＿＿＿＿＿＿＿
通讯地址:＿＿＿＿＿＿＿＿＿＿＿＿＿＿＿＿＿＿＿＿＿＿＿＿＿＿＿＿＿＿＿
邮政编码:＿＿＿＿＿＿＿＿＿＿＿＿＿＿＿＿＿＿＿＿＿＿＿＿＿＿＿＿＿＿＿
营业执照注册号:＿＿＿＿＿＿＿＿＿＿＿＿＿＿＿＿＿＿＿＿＿＿＿＿＿＿＿＿
经纪机构备案证明号:＿＿＿＿＿＿＿＿＿＿＿＿＿＿＿＿＿＿＿＿＿＿＿＿＿＿
法定代表人:＿＿＿＿＿＿＿＿＿＿＿＿＿＿联系电话:＿＿＿＿＿＿＿＿＿＿＿

买受人:＿＿＿＿＿＿＿＿＿＿＿＿＿＿＿＿＿＿＿＿＿＿＿＿＿＿＿＿＿＿＿＿
【法定代表人】【负责人】:＿＿＿＿＿＿＿＿＿＿＿＿＿＿＿＿＿＿＿＿＿＿＿
【国籍】【户籍所在地】:＿＿＿＿＿＿＿＿＿＿＿＿＿＿＿＿＿＿＿＿＿＿＿＿
证件类型:【居民身份证】【护照】【营业执照】【＿＿】,证号:＿＿＿＿＿＿＿＿
出生日期:＿＿＿＿年＿＿＿＿月＿＿＿＿日,性别:＿＿＿＿＿＿＿＿＿＿＿＿
通讯地址:＿＿＿＿＿＿＿＿＿＿＿＿＿＿＿＿＿＿＿＿＿＿＿＿＿＿＿＿＿＿＿

⊖　2020年5月28日,十三届全国人大三次会议表决通过了《中华人民共和国民法典》,自2021年1月1日起施行,《中华人民共和国合同法》《中华人民共和国物权法》同时废止,出于完整性考虑,在此不对原合同文件进行删改。

邮政编码:_____ 联系电话:_____
【委托代理人】【法定代理人】:_____
【国籍】【户籍所在地】:_____
证件类型:【居民身份证】【护照】【营业执照】【____】,证号:_____
出生日期:____年____月____日,性别:_____
通讯地址:_____
邮政编码:_____ 联系电话:_____
(买受人为多人时,可相应增加)

第二章 商品房基本状况

第一条 项目建设依据

1.出卖人以【出让】【划拨】【____】方式取得坐落于_____地块的建设用地使用权。该地块【国有土地使用证号】【_____】为_____,土地使用权面积为_____平方米。买受人购买的商品房(以下简称该商品房)所占用的土地用途为_____,土地使用权终止日期为____年____月____日。

2.出卖人经批准,在上述地块上建设的商品房项目核准名称为_____,建设工程规划许可证号为_____,建筑工程施工许可证号为_____。

第二条 销售依据

该商品房已取得【建设工程竣工验收备案证明文件】《房屋所有权证》,【备案号】《房屋所有权证》证号】为_____,【备案机构】【房屋登记机构】为_____。

第三条 商品房基本情况

1.该商品房的规划用途为【住宅】【办公】【商业】【_____】。

2.该商品房所在建筑物的主体结构为_____,建筑总层数为____层,其中地上_____层,地下_____层。

3.该商品房为第一条规定项目中的_____【幢】【座】【____】单元____层____号。该商品房的平面图见附件一。

4.该商品房的房产测绘机构为_____,其实测建筑面积共____平方米,其中套内建筑面积_____平方米,分摊共有建筑面积_____平方米。该商品房共用部位见附件二。

该商品房层高为_____米,有____个阳台,其中____个阳台为封闭式,_____个阳台为非封闭式。阳台是否封闭以规划设计文件为准。

第四条 抵押情况

与该商品房有关的抵押情况为【抵押】【未抵押】。

抵押人:_____,抵押权人:_____,

抵押登记机构：_____，抵押登记日期：_____，
债务履行期限：_____。
抵押权人同意该商品房转让的证明及关于抵押的相关约定见附件三。

第五条 租赁情况

该商品房的租赁情况为【出租】【未出租】。

出卖人已将该商品房出租，【买受人为该商品房承租人】【承租人放弃优先购买权】。

租赁期限：从_____年___月___日至_____年___月___日。出卖人与买受人经协商一致，自本合同约定的交付日至租赁期限届满期间的房屋收益归【出卖人】【买受人】所有。

_____。

出卖人提供的承租人放弃优先购买权的声明见附件四。

第六条 房屋权利状况承诺

1. 出卖人对该商品房享有合法权利；
2. 该商品房没有出售给除本合同买受人以外的其他人；
3. 该商品房没有司法查封或其他限制转让的情况；
4. _____；
5. _____。

如该商品房权利状况与上述情况不符，导致不能完成房屋所有权转移登记的，买受人有权解除合同。买受人解除合同的，应当书面通知出卖人。出卖人应当自解除合同通知送达之日起 15 日内退还买受人已付全部房款（含已付贷款部分），并自买受人付款之日起，按照_____%（不低于中国人民银行公布的同期贷款基准利率）计算给付利息。给买受人造成损失的，由出卖人支付【已付房价款一倍】【买受人全部损失】的赔偿金。

第三章 商品房价款

第七条 计价方式与价款

出卖人与买受人按照下列第_____种方式计算该商品房价款：

1. 按照套内建筑面积计算，该商品房单价为每平方米_____（币种）____元，总价款为_____（币种）_____元（大写_____元整）。
2. 按照建筑面积计算，该商品房单价为每平方米_____（币种）_____元，总价款为____（币种）_____元（大写_____元整）。
3. 按照套计算，该商品房总价款为_____（币种）_____元（大写_____元整）。
4. 按照_____计算，该商品房总价款为_____（币种）_____元（大写_____元整）。

第八条　付款方式及期限

（一）签订本合同前，买受人已向出卖人支付定金_____（币种）_____元（大写），该定金于【本合同签订】【交付首付款】【_____】时【抵作】【_____】商品房价款。

（二）买受人采用下列第_____种方式付款：

1. 一次性付款。买受人应当在_____年____月____日前支付该商品房全部价款。

2. 分期付款。买受人应当在_____年____月____日前分____期支付该商品房全部价款，首期房价款_____（币种）_____元（大写：_____元整），应当于_____年____月____日前支付。

_____。

3. 贷款方式付款：【公积金贷款】【商业贷款】【_____】。买受人应当于_____年____月____日前支付首期房价款_____（币种）_____元（大写_____元整），占全部房价款的_____%。

余款_____（币种）_____元（大写_____元整）向_____（贷款机构）申请贷款支付。

4. 其他方式：

_____。

（三）双方约定全部房价款存入以下账户：账户名称为_____，开户银行为_____，账号为_____。

该商品房价款的计价方式、总价款、付款方式及期限的具体约定见附件五。

第九条　逾期付款责任

除不可抗力外，买受人未按照约定时间付款的，双方同意按照下列第_____种方式处理：

1. 按照逾期时间，分别处理（（1）和（2）不做累加）。

（1）逾期在_____日之内，买受人按日计算向出卖人支付逾期应付款万分之_____的违约金。

（2）逾期超过____日（该期限应当与本条第（1）项中的期限相同）后，出卖人有权解除合同。出卖人解除合同的，应当书面通知买受人。买受人应当自解除合同通知送达之日起_____日内按照累计应付款的_____%向出卖人支付违约金，同时，出卖人退还买受人已付全部房款（含已付贷款部分）。

出卖人不解除合同的，买受人按日计算向出卖人支付逾期应付款万分之____（该比率不低于第（1）项中的比率）的违约金。

本条所称逾期应付款是指依照第八条及附件五约定的到期应付款与该期实际已付款的差额；采用分期付款的，按照相应的分期应付款与该期的实际已付款的差额确定。

2. _____。

第四章 商品房交付条件与交付手续

第十条 商品房交付条件
该商品房交付时应当符合下列第 1、2、__、__ 项所列条件：
1. 该商品房已取得建设工程竣工验收备案证明文件；
2. 该商品房已取得房屋测绘报告；
3. _____；
4. _____。
该商品房为住宅的，出卖人还需提供《住宅使用说明书》和《住宅质量保证书》。

第十一条 商品房相关设施设备交付条件
（一）基础设施设备
1. 供水、排水：交付时供水、排水配套设施齐全，并与城市公共供水、排水管网连接。使用自建设施供水的，供水的水质符合国家规定的饮用水卫生标准，_____
_____；
2. 供电：交付时纳入城市供电网络并正式供电，_____
_____；
3. 供暖：交付时供热系统符合供热配建标准，使用城市集中供热的，纳入城市集中供热管网，_____；
4. 燃气：交付时完成室内燃气管道的敷设，并与城市燃气管网连接，保证燃气供应，
_____；
5. 电话通信：交付时线路敷设到户；
6. 有线电视：交付时线路敷设到户；
7. 宽带网络：交付时线路敷设到户。
以上第 1、2、3 项由出卖人负责办理开通手续并承担相关费用；第 4、5、6、7 项需要买受人自行办理开通手续。

如果在约定期限内基础设施设备未达到交付使用条件，双方同意按照下列第____种方式处理：

（1）以上设施中第 1、2、3、4 项在约定交付日未达到交付条件的，出卖人按照本合同第十三条的约定承担逾期交付责任。

第 5 项未按时达到交付使用条件的，出卖人按日向买受人支付_____元的违约金；第 6 项未按时达到交付使用条件的，出卖人按日向买受人支付_____元的违约金；第 7 项未按时达到交付使用条件的，出卖人按日向买受人支付_____元的违约金。出卖人采取措施保证相关设施于约定交付日后____日之内达到交付使用条件。

（2）_____。

（二）公共服务及其他配套设施（以建设工程规划许可为准）

1. 小区内绿地率：_____年___月___日达到_____；

2. 小区内非市政道路：_____年___月___日达到_____；

3. 规划的车位、车库：_____年___月___日达到_____；

4. 物业服务用房：_____年___月___日达到_____；

5. 医疗卫生机构：_____年___月___日达到_____；

6. 幼儿园：_____年___月___日达到_____；

7. 学校：_____年___月___日达到_____；

8. _____；

9. _____。

以上设施未达到上述条件的，双方同意按照以下方式处理：

1. 小区内绿地率未达到上述约定条件的，_____。

2. 小区内非市政道路未达到上述约定条件的，_____。

3. 规划的车位、车库未达到上述约定条件的，_____。

4. 物业服务用房未达到上述约定条件的，_____。

5. 其他设施未达到上述约定条件的，_____。

关于本项目内相关设施设备的具体约定见附件六。

第十二条 交付时间和手续

（一）出卖人应当在_____年___月___日前向买受人交付该商品房。

（二）该商品房达到第十条、第十一条约定的交付条件后，出卖人应当在交付日期届满前_____日（不少于10日）将查验房屋的时间、办理交付手续的时间地点以及应当携带的证件材料的通知书面送达买受人。买受人未收到交付通知书的，以本合同约定的交付日期届满之日为办理交付手续的时间，以该商品房所在地为办理交付手续的地点。
_____。

交付该商品房时，出卖人应当出示满足第十条约定的证明文件。出卖人不出示证明文件或者出示的证明文件不齐全，不能满足第十条约定条件的，买受人有权拒绝接收，由此产生的逾期交付责任由出卖人承担，并按照第十三条处理。

（三）查验房屋

1. 办理交付手续前，买受人有权对该商品房进行查验，出卖人不得以缴纳相关税费或者签署物业管理文件作为买受人查验和办理交付手续的前提条件。

2. 买受人查验的该商品房存在下列除地基基础和主体结构外的其他质量问题的，由出卖人按照有关工程和产品质量规范、标准自查验次日起_____日内负责修复，并承担修复费用，修复后再行交付。

（1）屋面、墙面、地面渗漏或开裂等；

（2）管道堵塞；

（3）门窗翘裂、五金件损坏；
（4）灯具、电器等电气设备不能正常使用；
（5）_____；
（6）_____。

3. 查验该商品房后，双方应当签署商品房交接单。由于买受人原因导致该商品房未能按期交付的，双方同意按照以下方式处理：
（1）_____；
（2）_____。

第十三条 逾期交付责任

除不可抗力外，出卖人未按照第十二条约定的时间将该商品房交付买受人的，双方同意按照下列第_____种方式处理：

1. 按照逾期时间，分别处理（（1）和（2）不做累加）。

（1）逾期在_____日之内（该期限应当不多于第九条第1（1）项中的期限），自第十二条约定的交付期限届满之次日起至实际交付之日止，出卖人按日计算向买受人支付全部房价款万分之_____的违约金（该违约金比率应当不低于第九条第1（1）项中的比率）。

（2）逾期超过_____日（该期限应当与本条第（1）项中的期限相同）后，买受人有权解除合同。买受人解除合同的，应当书面通知出卖人。出卖人应当自解除合同通知送达之日起15日内退还买受人已付全部房款（含已付贷款部分），并自买受人付款之日起，按照_____%（不低于中国人民银行公布的同期贷款基准利率）计算给付利息；同时，出卖人按照全部房价款的_____%向买受人支付违约金。

买受人要求继续履行合同的，合同继续履行，出卖人按日计算向买受人支付全部房价款万分之_____（该比率应当不低于本条第1（1）项中的比率）的违约金。

2. _____。

第五章　商品房质量及保修责任

第十四条 商品房质量

（一）地基基础和主体结构

出卖人承诺该商品房地基基础和主体结构合格，并符合国家及行业标准。

经检测不合格的，买受人有权解除合同。买受人解除合同的，应当书面通知出卖人。出卖人应当自解除合同通知送达之日起15日内退还买受人已付全部房款（含已付贷款部分），并自买受人付款之日起，按照_____%（不低于中国人民银行公布的同期贷款基准利率）计算给付利息。给买受人造成损失的，由出卖人支付【已付房价款一倍】【买受人全部损失】的赔偿金。因此而发生的检测费用由出卖人承担。

买受人不解除合同的，_____。

（二）其他质量问题

该商品房质量应当符合有关工程质量规范、标准和施工图设计文件的要求。发现除地基基础和主体结构外质量问题的，双方按照以下方式处理：

（1）及时更换、修理；如给买受人造成损失的，还应当承担相应赔偿责任。
_____

（2）经过更换、修理，仍然严重影响正常使用的，买受人有权解除合同。买受人解除合同的，应当书面通知出卖人。出卖人应当自解除合同通知送达之日起15日内退还买受人已付全部房款（含已付贷款部分），并自买受人付款之日起，按照_____%（不低于中国人民银行公布的同期贷款基准利率）计算给付利息。给买受人造成损失的，由出卖人承担相应赔偿责任。因此而发生的检测费用由出卖人承担。

买受人不解除合同的，_____。

（三）装饰装修及设备标准

该商品房应当使用合格的建筑材料、构配件和设备，装置、装修、装饰所用材料的产品质量必须符合国家的强制性标准及双方约定的标准。

不符合上述标准的，买受人有权要求出卖人按照下列第（1）、_____、_____方式处理（可多选）：

（1）及时更换、修理；

（2）出卖人赔偿双倍的装饰、设备差价；

（3）_____；

（4）_____。

具体装饰装修及相关设备标准的约定见附件七。

（四）室内空气质量、建筑隔声和民用建筑节能措施

1. 该商品房室内空气质量符合【国家】【地方】标准，标准名称：_____
_____，标准文号：_____。

该商品房为住宅的，建筑隔声情况符合【国家】【地方】标准，标准名称：_____
_____，标准文号：_____。

该商品房室内空气质量或建筑隔声情况经检测不符合标准，由出卖人负责整改，整改后仍不符合标准的，买受人有权解除合同。买受人解除合同的，应当书面通知出卖人。出卖人应当自解除合同通知送达之日起15日内退还买受人已付全部房款（含已付贷款部分），并自买受人付款之日起，按照_____%（不低于中国人民银行公布的同期贷款基准利率）计算给付利息。给买受人造成损失的，由出卖人承担相应赔偿责任。经检测不符合标准的，检测费用由出卖人承担，整改后再次检测发生的费用仍由出卖人承担。因整改导致该商品房逾期交付的，出卖人应当承担逾期交付责任。

2. 该商品房应当符合国家有关民用建筑节能强制性标准的要求。

未达到标准的，出卖人应当按照相应标准要求补做节能措施，并承担全部费用；给买受人造成损失的，出卖人应当承担相应赔偿责任。
_____

第十五条 保修责任

（一）商品房实行保修制度。该商品房为住宅的，出卖人自该商品房交付之日起，按照《住宅质量保证书》承诺的内容承担相应的保修责任。该商品房为非住宅的，双方应当签订补充协议详细约定保修范围、保修期限和保修责任等内容。具体内容见附件八。

（二）下列情形，出卖人不承担保修责任：

1. 因不可抗力造成的房屋及其附属设施的损害；

2. 因买受人不当使用造成的房屋及其附属设施的损害；

3. _____。

（三）在保修期内，买受人要求维修的书面通知送达出卖人_____日内，出卖人既不履行保修义务也不提出书面异议的，买受人可以自行或委托他人进行维修，维修费用及维修期间造成的其他损失由出卖人承担。

第十六条 质量担保

出卖人不按照第十四条、第十五条约定承担相关责任的，由_____承担连带责任。关于质量担保的证明见附件九。

第六章　房屋登记

第十七条 房屋登记

（一）双方同意共同向房屋登记机构申请办理该商品房的房屋所有权转移登记。

（二）因出卖人的原因，买受人未能在该商品房交付之日起_____日内取得该商品房的房屋所有权证书的，双方同意按照下列第____种方式处理：

1. 买受人有权解除合同。买受人解除合同的，应当书面通知出卖人。出卖人应当自解除合同通知送达之日起 15 日内退还买受人已付全部房款（含已付贷款部分），并自买受人付款之日起，按照_____%（不低于中国人民银行公布的同期贷款基准利率）计算给付利息。买受人不解除合同的，自买受人应当完成房屋所有权登记的期限届满之次日起至实际完成房屋所有权登记之日止，出卖人按日计算向买受人支付全部房价款万分之_____的违约金。

2. _____。

（三）因买受人的原因未能在约定期限内完成该商品房的房屋所有权转移登记的，出卖人不承担责任。

第七章　物业管理

第十八条 物业管理

（一）出卖人依法选聘的前期物业服务企业为_____。

（二）物业服务时间从____年__月__日到____年__月__日。

（三）物业服务期间，物业收费计费方式为【包干制】【酬金制】【_____】。物业服务费为_____元/月·平方米（建筑面积）。

（四）买受人同意由出卖人选聘的前期物业服务企业代为查验并承接物业共用部位、共用设施设备，出卖人应当将物业共用部位、共用设施设备承接查验的备案情况书面告知买受人。

（五）买受人已详细阅读前期物业服务合同和临时管理规约，同意由出卖人依法选聘的物业服务企业实施前期物业管理，遵守临时管理规约。

（六）业主大会设立前适用该章约定。业主委员会成立后，由业主大会决定选聘或续聘物业服务企业。

该商品房前期物业服务合同、临时管理规约见附件十。

第八章　其他事项

第十九条　建筑物区分所有权

（一）买受人对其建筑物专有部分享有占有、使用、收益和处分的权利。

（二）以下部位归业主共有：

1. 建筑物的基础、承重结构、外墙、屋顶等基本结构部分，通道、楼梯、大堂等公共通行部分，消防、公共照明等附属设施、设备，避难层、设备层或者设备间等结构部分；

2. 该商品房所在建筑区划内的道路（属于城镇公共道路的除外）、绿地（属于城镇公共绿地或者明示属于个人的除外）、占用业主共有的道路或者其他场地用于停放汽车的车位、物业服务用房；

3. _____。

（三）双方对其他配套设施约定如下：

1. 规划的车位、车库：_____；
2. 会所：_____；
3. _____。

第二十条　税费

双方应当按照国家的有关规定，向相应部门缴纳因该商品房买卖发生的税费。

第二十一条　销售和使用承诺

1. 出卖人承诺不采取分割拆零销售、返本销售或者变相返本销售的方式销售商品房。

2. 出卖人承诺按照规划用途进行建设和出售，不擅自改变该商品房使用性质，并按照规划用途办理房屋登记。出卖人不得擅自改变与该商品房有关的共用部位和设施的使用性质。

3. 出卖人承诺对商品房的销售，不涉及依法或者依规划属于买受人共有的共用部位和设施的处分。

4. 出卖人承诺已将遮挡或妨碍房屋正常使用的情况告知买受人。具体内容见附件十一。

    5.买受人使用该商品房期间，不得擅自改变该商品房的用途、建筑主体结构和承重结构。

    6._____。

    7._____。

第二十二条 送达

出卖人和买受人保证在本合同中记载的通讯地址、联系电话均真实有效。任何根据本合同发出的文件，均应采用书面形式，以【邮政快递】【邮寄挂号信】【_____】方式送达对方。任何一方变更通讯地址、联系电话的，应在变更之日起_____日内书面通知对方。变更的一方未履行通知义务导致送达不能的，应承担相应的法律责任。

第二十三条 买受人信息保护

出卖人对买受人信息负有保密义务。非因法律、法规规定或国家安全机关、公安机关、检察机关、审判机关、纪检监察部门执行公务的需要，未经买受人书面同意，出卖人及其销售人员和相关工作人员不得对外披露买受人信息，或将买受人信息用于履行本合同之外的其他用途。

第二十四条 争议解决方式

本合同在履行过程中发生的争议，由双方当事人协商解决，也可通过消费者协会等相关机构调解；或按照下列第____种方式解决：

    1.依法向房屋所在地人民法院起诉。

    2.提交_____仲裁委员会仲裁。

第二十五条 补充协议

对本合同中未约定或约定不明的内容，双方可根据具体情况签订书面补充协议（补充协议见附件十二）。

补充协议中含有不合理的减轻或免除本合同中约定应当由出卖人承担的责任，或不合理的加重买受人责任、排除买受人主要权利内容的，仍以本合同为准。

第二十六条 合同生效

本合同自双方签字或盖章之日起生效。本合同的解除应当采用书面形式。

本合同及附件共_____页，一式____份，其中出卖人____份，买受人____份，【_____】份，【_____】份。合同附件与本合同具有同等法律效力。

出卖人（签字或盖章）。   买受人（签字或盖章）：

【法定代表人】(签字或盖章)：   【法定代表人】(签字或盖章)：

【委托代理人】(签字或盖章)：   【委托代理人】(签字或盖章)：

                                             【法定代理人】(签字或盖章)：

签订时间：____年__月__日   签订时间：____年__月__日

签订地点：_____   签订地点：_____

附件一　房屋平面图（应当标明方位）

　　1. 房屋分层分户图（应当标明详细尺寸，并约定误差范围）
　　2. 建设工程规划方案总平面图

附件二　关于该商品房共用部位的具体说明（可附图说明）

　　1. 纳入该商品房分摊的共用部位的名称、面积和所在位置
　　2. 未纳入该商品房分摊的共用部位的名称、所在位置

附件三　抵押权人同意该商品房转让的证明及关于抵押的相关约定

　　1. 抵押权人同意该商品房转让的证明
　　2. 解除抵押的条件和时间
　　3. 关于抵押的其他约定

附件四　出卖人提供的承租人放弃优先购买权的声明

附件五　关于该商品房价款的计价方式、总价款、付款方式及期限的具体约定

附件六　关于本项目内相关设施、设备的具体约定

　　1. 相关设施的位置及用途
　　2. 其他约定

附件七　关于装饰装修及相关设备标准的约定

　　交付的商品房达不到本附件约定装修标准的，按照本合同第十四条第（三）款约定处理。出卖人未经双方约定增加的装置、装修、装饰，视为无条件赠送给买受人。
　　双方就装饰装修主要材料和设备的品牌、产地、规格、数量等内容约定如下：
　　1. 外墙：【瓷砖】【涂料】【玻璃幕墙】【＿＿＿＿】；
　　＿＿＿＿＿＿＿＿＿＿＿＿＿＿＿＿＿＿＿＿＿＿＿＿＿＿＿＿＿＿＿。

　　2. 起居室：
　　（1）内墙：【涂料】【壁纸】【＿＿＿＿＿】；
　　＿＿＿＿＿＿＿＿＿＿＿＿＿＿＿＿＿＿＿＿＿＿＿＿＿＿＿＿＿＿＿。
　　（2）顶棚：【石膏板吊顶】【涂料】【＿＿＿＿＿】；
　　＿＿＿＿＿＿＿＿＿＿＿＿＿＿＿＿＿＿＿＿＿＿＿＿＿＿＿＿＿＿＿。
　　（3）室内地面：【大理石】【花岗岩】【水泥抹面】【实木地板】【＿＿＿＿】；
　　＿＿＿＿＿＿＿＿＿＿＿＿＿＿＿＿＿＿＿＿＿＿＿＿＿＿＿＿＿＿＿。

　　3. 厨房：
　　（1）地面：【水泥抹面】【瓷砖】【＿＿＿＿＿】；
　　＿＿＿＿＿＿＿＿＿＿＿＿＿＿＿＿＿＿＿＿＿＿＿＿＿＿＿＿＿＿＿。

（2）墙面：【耐水腻子】【瓷砖】【＿＿＿＿＿】；
＿＿＿＿＿＿＿＿＿＿＿＿＿＿＿＿＿＿＿＿＿＿＿＿＿＿＿＿＿＿＿＿＿＿＿＿＿。

（3）顶棚：【水泥抹面】【石膏吊顶】【＿＿＿＿＿】；
＿＿＿＿＿＿＿＿＿＿＿＿＿＿＿＿＿＿＿＿＿＿＿＿＿＿＿＿＿＿＿＿＿＿＿＿＿。

（4）厨具：＿＿＿＿＿＿＿＿＿＿＿＿＿＿＿＿＿＿＿＿＿＿＿＿＿＿＿＿＿＿＿＿＿。

4. 卫生间：

（1）地面：【水泥抹面】【瓷砖】【＿＿＿＿＿】；
＿＿＿＿＿＿＿＿＿＿＿＿＿＿＿＿＿＿＿＿＿＿＿＿＿＿＿＿＿＿＿＿＿＿＿＿＿。

（2）墙面：【耐水腻子】【瓷砖】【＿＿＿＿＿】；
＿＿＿＿＿＿＿＿＿＿＿＿＿＿＿＿＿＿＿＿＿＿＿＿＿＿＿＿＿＿＿＿＿＿＿＿＿。

（3）顶棚：【水泥抹面】【石膏吊顶】【＿＿＿＿＿】；
＿＿＿＿＿＿＿＿＿＿＿＿＿＿＿＿＿＿＿＿＿＿＿＿＿＿＿＿＿＿＿＿＿＿＿＿＿。

（4）卫生器具 ＿＿＿＿＿＿＿＿＿＿＿＿＿＿＿＿＿＿＿＿＿＿＿＿＿＿＿＿＿＿＿。

5. 阳台：【塑钢封闭】【铝合金封闭】【断桥铝合金封闭】【不封闭】【＿＿＿＿】；
＿＿＿＿＿＿＿＿＿＿＿＿＿＿＿＿＿＿＿＿＿＿＿＿＿＿＿＿＿＿＿＿＿＿＿＿＿。

6. 电梯：

（1）品牌：＿＿＿＿＿＿＿＿＿＿＿＿＿＿＿＿＿＿＿＿＿＿＿＿＿＿＿＿＿＿＿；

（2）型号：＿＿＿＿＿＿＿＿＿＿＿＿＿＿＿＿＿＿＿＿＿＿＿＿＿＿＿＿＿＿＿。

7. 管道：＿＿＿＿＿＿＿＿＿＿＿＿＿＿＿＿＿＿＿＿＿＿＿＿＿＿＿＿＿＿＿＿＿
＿＿＿＿＿＿＿＿＿＿＿＿＿＿＿＿＿＿＿＿＿＿＿＿＿＿＿＿＿＿＿＿＿＿＿＿＿。

8. 窗户：＿＿＿＿＿＿＿＿＿＿＿＿＿＿＿＿＿＿＿＿＿＿＿＿＿＿＿＿＿＿＿＿＿
＿＿＿＿＿＿＿＿＿＿＿＿＿＿＿＿＿＿＿＿＿＿＿＿＿＿＿＿＿＿＿＿＿＿＿＿＿。

9. ＿＿＿＿＿＿＿＿＿＿＿＿＿＿＿＿＿＿＿＿＿＿＿＿＿＿＿＿＿＿＿＿＿＿＿＿。

10. ＿＿＿＿＿＿＿＿＿＿＿＿＿＿＿＿＿＿＿＿＿＿＿＿＿＿＿＿＿＿＿＿＿＿＿。

附件八　关于保修范围、保修期限和保修责任的约定

该商品房为住宅的，出卖人应当提供《住宅质量保证书》，该商品房为非住宅的，双方可参照《住宅质量保证书》中的内容对保修范围、保修期限和保修责任等进行约定。

该商品房的保修期自房屋交付之日起计算，关于保修期限的约定不应低于《建设工程质量管理条例》第四十条规定的最低保修期限。

（一）保修项目、期限及责任的约定

1. 地基基础和主体结构：

保修期限为：＿＿＿＿＿＿（不得低于设计文件规定的该工程的合理使用年限）；
＿＿＿＿＿＿＿＿＿＿＿＿＿＿＿＿＿＿＿＿＿＿＿＿＿＿＿＿＿＿＿＿＿＿＿＿＿。

2. 屋面防水工程、有防水要求的卫生间、房间和外墙面的防渗漏：

保修期限为：_____（不得低于 5 年）；
_____。

3. 供热、供冷系统和设备：
保修期限为：_____（不得低于 2 个采暖期、供冷期）；
_____。

4. 电气管线、给排水管道、设备安装：
保修期限为：_____（不得低于 2 年）；
_____。

5. 装修工程：
保修期限为：_____（不得低于 2 年）；
_____。

6. _____。
7. _____
8. _____

（二）其他约定
_____。

附件九　关于质量担保的证明

附件十　关于物业管理的约定

1. 前期物业服务合同
2. 临时管理规约

附件十一　出卖人关于遮挡或妨碍房屋正常使用情况的说明

（如：该商品房公共管道检修口、柱子、变电箱等有遮挡或妨碍房屋正常使用的情况）

附件十二　补充协议

附录12-2：模拟售楼实训指导

1. 实训目的

通过模拟销售，熟悉房地产销售流程，掌握基本的售楼技巧，提高应变能力，了解购房者的消费需求，为以后从事房地产销售工作打下良好的基础。

2. 实训形式

校内实训室模拟训练。

3. 考核要求

（1）以小组为单位，分别扮演销售人员和购房者。

（2）准备售楼所需的相关资料。

（3）了解售楼的工作流程和行为规则。

（4）分析不同身份购房者的消费需求特点。

（5）分组讨论。总结经验，检查不足及提出合理化建议。

（6）实训结束后，每位学生完成一份实训报告，每组完成一份楼盘介绍稿、一份售楼统一话术稿、一份购房询问问题稿。

4. 实训步骤

（1）在实训室或计算机房查询相关资料。

（2）结合扮演角色，拟定演习程序、话术等并写成书面材料。

（3）在实训室，轮换角色进行售楼训练。

附录12-3：实训报告

1. 实训项目
2. 实训目的
3. 实训过程
4. 实训小组名单及任务分配
5. 本人承担任务及完成情况
6. 实训小结

附录12-4：商品房销售管理办法[一]

第一章　总　则

第一条　为了规范商品房销售行为，保障商品房交易双方当事人的合法权益，根据《中华人民共和国城市房地产管理法》、《城市房地产开发经营管理条例》，制定本办法。

第二条　商品房销售及商品房销售管理应当遵守本办法。

[一] 《商品房销售管理办法》于2001年3月14日经建设部第38次部常委会议审议通过，自2001年6月1日起施行。

第三条 商品房销售包括商品房现售和商品房预售。

本办法所称商品房现售,是指房地产开发企业将竣工验收合格的商品房出售给买受人,并由买受人支付房价款的行为。

本办法所称商品房预售,是指房地产开发企业将正在建设中的商品房预先出售给买受人,并由买受人支付定金或者房价款的行为。

第四条 房地产开发企业可以自行销售商品房,也可以委托房地产中介服务机构销售商品房。

第五条 国务院建设行政主管部门负责全国商品房的销售管理工作。

省、自治区人民政府建设行政主管部门负责本行政区域内商品房的销售管理工作。

直辖市、市、县人民政府建设行政主管部门、房地产行政主管部门(以下统称房地产开发主管部门)按照职责分工,负责本行政区域内商品房的销售管理工作。

第二章 销售条件

第六条 商品房预售实行预售许可制度。

商品房预售条件及商品房预售许可证明的办理程序,按照《城市房地产开发经营管理条例》和《城市商品房预售管理办法》的有关规定执行。

第七条 商品房现售,应当符合以下条件:

(一)现售商品房的房地产开发企业应当具有企业法人营业执照和房地产开发企业资质证书;

(二)取得土地使用权证书或者使用土地的批准文件;

(三)持有建设工程规划许可证和施工许可证;

(四)已通过竣工验收;

(五)拆迁安置已经落实;

(六)供水、供电、供热、燃气、通讯等配套基础设施具备交付使用条件,其他配套基础设施和公共设施具备交付使用条件或者已确定施工进度和交付日期;

(七)物业管理方案已经落实。

第八条 房地产开发企业应当在商品房现售前将房地产开发项目手册及符合商品房现售条件的有关证明文件报送房地产开发主管部门备案。

第九条 房地产开发企业销售设有抵押权的商品房,其抵押权的处理按照《中华人民共和国担保法》㊀、《城市房地产抵押管理办法》的有关规定执行。

第十条 房地产开发企业不得在未解除商品房买卖合同前,将作为合同标的物的商品房再行销售给他人。

第十一条 房地产开发企业不得采取返本销售或者变相返本销售的方式销售商品房。

房地产开发企业不得采取售后包租或者变相售后包租的方式销售未竣工商品房。

㊀ 2020年5月28日,十三届全国人大三次会议表决通过了《中华人民共和国民法典》,自2021年1月1日起施行,《中华人民共和国担保法》同时废止。

第十二条 商品住宅按套销售，不得分割拆零销售。

第十三条 商品房销售时，房地产开发企业选聘了物业管理企业的，买受人应当在订立商品房买卖合同时与房地产开发企业选聘的物业管理企业订立有关物业管理的协议。

第三章 广告与合同

第十四条 房地产开发企业、房地产中介服务机构发布商品房销售宣传广告，应当执行《中华人民共和国广告法》、《房地产广告发布暂行规定》等有关规定，广告内容必须真实、合法、科学、准确。

第十五条 房地产开发企业、房地产中介服务机构发布的商品房销售广告和宣传资料所明示的事项，当事人应当在商品房买卖合同中约定。

第十六条 商品房销售时，房地产开发企业和买受人应当订立书面商品房买卖合同。

商品房买卖合同应当明确以下主要内容：

（一）当事人名称或者姓名和住所；

（二）商品房基本状况；

（三）商品房的销售方式；

（四）商品房价款的确定方式及总价款、付款方式、付款时间；

（五）交付使用条件及日期；

（六）装饰、设备标准承诺；

（七）供水、供电、供热、燃气、通讯、道路、绿化等配套基础设施和公共设施的交付承诺和有关权益、责任；

（八）公共配套建筑的产权归属；

（九）面积差异的处理方式；

（十）办理产权登记有关事宜；

（十一）解决争议的方法；

（十二）违约责任；

（十三）双方约定的其他事项。

第十七条 商品房销售价格由当事人协商议定，国家另有规定的除外。

第十八条 商品房销售可以按套（单元）计价，也可以按套内建筑面积或者建筑面积计价。

商品房建筑面积由套内建筑面积和分摊的共有建筑面积组成，套内建筑面积部分为独立产权，分摊的共有建筑面积部分为共有产权，买受人按照法律、法规的规定对其享有权利，承担责任。

按套（单元）计价或者按套内建筑面积计价的，商品房买卖合同中应当注明建筑面积和分摊的共有建筑面积。

第十九条 按套（单元）计价的现售房屋，当事人对现售房屋实地勘察后可以在合同中直接约定总价款。

按套（单元）计价的预售房屋，房地产开发企业应当在合同中附所售房屋的平面图。平面图应当标明详细尺寸，并约定误差范围。房屋交付时，套型与设计图纸一致，相关尺寸也在约定的误差范围内，维持总价款不变；套型与设计图纸不一致或者相关尺寸超出约定的误差范围，合同中未约定处理方式的，买受人可以退房或者与房地产开发企业重新约定总价款。买受人退房的，由房地产开发企业承担违约责任。

第二十条 按套内建筑面积或者建筑面积计价的，当事人应当在合同中载明合同约定面积与产权登记面积发生误差的处理方式。

合同未作约定的，按以下原则处理：

（一）面积误差比绝对值在3%以内（含3%）的，据实结算房价款；

（二）面积误差比绝对值超出3%时，买受人有权退房。买受人退房的，房地产开发企业应当在买受人提出退房之日起30日内将买受人已付房价款退还给买受人，同时支付已付房价款利息。买受人不退房的，产权登记面积大于合同约定面积时，面积误差比在3%以内（含3%）部分的房价款由买受人补足；超出3%部分的房价款由房地产开发企业承担，产权归买受人。产权登记面积小于合同约定面积时，面积误差比绝对值在3%以内（含3%）部分的房价款由房地产开发企业返还买受人；绝对值超出3%部分的房价款由房地产开发企业双倍返还买受人。

$$面积误差比 = \frac{产权登记面积 - 合同约定面积}{合同约定面积} \times 100\%$$

因本办法第二十四条规定的规划设计变更造成面积差异，当事人不解除合同的，应当签署补充协议。

第二十一条 按建筑面积计价的，当事人应当在合同中约定套内建筑面积和分摊的共有建筑面积，并约定建筑面积不变而套内建筑面积发生误差以及建筑面积与套内建筑面积均发生误差时的处理方式。

第二十二条 不符合商品房销售条件的，房地产开发企业不得销售商品房，不得向买受人收取任何预订款性质费用。

符合商品房销售条件的，房地产开发企业在订立商品房买卖合同之前向买受人收取预订款性质费用的，订立商品房买卖合同时，所收费用应当抵作房价款；当事人未能订立商品房买卖合同的，房地产开发企业应当向买受人返还所收费用；当事人之间另有约定的，从其约定。

第二十三条 房地产开发企业应当在订立商品房买卖合同之前向买受人明示《商品房销售管理办法》和《商品房买卖合同示范文本》；预售商品房的，还必须明示《城市商品房预售管理办法》。

第二十四条 房地产开发企业应当按照批准的规划、设计建设商品房。商品房销售后，房地产开发企业不得擅自变更规划、设计。

经规划部门批准的规划变更、设计单位同意的设计变更导致商品房的结构形式、户型、空间尺寸、朝向变化，以及出现合同当事人约定的其他影响商品房质量或者使用功能情形的，房地产开发企业应当在变更确立之日起 10 日内，书面通知买受人。

买受人有权在通知到达之日起 15 日内做出是否退房的书面答复。买受人在通知到达之日起 15 日内未作书面答复的，视同接受规划、设计变更以及由此引起的房价款的变更。房地产开发企业未在规定时限内通知买受人的，买受人有权退房；买受人退房的，由房地产开发企业承担违约责任。

第四章　销售代理

第二十五条　房地产开发企业委托中介服务机构销售商品房的，受托机构应当是依法设立并取得工商营业执照的房地产中介服务机构。

房地产开发企业应当与受托房地产中介服务机构订立书面委托合同，委托合同应当载明委托期限、委托权限以及委托人和被委托人的权利、义务。

第二十六条　受托房地产中介服务机构销售商品房时，应当向买受人出示商品房的有关证明文件和商品房销售委托书。

第二十七条　受托房地产中介服务机构销售商品房时，应当如实向买受人介绍所代理销售商品房的有关情况。

受托房地产中介服务机构不得代理销售不符合销售条件的商品房。

第二十八条　受托房地产中介服务机构在代理销售商品房时不得收取佣金以外的其他费用。

第二十九条　商品房销售人员应当经过专业培训，方可从事商品房销售业务。

第五章　交　付

第三十条　房地产开发企业应当按照合同约定，将符合交付使用条件的商品房按期交付给买受人。未能按期交付的，房地产开发企业应当承担违约责任。

因不可抗力或者当事人在合同中约定的其他原因，需延期交付的，房地产开发企业应当及时告知买受人。

第三十一条　房地产开发企业销售商品房时设置样板房的，应当说明实际交付的商品房质量、设备及装修与样板房是否一致，未作说明的，实际交付的商品房应当与样板房一致。

第三十二条　销售商品住宅时，房地产开发企业应当根据《商品住宅实行质量保证书和住宅使用说明书制度的规定》(以下简称《规定》)，向买受人提供《住宅质量保证书》、《住宅使用说明书》。

第三十三条　房地产开发企业应当对所售商品房承担质量保修责任。当事人应当在合同中就保修范围、保修期限、保修责任等内容作出约定。保修期从交付之日起计算。

商品住宅的保修期限不得低于建设工程承包单位向建设单位出具的质量保修书约定保修期的存续期；存续期少于《规定》中确定的最低保修期限的，保修期不得低于《规定》中确定的最低保修期限。

非住宅商品房的保修期限不得低于建设工程承包单位向建设单位出具的质量保修书约定保修期的存续期。

在保修期限内发生的属于保修范围的质量问题，房地产开发企业应当履行保修义务，并对造成的损失承担赔偿责任。因不可抗力或者使用不当造成的损坏，房地产开发企业不承担责任。

第三十四条 房地产开发企业应当在商品房交付使用前按项目委托具有房产测绘资格的单位实施测绘，测绘成果报房地产行政主管部门审核后用于房屋权属登记。

房地产开发企业应当在商品房交付使用之日起 60 日内，将需要由其提供的办理房屋权属登记的资料报送房屋所在地房地产行政主管部门。

房地产开发企业应当协助商品房买受人办理土地使用权变更和房屋所有权登记手续。

第三十五条 商品房交付使用后，买受人认为主体结构质量不合格的，可以依照有关规定委托工程质量检测机构重新核验。经核验，确属主体结构质量不合格的，买受人有权退房；给买受人造成损失的，房地产开发企业应当依法承担赔偿责任。

第六章　法律责任

第三十六条 未取得营业执照，擅自销售商品房的，由县级以上人民政府工商行政管理部门依照《城市房地产开发经营管理条例》的规定处罚。

第三十七条 未取得房地产开发企业资质证书，擅自销售商品房的，责令停止销售活动，处 5 万元以上 10 万元以下的罚款。

第三十八条 违反法律、法规规定，擅自预售商品房的，责令停止违法行为，没收违法所得；收取预付款的，可以并处已收取的预付款 1% 以下的罚款。

第三十九条 在未解除商品房买卖合同前，将作为合同标的物的商品房再行销售给他人的，处以警告，责令限期改正，并处 2 万元以上 3 万元以下罚款；构成犯罪的，依法追究刑事责任。

第四十条 房地产开发企业将未组织竣工验收、验收不合格或者对不合格按合格验收的商品房擅自交付使用的，按照《建设工程质量管理条例》的规定处罚。

第四十一条 房地产开发企业未按规定将测绘成果或者需要由其提供的办理房屋权属登记的资料报送房地产行政主管部门的，处以警告，责令限期改正，并可处以 2 万元以上 3 万元以下罚款。

第四十二条 房地产开发企业在销售商品房中有下列行为之一的，处以警告，责令限期改正，并可处以 1 万元以上 3 万元以下罚款。

（一）未按照规定的现售条件现售商品房的；

（二）未按照规定在商品房现售前将房地产开发项目手册及符合商品房现售条件的有关证明文件报送房地产开发主管部门备案的；

（三）返本销售或者变相返本销售商品房的；

（四）采取售后包租或者变相售后包租方式销售未竣工商品房的；

（五）分割拆零销售商品住宅的；

（六）不符合商品房销售条件，向买受人收取预订款性质费用的；

（七）未按照规定向买受人明示《商品房销售管理办法》、《商品房买卖合同示范文本》、《城市商品房预售管理办法》的；

（八）委托没有资格的机构代理销售商品房的。

第四十三条　房地产中介服务机构代理销售不符合销售条件的商品房的，处以警告，责令停止销售，并可处以 2 万元以上 3 万元以下罚款。

第四十四条　国家机关工作人员在商品房销售管理工作中玩忽职守、滥用职权、徇私舞弊，依法给予行政处分；构成犯罪的，依法追究刑事责任。

第七章　附　则

第四十五条　本办法所称返本销售，是指房地产开发企业以定期向买受人返还购房款的方式销售商品房的行为。

本办法所称售后包租，是指房地产开发企业以在一定期限内承租或者代为出租买受人所购该企业商品房的方式销售商品房的行为。

本办法所称分割拆零销售，是指房地产开发企业以将成套的商品住宅分割为数部分分别出售给买受人的方式销售商品住宅的行为。

本办法所称产权登记面积，是指房地产行政主管部门确认登记的房屋面积。

第四十六条　省、自治区、直辖市人民政府建设行政主管部门可以根据本办法制定实施细则。

第四十七条　本办法由国务院建设行政主管部门负责解释。

第四十八条　本办法自 2001 年 6 月 1 日起施行。

附录 12-5：房地产销售名词解释

1. 房屋建筑类别

低层住宅：是指高度小于等于 10 米的建筑。低层居住建筑为 1～3 层。

多层住宅：是指高度大于 10 米小于 24 米的建筑。多层居住建筑为 4～6 层。

高层住宅：是指高度大于等于 24 米的建筑。习惯上 7～9 层称为小高层，10 层以上称为高层。

跃层式住宅：是指住宅有上下两楼面，卧室、起居室、客厅、卫生间、厨房及其他辅助用房可以分层布置，上下层之间的交通不通过公共楼梯而采用户内独用小楼梯连接。

复式住宅：一般是指每户在层高较高的那个楼中增建一个 1.2 米的夹层，两侧合计的层高低于跃层式住宅，其下层供起居用，上层供休息睡眠和储藏用。

Town House：也叫联排别墅，正确的译法应该为城区住宅，源于欧洲，其原始意义是指在城区的沿街联排而建的市民城区房屋。

板式住宅：是组合单元式住宅体形的一种。每单元一般为一梯三户。

点式住宅：又称塔式住宅，其特点是若干户围绕一个楼梯或电梯枢纽布置。

错层式住宅：是一套房子不处于同一平面，即房内的厅、卧、卫、厨、阳台处于几个高度不同的平面上。错层住宅的面积计算方法参照平面住宅面积计算。

非普通住宅：不同城市标准不一样。例如，2022 年 3 月 15 日，沈阳市房产局在其发布的《关于调整我市普通住房认定标准的通告》中将"容积率 1.0 以上、单套建筑面积 144 平方米以下、单套总价不超过 300 万元"作为普通住房认定标准。

2. 房屋建筑结构

混合结构：一般民用建筑常用砖、石、混凝土或灰土等材料做基础，用砖做承重墙，用钢筋混凝土做楼板、屋顶。这样的结构系统是由多种结构（砖石结构、钢筋混凝土结构、木结构）自组成的，习惯上称为混合结构。

钢筋混凝土框架结构：当房屋层数较多、荷载较大时，如果仍用砖墙承重，必然会使墙身过厚，自重过大，占用空间较多，在技术和经济上都不合理。因此常用由钢筋混凝土梁、板、柱和基础组成的框架结构。这种结构系统称为钢筋混凝土框架结构，框架中填充的墙只起围护或分隔作用，不起承重作用，常用在多层房屋或某些工业厂房中。

层高：是指上下两层楼面或楼面与地面之间的垂直距离，也就是一层房屋的高度。在 1987 年发布的《住宅建筑模数协调标准》中，明确规定了砖混结构住宅建筑层高采用的参数为 2.6 米、2.7 米、2.8 米。

室内净高：是指楼面或地面至上部楼板底面或吊顶底面之间的垂直距离。净高和层高的关系可以用公式来表示，即净高 = 层高 − 楼板厚度，也就是说层高和楼板厚度的差叫"净高"。

住宅开间：也叫面宽，是住宅的宽度，是指一间房屋内一面墙的定位轴线到另一面墙的定位轴线之间的实际距离（住宅的宽度是指一间房屋内一面墙皮到另一面墙皮之间的实际距离）。一般住宅为 3.8 ~ 5.0 米较为合适。

住宅进深：是住宅的实际长度，是指一间独立的房室或一幢居住建筑从前墙皮到后墙皮之间的实际长度。为了保证住宅具有良好的自然采光和通风条件，进深不宜过长，目前我国大量城镇住宅房间的进深一般都限定在 5 米左右。通常进深与开间之比为 3∶2。

凹阳台：是指凹进楼层外墙（柱）体的阳台。

凸阳台：是指挑出楼层外墙（柱）体的阳台。

飘窗：是指房屋窗子呈矩形或梯形向室外凸起，窗子三面为玻璃，从而使人们拥有更广阔的视野，更大限度地感受自然、亲近自然，通常它的窗台较低甚至为落地窗。

3. 房屋建筑的面积

建筑面积：也就是销售面积。对楼房而言，建筑面积是指房屋各层面积的总和，对一套单元来讲，建筑面积是指套内建筑面积与分摊的公用建筑面积之和。建筑面积是决定房地产价值的重要因素之一，一般来说，房屋的计价单位就是每建筑平方米的单价。

套内建筑面积：由套内房屋使用面积、套内墙体面积、套内阳台建筑面积三部分组成。

使用面积：住宅使用面积是每套住宅户内除墙体厚度外全部净面积的总和（即地毯面积）。其中包括卧室、起居室、厅、过道、厨房、卫生间、储藏室、壁柜、户内楼梯（投影面积）、阳台。斜面屋顶结构的房间，层高低于 2.20 米的部分不计入面积。使用面积是评价房屋建筑使用功能的主要指标之一，当不同房屋的建筑面积、造价基本相同时，使用面积越大，则该建筑的使用功能越好。

得房率：是指套内建筑面积与每户建筑面积之比。得房率太低，不实惠；太高，不方便。因为得房率越高，公共部分的面积就越少，住户也会感到压抑。一般地，得房率在 80% 左右比较合适，公共部分既宽敞气派，分摊的面积也不会太多，比较实惠。（得房率 = 1 − 公摊率）

公摊率：是指总公摊面积在总建筑面积之中所占的比率。一般地，高层为 25% ∼ 30%，小高层为 20% 左右，多层为 10% ∼ 15%。

容积率：是指一个小区的总建筑面积与用地面积的比例。一个良好的居住小区，高层住宅容积率不应超过 5，多层不应超过 3。容积率直接涉及居住的舒适度，容积率越低，居住密度越小，居住舒适度越高。相对舒适、合理的容积率是高层不大于 2.2；多层不大于 1.2；联排别墅（Town House）不大于 0.7；别墅（Villa）不大于 0.35。

绿化率：是指规划建设用地范围内的绿地面积与规划建设用地面积之比。

楼间距：是指两相邻楼的外墙面距离。一般是楼高的 0.7 ∼ 1.2 倍。多层（4 ∼ 6 层及以下）与多层建筑间距为 6 米，多层与高层（12 层及以上）之间为 9 米，高层与高层之间为 13 米。我国规定了日照标准，"住宅每户至少有一个居室、宿舍应每层至少有半数以上的居室能获得冬至日满窗日照不少于 1 小时"。

4. 房地产销售常用术语

楼花：最早源于香港，是指未完工的在建物。一般称卖"楼花"为预售房屋，买"楼花"为预购房屋。

期房：是指房地产开发商从取得商品房预售许可证开始到取得房地产产权证时为止，所出售的商品房。消费者在购买期房时应签订商品房预售合同。

现房：是指消费者在购买时具备即买即可入住的商品房，消费者签订商品房买卖合同后，立即可以办理入住并取得产权证。

五证二书一表：《建设用地规划许可证》《建设工程规划许可证》《建筑工程施工许可证》《国有土地使用证》和《商品房销售（预售）许可证》简称"五证"。其中，前两个证书由规划部门核发，《建筑工程施工许可证》由建设部门核发，《国有土地使用证》和《商品房销售（预售）许可证》由国土资源部门和房屋管理局核发。"二书"是指《住宅质量保证书》《住宅使用说明书》。"一表"是指《竣工验收备案表》。

房地产契税：是指由于土地使用权出让、转让、房屋买卖、交换或赠予等发生房地产权属转移时向产权承受人征收的一种税。

个人首次购买 90 平方米及 90 平方米以下普通住房的契税税率为 1%。

如果购买的是家庭唯一的普通住宅，但面积在 90 平方米以上的，契税则按 1.5% 税率征收。

不是家庭唯一普通住宅的，不论购房面积大小，契税税率均按 3% 征收。而非普通住宅的契税税率则按 4% 征收。非住宅契税统一按 4% 征收。

房产税：是指以房屋为征税对象，按照房屋的原值或房产租金向产权所有人征收的一种税。

印花税：是指对在经济活动中或经济交往中书立的或领受的房地产凭证征收的一种税。

商品房维修基金：根据《住宅专项维修资金管理办法》的定义，住宅专项维修资金是指专项用于住宅共用部位、共用设施设备保修期满后的维修和更新、改造的资金。商品住宅的业主、非住宅的业主按照所拥有物业的建筑面积交存住宅专项维修资金，每平方米建筑面积交存首期住宅专项维修资金的数额为当地住宅建筑安装工程每平方米造价的 5%～8%。直辖市、市、县人民政府建设（房地产）主管部门应当根据本地区情况，合理确定、公布每平方米建筑面积交存首期住宅专项维修资金的数额，并适时调整。

房屋的所有权：是指所有权人对房屋享有的权利，包括占有、使用、收益和处分的权利。《中华人民共和国民法典》第二百零九条规定：不动产物权的设立、变更、转让和消灭，经依法登记，发生效力；未经登记，不发生效力，但是法律另有规定的除外。

商品房的基价：也叫基础价，是指经过核算而确定的每平方米商品房基本价格。商品房的销售价一般以基价为基数增减楼层、朝向差价后而得出。

商品房的起价：是指商品房在销售时各楼层销售价格中的最低价格。

商品房的均价：是指商品房在销售价格相加之后的和数除以单位建筑面积的和数，即得出每平方米的价格。

户型比：是指各种户型在总户数中所占百分比，反映到住宅设计上，就是体现在一定数量住宅建筑中，各种不同套型住宅占住宅总套数的比重。

面积误差比：面积误差比 =（产权登记面积 − 合同约定面积）/ 合同约定面积 × 100%。

土地使用年期：凡与政府签订《土地使用权出让合同书》的用地，其土地使用年期按国家规定执行，即居住用地 70 年，工业用地 50 年，教育、科技、文化、卫生、体育用地 50 年，商业、旅游、娱乐用地 40 年，综合用地或其他用地 50 年。

格式条款：是指当事人为了重复使用而预先拟定，并在订立合同时未与对方协商的条款。

七通一平：通上水、通下水、通电力、通电信、通燃气、通交通、通热力、平整土地。

三通一平：通水、通电、通路、平整土地。

销售控制：早期，销售控制单纯地是指房屋的销售进度表，这个表中有的项目是公示文件，有的项目是内部文件。现在销售控制的意义有了衍生，包括销售进度表、销售计划、推售策略等几方面内容。

去化速度：是指某地区过去开盘楼盘的剩余量和新开盘的剩余量总和的售空速度。例如，若某地区去化速度为两年，那么就是指该地区房产市场中，新开盘的楼盘量加上过去已经开过盘的楼盘剩余的数量之和，在两年内可以全部售空。对于开发商则是指某类产品在单位时间内的成交量。

裱版：是指室内看板，包括区域裱版和开发商裱版。

5. 房地产销售名词英文缩写

CBD（central business district）中央商务区

CLD（central life district）中央生活区

CEA（chief executive apartment）首席纯居多层洋房

SOHO（small office home office）家居办公，是指工作者利用微型办公室或在家办公

CEO（chief executive officer）首席执行官

SD（sales director）销售总监

AD（art director）艺术总监

CD（creative director）创作总监、创意总监

AE（account executive）客户总管

AP（account planner）客户企划

CFO（chief financial officer）首席财务官

TA（television advertising）电视广告

CF（commercial film）广告影片

NP（newspaper）报纸广告

RD（radio advertising）电台广告

OD 广告（out-door advertising）户外广告

DM 广告（direct-mail-advertising）直邮广告

EMS（express mail service）特快专递

OEM（original equipment manufacture）原始设备制造商，贴牌

POP 广告（point of purchase advertising）售卖场所广告

SP（sales promotion）促销

STP（segmenting targeting positioning）细分市场、选定目标市场和市场定位

OM（online marketing）网络营销

CI（corporate identity）企业识别

CIS（corporate identity system）企业识别系统

CS（customer satisfaction）顾客满意度

USP（unique selling proposition）独特的销售主张，卖点

LOGO（logotype）标志、徽标。我们常见的各种商品的标识就是LOGO，也即商标名。其包括文字、图形、字母、数字、三维标志和颜色组合，以及上述要素的组合，均可以作为商标申请注册。

附录 12-6：售楼文明用语

在销售活动中，我们要学会使用以下文明用语。

1. 迎宾用语类

"您好！"

"欢迎光临！"

"请坐！"

2. 友好询问类

"请问您怎么称呼？"

"请问您是第一次来吗?"
"请问您想看什么样的房子?"
"不耽误您的时间的话,我给您介绍一下好吗?"
"请问您是自住还是投资?如果自住(投资)您不妨看看这套房子。"

3. 招待介绍类

"请您这边坐!"
"请您看看我们的资料!"
"有需要,请尽管吩咐!"
"那儿是我们的模型展示区,这儿是我们的洽谈区。"

4. 道歉类

"对不起,这套房子刚刚卖出去了。"
"不好意思,您的话我还没有听明白。"
"有什么意见,请您多多指教。"
"介绍得不好,请多多原谅。"

5. 赞扬类

"像您这样的成功人士,选择我们的楼盘是最合适的!"
"××先生/女士,您真有眼光!"
"您是我见过对楼盘最熟悉的客户了!"
"××先生/女士,您真是快人快语!"
"您给人的第一印象就是干脆利落!"
"××先生/女士,您真是满腹经纶啊!"
"您话不多,可真正算得上是字字珠玑啊!"
"您太太/先生这么漂亮/英俊潇洒,好让人羡慕哦!"
"您的小公主/小王子这么聪明,应该有套书房!"

6. 送客道别类

"欢迎下次再来!"
"多谢惠顾!"
"有什么不明白的地方,请您随时给我打电话!"
"不买房没有关系,能认识您我很高兴!"

7. 禁忌用语

"您自己看吧!"
"我们绝对不可能会出现这种问题!"
"这肯定不是我们的原因!"
"我不知道!"
"这么简单的东西您都不明白!"
"我只负责卖楼,其他的我不管(不负责)!"

"这些房屋质量差不多，没什么好挑的！"
"别人住得挺好的啊！"
"想好了没有，想好了赶快交钱吧！"
"没看我正忙着吗，一个个来！"
"您先听我解释！"
"您怎么能这样讲话！"
"您相不相信我？！"

参考文献

[1] 李英，周宇，杨世寨.房地产市场营销[M].2版.北京：清华大学出版社，2016.

[2] 卢新海，王玥.房地产市场营销[M].北京：首都经济贸易大学出版社，2015.

[3] 胡钰.房地产市场营销[M].2版.武汉：武汉理工大学出版社，2016.

[4] 姚玲珍.房地产市场营销[M].上海：上海财经大学出版社，2004.

[5] 贾士军.房地产项目全程策划：理论、实操与案例[M].广州：广东经济出版社，2002.

[6] 楼江.房地产市场营销理论与实务[M].2版.上海：同济大学出版社，2005.

[7] 麦德思销售顾问中心.房地产业务员销售方法与技巧[M].广州：广东经济出版社，2005.

[8] 于颖，周宇.房地产市场营销[M].大连：东北财经大学出版社，2005.

[9] 雷建.房地产销售人员管理及培训工作手册[M].北京：企业管理出版社，2006.

[10] 周中元.房地产市场营销[M].重庆：重庆大学出版社，2007.

[11] 后东升.房地产销售代表培训手册[M].北京：中华工商联合出版社，2006.

[12] 邵鼎辉.房地产营销36计[M].厦门：厦门大学出版社，2003.

[13] 陈春洁，陈慧频.房地产销售代表培训教程[M].北京：京华出版社，2005.

[14] 邹琳华.中国房地产市场：发展历程与未来展望[M].广州：广东经济出版社，2019.

[15] 祖立厂，王召东.房地产营销策划[M].2版.北京：机械工业出版社，2011.

[16] 余凯.房地产市场营销实务[M].北京：中国建材工业出版社，2004.

[17] 尹军，尹丽.房地产市场营销[M].北京：化学工业出版社，2005.

[18] 姚迎伟.房地产营销全攻略[M].北京：经济管理出版社，2004.

[19] 余源鹏.房地产包装推广策划[M].北京：中国建筑工业出版社，2005.

[20] 高炳华.房地产市场营销[M].武汉：华中科技大学出版社，2004.

[21] 袁野，等.房地产营销学[M].上海：复旦大学出版社，2005.

[22] 左斌.房地产营销与风险防范[M].北京：中国建筑工业出版社，2006.